KB126763

내포동학혁명과 춘암 박인호

내포동학혁명과 춘암 박인호

초판 1쇄 인쇄 2024년 1월 20일
초판 1쇄 발행 2024년 1월 31일

편 자 동학학회
저 자 김삼웅·성강현·박세준·정을경·조극훈·임형진·박성묵

발행인 윤관백
발행처 선인

디자인 박애리
편 집 이경남·박애리·임현지·김민정·장유진
영 업 김현주

등 록 제5-77호(1998. 11. 4)
주 소 서울시 양천구 남부순환로48길 1, 1층
전 화 02)718-6252/6257
팩 스 02)718-6253
E-mail suninbook@naver.com

정 가 21,000원
ISBN 979-11-6068-868-9 93910

내포동학혁명과
춘암 박인호

동학학회 편

선인

간행사

참에 살고 거짓에 죽는다

춘암 박인호는 동학 천도교의 제4대 대도주로 임명되어 동학혁명과 3.1혁명 그리고 이후 항일운동의 주역이었음에도 대중에게는 크게 알려지지 않은 인물이다. 박인호의 삶과 행적은 동학을 창도한 수운 최제우와 동학을 전국화시킨 해월 최시형 그리고 동학농민혁명의 통령으로, 3.1혁명의 최고지도자로 역할을 다한 의암 손병희에 비해서 결코 적지 아니함에도 불구하고 이상할 정도로 가려져 있다. 마침 충남 예산군의 지원으로 예산동학농민혁명기념사업회와 함께 학술대회를 추진하여 그의 생애와 그 높은 뜻을 되돌아봄으로써 숨겨진 삶을 밝히는 기회를 얻게 되었다.

박인호는 1885년 충남 덕산군 가야산 동쪽의 막동리(현 예산군 삽교읍 하포리)에서 태어나 1940년 서울 종로구 내수동에서 사망할 때까지 평생을 동학인으로 그리고 동학이 천도교로 개칭된 뒤에는 끝까지 동학의 전통인 인내천과 자주, 항일, 통합의 정신을 고수하셨던 분이셨다. 그가 평생의 신조로 되뇐 "참에 살고 거짓에 죽는다"라는 말은 그의 삶 그 자체였다. 일찍이 조선의 불평등한 신분제에 반발하고 있던 그는 모든 사람은 하늘을 모시고 있는 위대하고 평등한 존재라는 동학의 가르침에 감화되어 있던 중 1883년 인근인 충청도 목천에 해월 최시형이 계신다는 말을 듣고 직접 찾아가 동학에 입도하였다. 동학도가 된 이후 박인호는 누구보다도 신실한 마음으로 성실하게 동학 수련을 쌓았으며 주변에도 널리 포덕을 하기 시작하였다.

당시 충청도 내포 지역에서 동학이 크게 성행하게 된 이유는 박인호의 포덕 활동을 이해해야만 밝혀질 수 있다고 할 정도로 그의 동학에 대한 열정은 대단했다. 해월 최시형의 노력으로 전국적으로 동학이 크게 성해지자 동학도들의 오랜 소원인 교조 수운 최제우의 억울한 죽음을 풀어주고 나아가 동학을 인정해달라는 교조신원운동이 전개되었다. 공주에서 처음 시작된 교조신원운동은 급기야 1893년 초에는 광화문에서 선비들이 상소를 올리는 복합상소운동으로 이어졌다. 광화문복합상소에 가장 적극적으로 나선 이가 박인호였다. 그의 사촌 동생인 박광호를 상소의 우두머리로 세울 정도로 그는 실질적인 상소운동의 주역이었다. 복합상소는 조정의 설득에 해산했으나 전국적으로 확산하고 있던 동학도들에 대한 탄압은 여전했다. 이에 해월 최시형은 동학도들이 집단행동에 나서는 취회를 보은에서 개최할 것을 명하자 동학들은 보은으로 집결하였다.

여기서 해월 최시형은 전국적인 동학을 조직화하기에 이르러 약 50여 개 이상의 포를 형성하는데 이때 박인호는 내포 지역의 대접주(덕의 대접주)로 임명되었다. 박인호가 이끈 덕의포는 충청도 일대에서 가장 큰 포였다. 이듬해 벌어진 동학혁명에서 1차 기포에서는 정중동하고 있던 덕의포는 그해 9월 18일 해월 최시형의 총기포령에 따라서 내포의 동학도들도 들고일어났다.

박인호에 의해서 포덕된 박희인이 이끌던 예포와 함께 총궐기한 내포 동학은 3만 명에 이르렀다고 하니 가히 박인호 헌신의 결과였다고 볼 수 있다.

덕산에서 기포한 박인호는 10월 1일 동학군을 서산에서 집결시켰다. 이는 내포 지역의 동학군 지도자들 30명을 처형하겠다는 소식을 듣고 그들을 구출하기 위함 때문이었다. 서산 관아를 점령해 30명을 구한 내포 동학군은 태안과 해미 그리고 아산, 신창을 점령했다. 내포 동학군의 활약에 크게 놀란 조정은 관군과 일본군의 연합부대를 형성해 진격하였다. 이 정보를 들은 동학군은 면천의 승전곡 계곡에 매복하고 있다가 계곡으로 들어오던 연합부대를 공격해 크게 승리하였다. 면천 승전곡에서 승리는 동학 혁명사에서도 매우 귀중한 승전보였다. 당시 일본의 정규군을 상대로 승리한 최초의 승리였기 때문이다. 이를 지휘한 지휘관이 박인호였다. 또한 지금도 예산의 자랑거리로 남아 있는 신례원 관작리 전투에서의 승리 역시 박인호 휘하의 내포 동학군이었다. 이를 보면 박인호는 상당한 군사적 지식까지를 겸비한 인물이었다고 판단할 수 있다.

동학의 주력부대인 호남과 호서 동학군이 공주 우금티로 향해 올 때 박인호는 내포 동학군을 이끌고 합류할 계획이었을 것이다. 그러나 서울을 향하는 관문에 있던 홍주성 전투에서 패배함으로써 그의 계획은 어긋났다. 10월 28, 29일에 걸쳐서 이루어진 홍주성 전투는 홍주성에 갇힌 관군과 일본군을 향해 성을 포위하고 며칠 기다리자는 박인호의 안과 무조건 성으로 공격하자는 박희인의 주장이 갈렸지만, 박희인의 주장을 수용하고 공격하였다. 그러나 앞선 무력과 화공 전략으로 나온 연합부대에 밀려 대패하고 말았다. 당시의 희생은 동학 혁명사에서 우금티 다음으로 컸다고 할 정도이니 그 패배의 피해가 어느 정도였는지를 가름할 수 있다. 해미와 태안까지 밀려간 동학군의 장렬한 최후는 지금도 지역에서는 전설처럼 남아 있다. 다행인 것은 박인호는 예산 인근 야산 토굴에서 화를 피하였고 예포 대접주 박희인은 천안 남면 곡도재 박윤길의 집에서 화를 피하였다. 여타 도인들은 혹은 산으로 혹은 뱃길로 멀리 피신하였다. 어떤 이는 황해도까지 올라가 피신하기도 하였다. 이로써 박인호가 이끌던 내포 지역의 동학혁명은 막을 내리게 되었다.

동학혁명의 좌절 이후 박인호는 숨어지내며 의암 손병희와 함께 해월 최시형을 보좌하였다. 1898년 1월에 제자들이 해월에게 문후를 드리는 자리에서 해월은 꿩 한 마리를 준비해 의암과 박인호를 겸상토록 하였다. 박인호는 이런 배려가 스승님께서 앞으로는 의암과 함께 일치하라는 묵교임을 깨닫고 이를 철저히 지켰다. 나이로는 자신보다 6살이 어린 의암이지만 그는 꼭 존대하고 옆에서 묵묵히 지켜주는 역할을 마다하지 않았다. 이미 의암 손병희는 해월로부터 수제자로 지명되어 있었기 때문이었다. 아마도 박인호의 보좌가 없었다면 의암 손병희의 이후 구상과 실천이 불가능했을 것이다.

의암 손병희도 이러한 박인호가 든든한 동지이자 최고의 측근으로 인정해 이후의 모든 사안을 그와 함께 고민하고 풀어나갔다. 손병희가 최초로 도호를 내린 인물도 박인호였다. 춘암(春菴)이 바로 손병희가 내린 박인호의 도호였다. 의암은 평상시에도 춘암은 내가 한강 물에 들어가라고 하면 서슴없이 들어갈 인물이라고 평할 정도로 두 사람의 관계는 상상 이상의 신뢰 관계였다. 해월 최시형의 묘지 이장과정에서 춘암이 한 역할이 대표적인 사례이다.

1898년 처형당한 해월의 시신은 몰래 송파에 모셔져 있었다. 그러나 땅주인이 관의 수사가 두려워 이장을 요구하자 의암과 함께 의논 끝에 여주의 원적산으로 옮기기로 하였다. 박인호가 산길로 다니다가 보아둔 원적산 아래의 천덕봉이 명당이라고 하여 그리로 모시기로 하였다. 손병희와 김연국 등은 원적산에서 기다리기로 하고, 가장 믿음직한 박인호가 유해를 거두어 운구하기 위해 비밀리에 송파로 떠났다. 송파에 도착한 박인호는 해월의 묘소에 예를 올린 후에 유해를 거두어 준비해 가지고 간 칠성판에 두상에서부터 순서대로 모시고 칠포로 칭칭 감고 유지로 쌌다.

 석양이 다 되어 박인호는 해월 선생의 유해를 등에 지고 송파를 출발하여 빠른 걸음을 재촉하여 그 밤으로 원적산에 당도할 예정이었으나 날이 어두워지면서 비가 쏟아지기 시작하더니 밤이 깊어갈수록 더욱 세차게 쏟아졌다. 박인호는 도저히 갈 수가 없게 되자 음고개(경안고개) 마루턱에 있는 외딴 주막집 처마 끝에 스승의 성골을 모셔놓고 밤새 비가 멎기를 기다리고 있었다. 박인호는 아버님의 유골이라고 주인장을 속였다. 주막집 주인이 밤새워 유골 옆에 지키고 있던 박인호의 거동을 내다보면서 아무리 효자기로서니 저럴 수가 있느냐면서, 따뜻한 국을 끓여 밤참을 해주었다. 새벽이 되어 비가 잦아들자 박인호는 다시 유해를 등에 지고 걸음을 재촉하여 원적산에 당도해 원적산의 천덕봉에 모실 수 있었다. 춘암의 책임감과 우직함을 잘 드러내는 일화이다.

 춘암 박인호는 의암 손병희가 일본으로 외유를 떠났을 때도 든든한 조력자였다. 그가 없는 조국에서 동학을 묵묵히 지켜낸 이도 박인호였다. 일본에 체류하면서 국내의 개혁운동을 지시할 때도 늘 앞장서서 개혁을 전파하고 실천한 인물도 춘암이었다. 그리고 1905년 12월 동학에서 천도교로 개칭할 때도 춘암은 언제나처럼 의암의 가장 믿음직스러운 지지자였다. 실제로 동학이 근대적 종교인 천도교로 전환할 때 박인호의 꼼꼼함과 주도면밀한 행정 처리가 절대적인 역할을 했다. 특히 교단의 재정 확충은 춘암처럼 믿을 수 있는 존재가 있었기에 가능했다. 결국 1908년 1월 18일 의암은 더 큰 뜻을 펼치기 위해 자신이 책임지고 있던 교단 대도주의 자리를 가장 신뢰하는 춘암에게 인계시켜서 교단의 모든 업무를 총괄케 했다. 당시 의암은 손수 「선수문」을 지어 "나의 심법을 춘암에게 전한다"라며 선수식을 거행하였는데 행사에는 이종훈, 홍병기 등 동학 시대의 대접주들과 오세창, 이종일, 권동진, 양한묵 등 개화 시대의 지도층이 대거 참여하였다.

이후 의암은 매년 1월 18일을 승통기념식을 거행케 하였고 10주년인 1918년에는 "대도주의 위통은 한울님이 대신사(수운 최제우)에게 전수하신 동일한 심법이니, 여러분은 반드시 믿으라"라는 내용의 글을 『천도교회월보』에 특필하였다. 어쩌면 이는 3.1혁명을 뒤의 교단의 혼란을 미리 방지하고 나아가 춘암에게 확실한 교권이 전수되었음을 확인시킨 것이라고 볼 수 있다. 실제로 1900년대 초 중반의 천도교의 문화운동과 3.1혁명을 준비하는 모든 과정은 춘암을 빼놓고는 설명할 수가 없다. 포덕활동, 출판문화운동, 언론운동 그리고 교육운동까지 언제나 춘암은 의암을 대신한 최고 책임자로 이름을 올렸고 그는 그 일들을 진실된 마음으로 성실하게 수행하였다.

1919년 3월 1일을 기해 거행된 3.1혁명은 사전에 오랜 준비과정을 거쳐서 실시될 수 있었다. 그러나 그렇게 엄청난 거사를 준비하면서도 의암 손병희는 춘암을 개입시키지 않았다. 사전의논에서도, 타 종단과의 유대 과정, 독립선언문 작성과 인쇄 그리고 배포과정 그리고 최종적으로는 천도교단의 이인자임에도 민족대표 33인에 서명치 못 하게 했으며 그저 자금 지원만을 담당하게 하였다. 이는 3.1혁명 이후의 교단을 지킬 이는 오로지 춘암 박인호뿐이라는 의암의 확고한 신념 때문이었다. 그런데도 3.1혁명이 발발하자 일제는 춘암을 체포해 갔다. 아무리 숨기려 해도 그가 천도교단의 이인자임은 세상이 다 아는 사실이었기 때문이었다.

일본 경시청과 조선총독부 경무국에서의 혹독한 문초와 고문 뒤에 그는 서대문형무소에서 1년 9개월 동안의 수감생활을 해야 했다. 민족대표들의 처리와 별반 다르지 않은 처벌이었다. 그만큼 3.1혁명에서 차지하는 그의 비중을 미루어 짐작할 수 있을 것이다. 석방된 그에게는 순국한 의암의 뒤를 이은 민족종교로서의 천도교의 전통과 그 책무를 다하는 과제가 부과되어 있었다. 천도교청년교리강연부를 필두로 한 청년운동, 문화운동으로서의 『개벽』지 출간, 여성운동과 어린이운동, 농민운동 등 그 앞에 놓인 과제는 항상 산적해 있었지만, 그는 바위처럼 참되게 그리고 꿋꿋하게 실천해 나갔다.

그러나 그를 가장 괴롭힌 과제는 천도교단 내에서 자행된 일제의 분열 책동이었을 것이다. 이른바 천도교 신구파의 분열은 그를 천도교 구파의 지도자쯤으로 치부케 하였다. 그가 여러 번에 걸쳐 대도주의 자리를 내놓은 것도 자신은 의암으로부터 천도교의 정통을 지키라는 명을 받았지 단순히 분열된 상태에서 구파의 지도자로 격하는 것에 대한 부끄러움이 아니었을까 생각한다. 분열되는 교단을 보면서 그는 스승님들의 도가 더 갈라져서는 안 된다는 절박함이 있었을 것이다.

그런 가운데에서도 천도교가 주도했던 모든 사업들, 일테면 제2의 3.1혁명을 준비하는 이종일의 역할과 6.10만세 시위 준비 그리고 신간회 참여 등 그가 직간접적으로 영향을 미치지 않은 바가 없을 정도였다. 그러나 일제 압박의 수위가 점점 높아지는 1930년대 그는 최후의 수단으로 전국의 천도교인들에게 매일 저녁 9시 기도식에서 멸왜기도주문을 외우라는 비밀 지시를 내렸다. 이 운동은 전국의 천도교인들이 비밀리에 2년 가까운 세월 동안 지속됐다. 이점은 교단 내에서 춘암 박인호의 위치가 어느 정도였는지를 알 수 있는 방증이다. 이 사건으로 일제는 전국의 주요 교역자 300여 명을 체포해 갔으며 춘암 박인호는 병이 깊어 병석에서 문초를 당하였다.

　춘암 박인호는 1940년 4월 3일 향년 86세를 일기로 세상을 떠나기 전 신구파로 분열된 교단이 다음 날인 4월 4일을 기해서 합동하기로 했다는 기쁜 소식을 들었다. 합동 소식을 들은 박인호는 병석에서 "이제 내가 영계에서 스승님 뵙기가 떳떳하게" 되었다며 후일을 믿는다고 말을 남겼다고 한다. 임종 때까지 천도교 주문을 외우다 눈을 감은 춘암은 틀림없이 스승님들을 기쁘게 뵐 수 있게 되었다며 기쁘고 기쁜 마음으로 순도·순국하였을 것이다. 춘암 박인호의 묘지는 포천시 소월읍으로 정해졌다. 춘암이 순도·순국한 이후 천도교단은 대도주제를 없애고 교령제를 도입해 서산 출신의 이종린 선생이 1대 교령에 취임함으로써 오랜 분규를 끝낼 수 있었다.

　대한민국 정부는 그의 공헌을 기려 1990년 건국훈장 독립장을 추서하였다. 그러나 아직도 많은 부분이 드러나지 않은 대표적 인물이 춘암 박인호이다. 어쩌면 동학시대의 앞선 인물들이 워낙 두드러지다 보니 상대적으로 덜 조명된 면이 있을 수 있다. 틀림없이 동학을 창도한 수운 최제우와 실천하는 삶으로 동학을 전국화시킨 해월 최시형 그리고 근대사에 엄청난 업적을 남긴 의암 손병희에 비해 춘암 박인호의 생애는 덜 조명된 면이 강했다. 그럼에도 불구하고 춘암 박인호가 없었다면 과연 민족정신과 사상으로서의 그리고 민족종교로서의 동학 천도교가 존재할 수 있었을까를 상상해보면 이는 불가능했을 것으로 판단된다.

　실제로 도통을 넘긴 의암 손병희는 평소에도 "춘암 대도주는 생각하는 것은 나만 못하지만, 대도를 지키는 데는 내가 춘암만 못하다. 춘암은 밤에 만져 보아도 도(道) 덩어리이다"라고 할 정도로 그를 높이 평가했다. 그러니까 창업보다 더욱 힘든 것이 수성이라고 춘암은 언제나 참에 살면서 묵묵히 자신이 맡은 바를 실천함으로써 엄혹한 시절을 버티면서 동학 천도교를 지켜낸 인물이었다. 단 한 치라도 거짓된 삶이라면 그는 곧 죽음이라는 자신의 신념을 철저하게 지켜온 시대의 어른이자 지도자였다.

애석한 것은 이렇게 존경해야 하고 선양되어야 할 점이 많은 춘암 박인호이건만 이제껏 제대로 된 단행본도 학술대회도 없었다는 점이다. 금번의 학술대회가 최초로 그의 생애를 규명한 대회였다는 것이 부끄럽게 한다. 그래도 첫술에 배부를 수 없듯이 앞으로 춘암 박인호에 관한 연구는 계속될 것이고 더 많은 가려진 부분들이 밝혀질 날이 올 것이다. 동학학회 역시 수운과 해월 그리고 의암만이 아닌 춘암 박인호에 대한 지속적인 관심과 연구를 게을리하지 않을 것을 다짐해 본다.

학술대회에서는 기조 강연과 4편의 전문적인 연구논문이 발표되었다. 먼저 기조 강연을 맡아주신 전 독립기념관 관장인 김삼웅 선생님께서 병고 중에도 불구하고 한편의 평전을 보는듯한 내용으로 춘암 박인호를 재조명해 주셔서 크게 감사의 인사를 드린다. 특별히 관장님이 독립기념관 관장으로 재직 중일 때 춘암의 어록비가 독립기념관 내에 설치되었는데 당시 유족과 기념비 설치추진위원회에 기념관 내 어느 곳이든 가장 좋은 자리에 세우시라고 해 주셨다고 한다. 당시 관장님도 알려지지 않은 큰 인물 박인호에 대한 아쉬움이 너무 크셨던 것 같다.

본 발표에서 성강현 교수의 "춘암 박인호의 동학 수행과 동학농민혁명 활동"과 박세준 교수의 "동학·천도교의 재건과 춘암 박인호 활동 – 종교조직의 제도화와 지도자 승계 과정을 중심으로"는 각기 동학시대와 천도교시대를 구분하여 춘암 박인호의 행적과 활동을 규명한 논문으로 향후 박인호 연구의 토대로서의 가치를 지닌다고 할 수 있다. 정을경 박사의 "춘암 가계의 민족운동" 논문은 기존에 연구한 것을 새롭게 보완해서 더욱 확실하게 춘암 박인호 집안의 민족운동 참여 현황을 분석해 주었다. 이는 동학에 입도한 춘암이 집안 전체에 동학을 포덕함으로써 혼자만 하는 운동이 아닌 함께하는 운동을 몸소 실천한 증거라고 할 수 있다. 끝으로 조극훈 교수의 "춘암 박인호의 삶과 사상: 동학의 세계화 기반" 논문은 향후 춘암 박인호의 사상이 어떻게 세계화되어야 할 것인지를 규명한 시론적 연구이다. 최근 한류 열풍이라는 말에 동조하면서 과연 한류의 마지막은 무엇일까. 그것은 우리의 정신과 사상 그리고 문화가 아닐까 하는 생각에 이르면 동학의 세계화는 동학을 연구하는 모든 연구자의 과제가 되기에 충분할 것이다.

끝으로 보론 차원에서 몇 편의 논문과 자료들을 실었다. 오래전에 작성했던 필자의 논문 한 편을 수정 보완해서 실었고, 박성묵 회장의 논문과 자료들이 첨가되었다. 이 과정에서 지면상으로 고마움을 표하고 싶은 분은 예산동학농민혁명기념사업회의 박성묵 회장님이시다. 박 회장을 25여 년 전에 처음 만났을 때 예산 지역의 동학 유적지 답사를 안내해 주면서 춘암 박인호에 대한 평가와 선양 작업의 부족 등에 아쉬움을 거듭 드러냈다. 특히 현재는 관작리 예산동학농민혁명기념공원으로 새롭게 단장되어 충남 동학혁명의 학습장이 되고 있지만, 처음에는 공동묘지였던 현장에서 장차의 구상을 역설하던 그 모습에 감동하지 않을 수 없었다. 알면 알수록 몰랐던 부분이 늘어나고 필자 역시 감화되어 춘암 박인호에 대한 존경심이 나오지 않을 수가 없었다. 여기까지 올 수 있었던 절대적 공헌은 묵암 박성묵 회장의 노력 덕분이다.

그의 뚝심은 바로 춘암의 말씀인 "참에 산다"라는 현대판 실천에서 나오는 것 같았다. 이제 남은 과제인 아무런 연고도 없이 포천에 있는 춘암의 묘소를 관작리 예산동학농민혁명기념공원 안으로 모시고, 하포리의 생가가 매입되어 유허비 등을 포함하는 일대에 가칭 "춘암공원"이 만들어지는 것이다. 이 일이 완성되면 충남 동학의 거두이자 위대한 민족지도자 춘암 박인호가 비로소 세상에 그의 높은 뜻이 알려지는 날이 될 것이다. 이 과제에도 역시 앞장설 인물은 박성묵 회장일 것이다. 오늘도 한결같이 참되게 살면서 춘암 박인호를 선양하는데 앞장서는 그에게 존경의 마음으로 감사의 인사를 드린다.

아울러 한결같이 동학학회를 애정어린 따뜻한 시선으로 지원을 해주고 계시는 천도교 중앙총부에도 감사의 인사를 드리며 앞으로도 동학학회는 천도교중앙총부와 종교성을 넘어서 우리 역사와 사상 그리고 문화로서 동학을 아끼고 사랑하는 동반자적 관계를 계속 유지할 것을 다짐한다. 끝으로 항상 학회의 일에 전심전력으로 나서주는 학회 임원진 여러분과 특별히 김영진, 김남희 그리고 박세준 총무이사에게 고마움을 전한다. 항상 욕심 많은 회장 만나서 당하는 일이라 생각하라며 미안함을 변명한다. 또한 어려운 가운데에도 불구하고 기꺼이 출판을 맡아주신 선인 출판사의 윤관백 대표님과 직원 여러분 모두에게도 고마움을 전한다.

2024년 1월 31일
동학학회 회장 임형진

차례

춘암 박인호선생의
민족사상

김삼웅(전 독립기념관 관장)

춘암 박인호선생의 민족사상

1. '샘 해 지지않은' 주역

춘암(春菴) 박인호(朴寅浩, 1855~1940) 선생은 건국훈장 독립장이 추서된 독립지사이고, 동학·천도교의 제4대 대도주를 역임한 종교지도자이다. 앞선 이들의 그림자가 너무 크거나 짙으면 뒤를 잇는 이는 그만큼 작아보이거나 옅여지는 것은 자연현상일뿐 아니라 사회현상이기도 하다.

기미년 3·1혁명 당시 천도교내의 위상이나 그간의 공적으로 보아 민족대표 33인(천도교측은 15인)에 포함되어야 함에도 제외된 것은 민족종교 천도교를 지켜달라는 의암 손병희 성사의 요청때문이었다. 3·1거사가 일제의 치안유지법에는, 내란죄의 우두머리를 사형·무기형에 처하도록 하고 있었기에, 춘암은 살아남아서 천도교의 교통을 유지하라는 교시였다.

이것은 수운 최제우 교조 이래 동학의 전통이었다. 수운이 좌도난정의 죄목으로 대구감영에 수감되었다는 소식을 듣고 지방에서 포교 중이던 해월 최시형이 옥바라지 비용을 모으는 등 대책을 마련할 때 "해월이 지금 성중(城中)에 있는가. 머지않아 잡으러 갈 것이니 내 말을 전하여 '고비원주(高飛遠走)'하게 하라. 만일 잡히면 매우 위태롭게 될 것이다."고 연통하였다. 자신은 비록 참수되더라도 후계자를 살려 동학을 지켜야 한다는 뜻이었다.

해월이 수운의 뜻에 따라 피신하면서 동학의 도통을 지키고 경전을 펴내는 등 큰 역할을 하였듯이, 춘암도 다르지 않았다. 일제가 대한제국의 국권

침탈이라는 미증유의 국난기였다.

동학→천도교 역사상 어느 때라고 평온한 시기가 없었지만, 춘암이 도통을 물려받은 시기는 과거 수난기의 상황과 다르지 않았다.

알제리아 출신의 프랑스 제8대학 교수 자크 랑시에르는 "샘 해 지지 않은 사람들"에 대해 주목하였다. 역할은 주역에 못지 않는 데, 사람들은 주역 몇 사람에게만 초점을 맞추고 나머지는 대부분 잊히거나 샘 해 지지 않는다는 것이다. 우리의 경우 3·1혁명기 '민족대표'들도 그렇고 다수의 독립운동가도 마찬가지다.

춘암 선생은 의암 성사로부터 뒷일을 맡으라는 배려에도 불구하고 3·1혁명 발발 당일 일제에 피체되어 총독부 경무국을 거쳐 서대문감옥에서 갖은 고문과 혹독한 조사를 받았다. 그리고 1년 9개월간 옥고를 치렀다. 민족대표 33인과 별로 다르지 않았다.

풀려난 춘암에게는 감당하기 쉽지 않은 두 가지 과제가 앉겨졌다. 하나는 제4대 교주로서 천도교를 지키고 교세를 확장하는 일이고, 다른 하나는 '민족대표 48인'의 일원으로서 조국의 독립을 회복하는 책무였다. 둘 다 소홀히 할 수 있는 일이 아니었다.

춘암은 평정심을 잃지 않고 치밀하고 치열하게 대처하였다. 일제는 조선 근세사에서 1894년 동학농민혁명과 1919년 3·1독립혁명의 뿌리에 동학이 존재함을 꿰고 있었다. 동학혁명 당시 무라타소총 등 현대식 병기로 25~30만 명을 학살한 것이나, 3·1혁명 당시 비무장 시위의 한국인 7.509명을 죽이고 15.961명의 부상, 피검자는 46.948명이었다.

대한민국 임시정부 기관지『독립신문』사장을 지낸 김승학이 해방 후 귀국하여 펴낸『한국독립사』는 일제의 천도교 탄압 실상을 이렇게 기록했다.

왜적은 천도교를 소위 유사종교단체라 하여 종교로 인정치 아니하고 항상 경관을 파견하여 중앙총부와 각지 교구를 감시하였고, 매월 재산상황을 보고케 하는 등 구속과 제압이 날로 심하였으며 사소한 일에도 징역을 가하고 주요 간부의 일거일동을 모조리 정찰하여 교인의 자유를 속박하고 일상 출입에도 속박을 받아 노예와 가축의 대우였다.

교인과 비교인 간에 소송이 제기되면 사안의 곡직을 불문하고 교인을 패소케 하였으며 일요일의 집회강연 등에는 헌병순사를 파견하였고 그 강연 내용이 정치와 하등의 관계가 없더라도 의례히 가두심문하여 자유를 허치 않았다. 3교주의 수도(受道) 기념일인 천일(天日) 지일(地日) 인일(人日)의 기념식에는 특히 경계와 감시를 엄중히 하여 교서출판·월보발행을 정지시키며 강습소를 폐쇄시켰다.(김승학,『한국독립사』133쪽, 통일사, 1965)

2. 비밀지하신문 '조선독립신문' 발행지원

천도교는 3·1혁명을 준비하면서 후속적인 대책을 마련하였다. 민족대표들이 구속되고, 독립선언 시위가 일회성으로 끝나게 해서는 안 된다는 이유였다. 당시 조선에는 언론매체가 총독부기관지『매일신보』뿐이었다. 이런 신문이 민족운동을 제대로 보도를 할 리가 없었다. 그래서 춘암을 중심으로 이종일 등이『조선독립신문』을 비밀리에 발행하여 3·1혁명의 소식을 널리 국민에게 알리도록 하였다.

보성사 사장을 맡고 있으면서『독립선언서』를 비밀리에 인쇄한 이종일은 자신이 발행인이 되어『조선독립신문』을 발행코자 했다. "그러나 독립선언 후 일제에게 체포될 각오를 한 상황이었기 때문에 피고인 되는 사람이 자신이 포함되는 기사를 싣는 신문의 사장이 되는 것은 모순이 된다고 하여 대신 박인호의 의사를 좇아 윤익선이 사장이 되었다."(윤병석,「1910년대 일제의 언론 정책과 '독립신문' 류」,『한국근대언론과 민족운동』)

『조선독립신문』은 사장 윤익선이 구속되고 발행인이 바뀌면서, 그리고 판형과 발행처를 바꿔 가면서 계속 발행하여 일제의 간담을 서늘하게 만들었다. 춘암 선생의 내밀한 지원이 있었기에 가능했다.

3·1혁명 이듬해(1920년)에 미국인들에게 3·1혁명의 진상을 알리기 위해 대한민국 임시정부 구미(歐美) 지역 한국위원회 위원인 정한경(鄭翰景)이 미국 필라델피아에서 영문으로 쓴『한국의 사정』(The Case of Korea)에『조선독립신문』에 대해 기술하였다.

3, 4, 5월 동안 일간지로 나왔고 지금도 정기적으로 간행되고 있는 이 신문은 제작 면에서 퍽 낭만적이고 대담한 면이 있었다. 이 신문은 등사기로 찍어냈는데 제작진은 감시의 눈을 교묘히 피하면서 신문을 계속 찍어내서 그에 얽힌 얘기는 탐정소설이 되고도 남았다.

체포되어 가거나 군인들에게 얻어맞아 활동하지 못하는 사람이 생기면 다른 사람이 즉시 그 사람 몫의 일을 했다. 이 신문은 동굴이나 어부의 배안에서도 찍었으며 심지어 교회에 인조무덤을 만들고 그 속에서 찍어내기도 했다. 보급망도 아주 잘 정비되었으므로 전국 각처에 뿌려져 한국인은 물론 외국인들과 일본인들도 받아볼 수 있었다.

총독은 매일 아침 자기 책상 위에서 이 신문 2장 씩을 발견했다. 일본인들은 완전히 당황했다. 외딴 초소에 근무하는 경찰관들은 초소의 의자에서 이 신문을 발견할 수 있었으며 간수들은 각 감장에 이 신문이 배포되었음을 뒤늦게 알곤 했다.

신문을 배부하다가 수백 명이 체포되고 발행 문제와 관련된 혐의로 더 많은 사람들이 체포되었고 그들 중엔 편집자들도 많았지만 그 신문은 중단되지 않고 계속 발행되었다. 이 신문 발행을 주관한 일단의 사람들을 완전히 체포했다고 생각하기가 무섭게 그들을 담당한 검사의 책상 위에 그 신문이 또다시 모습을 보이기 일쑤였다. (「한국의 사정」, 『3·1운동』 42쪽, 국가보훈처, 1991)

3. 내외의 교단 분열획책에 맞서

춘암 선생은 출옥 후 삼엄한 일제의 감시 속에서도 "천도교가 근대적 종교로 성장할 수 있도록 교단정비와 천도교 민족운동의 기반을 다졌다. 그리고 의암 손병희의 사망 이후 분열되는 교단을 수습하면서 1920년대와 30년대에 걸쳐 6.10 만세운동과 신간회운동 그리고 멸왜기도운동을 주도적으로 추진하여 민족독립운동사에 커다란 족적을 남겼다."(임형진, 「1920년대 천도교의 민족운동과 박인호」).

제3대 교주 손병희가 1922년 5월 19일 옥고와 고문 후유증으로 눈을 감았다. 향년 62세였다. 그의 서거 이후 교단의 분화가 가장 심각한 문제였다.

천도교는 1922년 종헌과 교헌 개정 등을 통하여 이미 전통적인 교주제를 없애고 민주적인 종리원 합의제로 교단을 이끌어가고 있었다. 그러나 교단을 장악한 최린 계열이 천도교의 기념일을 정비하면서 박인호의 승통기념일을 제외해 버리자 오영창 등이 강력 반발하면서 교주제 부활을 주장하는 등 최린 계열과 대립했다. 이 일을 계기로 천도교는 1925년 두 개의 신구파 종리원이 생기는 등 심각한 분열을 맞았다.(임형진, 앞의 글)

3·1혁명 당시 큰 역할을 하고 민족대표에 이름을 올렸던 최린은 곧 변절하고 자신이 속했던 천도교의 분열을 획책하였다.

조선조의 마지막 임금 순종이 1926년 4월 26일 사망했다. 그의 인산일인 6월 10일을 기해 천도교는 대대적인 시위를 준비하였다. 두 가지를 목표로 삼았다. 3·1혁명의 정신을 잇는 것과, 김성수·이광수·최린 등이 이른바 자치운동을 모색하자 이를 분쇄하려는 의도였다. 천도교의 목표는 절대독립에 있었다.

천도교 구파의 영수인 박인호는 천도교 구파의 원로인 이종린·권동진·천도교청년동맹의 간부인 박래홍·박대원 등과 6.10만세운동을 추진하였다. 이는 1925~6년 일제의 자치권 부여 소문과 함께 김성수·이광수·최린 등의 민족주의 우파들이 자치운동을 모색하자, 사회주의세력파 제휴하여 3·1운동과 같은 일대 시위를 벌임으로써 민족운동의 주도권을 장악하려는 전략이었다. (1915년〈이달의 독립운동가 3월, 박인호선생〉, 광복회)

6.10만세운동은 500~600명의 학생들이 참가하여 서울에서 시위를 벌였다. 천도교청년동맹원들이 조직적으로 참여하고 독립선언문 10만 장을 인쇄하였다. 일제는 800여 명의 병력을 동원하여 시위를 막고 수 백 명을 구속했다. 총독부는 천도교 기관 및 관계 인사들을 검색하고 청년회원 명부 등을 압수했으며 이들의 자택까지 점찍었다.

4. 신간회조직 항일구국투쟁

춘암은 청년시절 손병희와 함께 동학에 입도한 이래 갑진개화혁신운동·민족문화운동·3·1혁명·기독교·불교·사회주의세력과 연합하여 총독부가 사주한 이른바 민족개량주의에 반대하는 신간회를 창립한 것이다.

신간회는 "우리는 기회주의를 모두 부인한다"는 기치 아래 나라 안팎에 149개의 지회가 결성되었으며 회원이 4만 여 명에 이르렀다. 조선인에 대한 착취기관 철폐, 일본인의 조선 이민반대, 사상연구의 자유보장, 식민지 교육정책반대 등을 주장하면서 노동파업·소작쟁의·동맹휴학 등을 지도했다. 사실상 항일구국투쟁에 나선 것이다.

천도교(구파)가 비타협 민족주의세력 및 사회주의세력과 연대하여 신간회를 조직하고 일제에 저항하게 된 것은 당시 구파의 영수였던 춘암 박인호의 내락·지원이 있었기에 가능했다. 실제로 그의 양자인 박래홍과 구파의 원로 권동진·이종린이 신간회 발기에 참가한 것을 비롯 규칙심사위원으로 활동하고, 창립시 권동진은 부회장, 박래홍과 이종린이 간사를 맡아 신간회를 운영하였다.

천도교 도인(구파계열)들은 전국 각지에서 신간회 지회에서 중추적 역할을 하였다. 신간회는 1929년 11월 광주학생운동이 발발하자 이를 전국으로 확산시키기 위해 '민중대회'를 열려다 간부 40여 명이 체포되고, 이후 민족개량주의 세력이 본부를 장악하고 대일 타협노선으로 기울자 해소론이 제기되면서 천도교는 여기서 발을 뺐다.

"박인호는 대중적이고 서민적인 사람이었으나 일을 처리함에 있어서는 거시적인 안목과 뛰어난 상황판단으로 고비 때마다 큰일을 해냈으며 교계의 큰 희망적 인물이었다."(박성묵, 「내포지역 동학농민혁명과 춘암 박인호」)

5. '멸왜기도' 실시 왜국패망시도

춘암 박인호 선생의 장엄하고 통렬한 생애의 마무리 사업은 1936년 8월 상경한 교회지도자들에게 도인들로 하여금 극비리에 식사 때마다 일제의 멸망을 재촉하는 기도 즉 '무인멸왜기도'를 지시한 일이다. 일제는 중국 침략전쟁을 앞두고 조선 농민 80만 명을 만주로 이주시키기로 하고, 각급 학교에 신사참배를 강요했으며, 조선소작 조종령을 개정하여 더욱 악독한 소작제를 정착시키고 있었다.

춘암은 일찍이 수운 최제우가 일제의 패망을 예견하여 남긴『용담유사』의
「안심가」에 들어 있는 멸왜의 내용을 담은 '멸왜기도문'을 도인들이 식사 때
마다 암송토록 하였다.

내용은 "개같은 왜적놈들 일야만에 소멸하고 대보단에 맹세하고 한의 원
수 갚아 속히 독립달성하겠습니다."라는 것이었다.『용담유사』의「안심가」는
다음과 같다.

> 개 같은 왜적 놈아 너희 신명 돌아보라
> 너희 역시 하륙해서 무슨 은덕 있었던고
> (중략)
>
> 개 같은 왜적 놈아 전세 임진 왔다가서
> 술싼 일 못했다고 쇠술로 안먹는 줄
> 세상 사람 뉘가 알꼬 그 역시 원수로다.
> (중략)
>
> 내가 또한 신선되어 비상천한다 해도
> 개 같은 왜적 놈을 한울님께 조화 받아
> 일야간에 멸 하고저 전지무궁 하여놓고
> 대보단에 맹세하고 한의 원수 갚아보세.

멸왜기도의 활동에 대해서는 주로 황해도 지역 도인 홍순의의 수기에서
확인할 수 있는데 그 과정은 다음과 같다.

1936년 1월 5일 천도교중앙교회의 금융관장 김재계가 황해도 은률군 북부면 가락
리에 있는 홍순의의 집에 가서 춘암 박인호의 지령을 전달하면서 그에게 멸왜기도를
실시하되 각 군에 독신자 두 명 내지 세 명에 한하여 우선 실행하도록 하고 후에 공
식적으로 일반 교인들에게 멸왜기도운동을 선포할 날이 있을 것이라고 하였다. 그

리고 김재계는 모금된 특별성금 700원을 홍순의로부터 받아 다음날 6일 서울로 올라왔다. (성주현, 「춘암 박인호와 멸왜기도운동」)

1936년 8월 14일부터 전개된 '멸왜기도'는 1937년 7월 신천교구 교인 최택선에 의해 일제에 누설되었다. 조선총독부는 이참에 천도교(구파)를 뿌리뽑겠다고 작심하고 전국에 수배령을 내렸다. 이에 따라 관계자는 물론 평소에 찍힌 민족주의자들을 속속 검속하였다. 전국에서 수 백명의 도인이 검속되어 혹독한 고문을 당하였다.

그러나 춘암은 노환(81세)으로 인해 병상에서 심문을 당했다. 일제가 중일전쟁을 치르면서 조선을 병참기지로 만들어 인력과 물자를 수탈하고 이를 위해 황민화정책을 통해 민족말살을 시도하던 시점이라, 가급적 사건을 축소하고 널리 알려지는 것을 봉쇄하였다. 무엇보다 '멸왜기도운동'이란 명칭부터가 그들에게는 금기어였을 것이다. 하여 경찰에서 검찰에 송치할 때 '천도교 구파 불온음모계획사건'이란 알듯 모를 듯한 명칭을 붙였다.

6. 정신과 업적 돼살려야

충청남도 예산군 삽교읍 하포리에서 태어난 춘암 선생은 구한말 세도정치로 삼정이 문란하고 나라가 위기로 치달을 때 뜻이 있고 기걸찬 청년들과 동학에 입도하였다. "사회의 구조 모순과 현실 모순에 대하여 개혁을 제창한 동학이 해주 지방에 전도되고 있었다. 소년 창암(백범 김구)도 그에 끌려 1893년(18세) 정초에 이웃 포동의 동학도 오응선을 찾아가 동학에 입도했다. 창암은 동학에 대하여 첫째, 하눌님을 모시고 도를 행한다. 둘째, 존비귀천을 없앤다. 셋째, 조선왕국을 끝내고 새 국가를 건설한다는 혁명논리에 전적으로 동감하였다.(…) 황해도 접주 15명이 교주 최시형이 머무는 충청도 보은 장내리로 가서 정식으로 접주 첩지를 받았다."(조동걸,「백범의 청소년기 생활과 의병운동」)

춘암은 백범보다 10년 전 예산읍내 모리정이라는 주막을 경영하는 월화를 통해 동학의 철학을 듣고 해월을 만나보고 싶었다.

해월이라는 사람을 한 번 만나보고 따져 보아야겠다고 마음을 먹고 해월을 찾아 나섰다.

1883년 3월 18일 해월을 만날 수가 있었다. 이 자리에는 손병희도 해월을 찾아와 같이 해월과 이야기를 나누었다. 해월이 반가워했다. 기골이 장대하고 재치가 발랄한 청년들이 불원천리하고 찾아온 것이다.

동학입도!

의암과 춘암이 동학에 입도하니 해월은 대단히 기뻤다. 오도(吾道)에 새 운(運)이 트는구나 하고 그는 외쳤다.

이리하여 의암과 춘암은 해월의 측근이 되어 동학의 새 길을 여는 데 심혈을 기울였다. (이상재,『거인 춘암 박인호연구』)

동학에 입도한 춘암은 광화문복합상소, 보은취회, 덕산봉기, 1894년 내포동학농민혁명을 이끌었다. 그리고 손병희로부터 승통하여 제4대 교주, 그리고 3·1혁명기의 역할과 그 이후는 앞에서 약술한 대로이다.

우리나라 개화기와 일제강점기, 그러니까 반봉건 투쟁과 반식민 민족해방 투쟁에 동학·천도교의 역할은 지대했다. 어떤 집단보다 더 치열하고 통렬했다.

1860년 창도된 이래로 동학의 이름으로 이 땅에서 순도한 사람들을 아무리 적게 잡아도 40만 명이 넘는다. 순교의 대명사 천주교의 순교자가 1만 명에 이른다고 하니 천도교의 희생규모를 짐작할 수 있다.

　내용적으로도 천주교의 순교자가 거의 종교자유만을 주장했다면 천도교의 순교자는 종교자유를 넘어서는 사회변혁을 외치다 희생당한 순교의 질적 차이를 보이고 있다.(임형진, 앞의 글)

　동학·천도교는 이와 같은 순교와 희생을 치르고도, 그 지도자 중에는 아직도 적합한 평가를 받지 못한 분들이 많다. 해방 후 정치·사회사의 영향이 컸다. 대표적인 분이 춘암 박인호 선생이다. 학계를 비롯 지식인 사회에서 더 늦기 전에 자료를 찾고 증언을 채취하여, 국난기 역사의 주역이면서도 '샘 해 지지 않은' 분들의 고귀한 생애와 업적을 되살렸으면 한다.

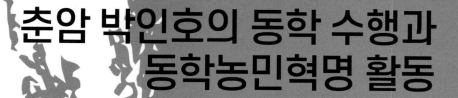

춘암 박인호의 동학 수행과 동학농민혁명 활동

성강현(동의대학교 역사인문교양학부 교수)

춘암 박인호의 동학 수행과 동학농민혁명 활동

1. 머리말

19세기 중반에서 20세기 초반은 우리 역사에서 가장 극심한 혼란기 가운데 하나였다. 이 시기는 문명사적으로는 동서 문명의 조우와 충돌의 시기로 서구 열강이 동양으로 세력을 확장하는 서세동점의 시기였다. 이 시기 조선은 이러한 문명사적 전환의 흐름를 읽지 못한 채 사욕과 무능에 사로잡힌 왕실과 집권층은 결국 스스로 무너져버렸다. 조선은 결국 일본 제국주의에 의한 국권을 빼앗겼다. 또한 이 시기는 구시대를 이끌어가던 전통적 사상은 그 힘을 잃어버리고 새로운 시대를 이끌어갈 사상이 움트는 시기였다. 1860년 경상도 경주에서 수운(水雲) 최제우(崔濟愚)가 창도한 동학(東學)은 시천주(侍天主)의 인간평등과 후천개벽의 시대전환을 추구하였다.

1855년 지금의 충청도 예산에서 태어난 춘암(春菴) 박인호(朴寅浩)는 동학이 자신의 삶의 방향과 일치함을 확인하고 동학에 입도해 한 평생 동학인으로의 올곧은 삶았다. 1883년 동학에 입도한 그는 10년 후인 1893년 3월의 보은 교조신원운동에서 덕의대접주로, 1894년의 동학농민혁명에서는 덕포의 대접주로 내포(內浦) 지역의 동학도를 이끌고 승전곡 전투와 신례원 전투에서 승전하였다. 비록 홍주성 전투의 실패로 내포 지역의 동학농민혁명은 막을 내렸지만 두 전투는 동학군이 관군과 일본군을 상대로 한 승리했다는 점에서 역사적 의의가 크다.

박인호는 동학농민혁명에서 구사일생으로 살아남이 와해됐던 동학교단을 재건하는데 중추적 역할을 하였다. 특히 의암(義菴) 손병희(孫秉熙)가 동학의 제3세 교조가 된 후 1908년 제4세 대도주(大道主)로 임명되었다. 이후 그는 의암과 함께 천도교중앙총부을 이끌었으며, 1919년 전개한 3·1독립만세운동에도 일경에 체포되어 재판에 넘겨진 48인의 영도자의 한 명이었다. 옥고를 치르고 난 후 천도교의 교주(敎主)로 활동하였으나 신구파의 분열 속에서 자신의 직을 내려놓고 신앙에 치중했다. 춘암은 천도교 구파가 참가한 6·10만세운동과 신간회 운동의 최고 지도자였으며, 1936년 일제에 의해 우리의 손발이 묶인 상황에서도 일제의 패망을 위한 멸왜기도운동(滅倭祈禱運動)을 지도하다 또다시 옥고를 치렀다. 그는 한 평생 천도교와 조국의 광복을 위해 일하다 1940년 4월 3일 환원(還元)하였다.

춘암은 동학농민혁명 시기까지는 주로 충청도 서부지역인 내포(內浦) 지역에서 활약하였다. '내포(內浦)'란 충청남도의 서북부 지방을 일컫는 지리적 지역으로 역사적으로 하나의 행정구역으로 구획되는 지역이 아니었다. 그런 면에서는 영남, 호남, 관서, 관북 등과 비슷하지만 이들 지명은 '도(道)'라는 행정구역과 대략 일치하자만[1] 내포라는 지명은 도 단위 행정지역 보다는 강역이 작다. 내포에 대한 기록은 『고려사(高麗史)』의 공민왕대에 처음으로 등장한다. 당시 왜구가 창궐하던 시기여서 내포라는 지명은 모두 왜구(倭寇) 및 전라도 해안의 조운선과 관련된 내용이다. 『朝鮮王朝實錄』에도 내포에 대한 기사들이 여러 차례 등장하고 있는데 대부분 통치 행위와 관련된 기사들로 내포를 충청병영이 위치한 장소로, 또는 조운과 관련된 내용이다. 조운이나 국방과 관련된 내용이 많다는 사실은 내포가 주로 국가나 관료들

---

1   임병조, 『내포지역의 구성과 아이덴티티에 관한 연구』, 한국교원대학교 대학원 박사학위 논문, 2008, 13쪽.

을 중심으로 인식되었던 지역이었음을 의미하는 것이다. 조선 초기부터 17세기까지는 내포의 범위가 차령산지 서쪽 일대를 아우르는 넓은 범위로 인식되었다 『선조실록』에는 내포가 '충남서북부의 홍주목(洪州牧) 관할 구역'으로 정의되고 있다. 『영조실록』에는 '호서(湖西) 내포 18개 고을'이라는 기록이 등장하는데 이는 대체로 당시의 홍주목 관할의 군현을 모두 포괄하는 범위이다.[2] 18~19세기 내포의 범위는 조선시대 행정구역을 기준으로 신창(新昌), 예산(禮山), 대흥(大興), 면천(沔川), 당진(唐津), 덕산(德山), 홍주(洪州), 결성(結城), 해미(海美), 서산(瑞山), 태안(泰安), 보령(保寧) 등 12개 현에 해당하며 오늘날의 행정구역으로는 예산군, 당진군, 홍성군, 서산시, 태안군 전역과 보령시, 아산시의 일부 지역이 포함되는 지역임을 알 수 있다.[3] 조선 후기에는 '아산만 일대'를 가장 내포적인 곳이라고 불렀다. 이처럼 내포라는 지역은 시대에 따라 다양하게 언급되었다.

따라서 본 연구에서 시대적으로 다양하게 언급되었던 내포의 범위를 정리하는 것이 우서 필요하다. 본 연구에서 일컫는 내포 지역이란 1894년 동학농민혁명이 일어나고 주도한 덕포, 예포, 산천포 등의 동학의 조직인 포접제가 설치되어 활동한 지역을 의미하는데, 지역적으로는 인 홍주(홍성)과 예산 지역이 이에 해당한다. 이렇게 지역적 범위를 한정하는 것은 이 지역이 춘암 박인호의 주요 활동무대였으며 그의 동학 수행과 교조신원운동 및 동학농민혁명 활동이 전개된 곳이기 때문이다. 다만 박인호의 활동이 내포 지역에 한정된 것이 아니었기 때문에 내포를 벗어난 지역이라도 필요한 경우에는 서술하고자 한다.

본 연구는 춘암 박인호의 동학 수행과 동학농민혁명에서의 활동을 연구의

---

2 앞의 책, 18쪽.
3 앞의 책, 22쪽.

목적으로 한다. 이를 위해서 첫째, 춘암 박인호의 동학 입도의 동기와 수행의 과정을 살펴보고, 둘째, 동학교간의 핵심님물로 성장해 1892~3년에 걸쳐 진행된 교조신원운동에서의 활동을 정리하고, 셋째, 내포지역의 동학농민혁명의 주요 전투인 승전곡 전투, 신례원 전투, 홍주성 전투 등에서의 활동을 살펴보고자 한다.

2. 박인호의 동학 입도와 내포 지역 포덕

박인호(이하 춘암)는 1855년 2월 1일 충청남도 덕산군 양촌면 막동리[4]에서 태어났다. 부친은 박명구(朴命九)이고, 모친은 온양(溫陽) 방씨(方氏)였다. 초명은 용호(龍浩)였으며, 남수(南壽)라는 다른 이름도 있었다. 자는 도일(道一)이었고, 도호는 춘암(春菴)으로 1899년 4월 동학의 제3세 교조인 의암(義菴) 손병희(孫秉熙)로부터 받았다.[5] 그의 관향(貫鄕)은 밀양 박씨로 시조인 혁거세로부터는 66대손이며, 신라 54대 경명왕(景明王)의 장자인 밀성대군(密城大君) 언침(彦枕)의 37대손이다.[6] 그의 가계를 정리하면 〈그림 1〉과 같다.

---

4 충청남도 예산군 삽교읍 하포리
5 이돈화, 『천도교창건사』, 천도교중앙종리원, 1933, 제3편 17쪽.
6 「천도교 제4세 대도주 춘암상사(1)」, 『신인간』 통권488호, 1990.11.10, 38쪽.

<그림 1> 춘암 박인호 가계도

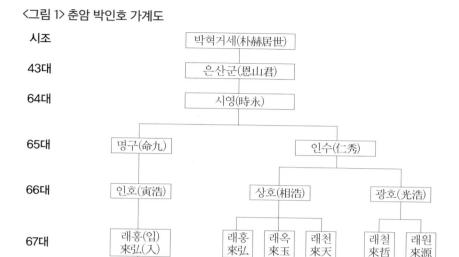

시조	박혁거세(朴赫居世)	
43대	은산군(恩山君)	
64대	시영(時永)	
65대	명구(命九)	인수(仁秀)
66대	인호(寅浩)	상호(相浩) / 광호(光浩)
67대	래홍(입) 來弘(入)	래홍 來弘 / 래옥 來玉 / 래천 來天 / 래철 來哲 / 래원 來源
68대	의섭 義燮 / 명섭 明燮 / 세섭 世燮	

춘암의 집안이 언제 내포 지역에 자리를 잡은 것은 알려져있지 않다. 춘암의 종제(從弟)인 박광호의 고조(高祖)가 향리(鄕吏)이라고 한 것으로 볼 때[7] 춘암의 신분도 중인으로 보인다. 신분은 중인이었지만 평민과 다름없는 몰락하여 빈한한 소작농과 다름없었다. 춘암은 가난한 집안이었지만 남의 재물을 탐하지 않는 정직한 집안 분위기에서 성장했다. 이와 관련된 일화가 있다.

춘암이 6세 때 어느 여름날 길을 가다가 잡초가 무성하게 버려진 밭 가운데 먹음직스럽게 열매 맺은 참외가 있는 것을 발견했다. 누가 버린 것으로 안 어린 춘암은 횡재했다는 생각이 들어 한아름 따가지고 집으로 돌아와 자랑스럽게 부모님 앞에 내놓았다. 그러나 그 자초지종을 들은 부친은 춘암을

---

7 정을경, 「춘암 박인호 일가의 민족운동」, 『한국독립운동사연구』 75, 독립기념관 한국독립운동사연구소, 2021, 9쪽.

꾸짖어 타이르기를 "세상 만사 힘들이지 아니하고 공으로 얻는 것은 당치 않으니라"하고 그 참외를 따온 자리에 도로 갔다 놓으라고 말하였다. 참외를 갔다 놓고 돌아온 춘암에게 부친은 집 텃밭에서 키운 참외를 주면서 가난하다 해도 무슨 일이나 정직해야 하고, 내가 이롭기 위해 남을 속이는 일이 있어서는 안된다고 타일렀다고 한다. 어릴 때부터 정직과 남의 물건을 탐하지 않는 가풍을 익힌 춘암은 제자들에게 늘상 거짓말을 하지 말라고 가르쳤다.⁸ 이 일화로 춘암의 강직한 집안 분위기를 알 수 있다.

집안은 빈한했지만 어릴 적부터 인근에 총명하기로 널리 알려졌다. 춘암이 11살(1865년)이라는 늦은 나이에 비로소 한학(漢學)에 입문하였는데 그 이유는 가난한 가정 형편 때문이었다. 비록 배움의 시기는 늦었지만 총명해서 누구도 따라올 수 없을 정도로 학문의 습득이 빨랐다고 한다. 15세(1869년) 때에 지가서(地家書)와 의서(醫書) 등을 놓고 공부하는 등 신학문에도 크게 뜻을 두고 배움의 길에 일로매진하였다.⁹ 춘암이 지가서와 의서를 익힌 것은 유교적 소양보다는 생활에 필요한 지식을 얻기 위한 것으로 보인다. 빈한한 집안에서 유학에 대한 공부보다는 경제적으로 도움이 되는 지가서와 의서를 익혀 집안 경제에 도움을 주고자 했다. 그러나 춘암의 학업은 오래 가지 못하였다. 곤궁한 가정 형편으로 인해 학업을 그만두고 농사일에 전념할 수밖에 없었다.

춘암은 성장하면서 기골이 장대하여 씨름판에 나가면 상대가 없을 정도로 이름을 날린 역사(力士)였다. 또 술을 마시면 말술이어서 당할 사람이 없었다고 하였다. 특히 걸음이 빨라서 축지법을 쓴다는 소문이 자자했다. 춘암은 지역에서 힘이 쎄고 날래어 '용호도사(龍虎道士)'라는 별명을 갖고 있었

---

8 「천도교 제4세 대도주 춘암상사(1)」, 『신인간』 통권488호, 1990.11.10, 39~40쪽.
9 위의 글, 40쪽.

다.[10] 박인호는 농업에 종사하면서도 세상에 관한 관심이 많아 쉴 때에는 덕산, 홍성, 예산 등 인근 고을을 찾아다니며 민심을 살피는 한편 여론도 수집하면서 촌가(寸暇)도 헛되이 보내지 않았다.[11]

청년기 춘암이 정의감을 갖고 있었다는 일화도 전한다. 춘암이 여론의 추이를 살피기 위해 다니던 중 하루는 덕산장에서 씨름판이 벌어져 삼일째 대마루판에서 장사 한 사람이 상대를 모조리 이기고 기고만장해서 "나를 당할 자가 있으면 누구든지 나오라"며 큰 소리치는 모습이 눈에 들어왔다. 그 꼴이 어찌나 방자하고 교만하게 보였던지 춘암은 그냥 지나칠 수가 없어서 혼줄을 내주리라고 생각하고 씨름판에 들어섰다. 서로 샅바를 감아쥐고 당기는데 상대가 별 실랑이 할 것도 없을 정도여서 거구의 상대방을 일순간에 모래판에 거꾸로 처박았다.[12] 이렇듯 춘암은 자신의 힘을 자랑하고 의롭지 못한 행위를 참지 못하는 정의감을 갖고 있었다.

청년기 춘암은 성실하고 근면한 생활로 주위에 평판이 좋았다. 춘암은 천성이 순박하고 과묵한 편으로 젊은 나이에도 불구하고 일상 생활에서 몸가짐을 흐트러뜨리지 않았고 남이 시키지 않아도 자신의 일을 스스로 행하는 한편 틈나는 대로 글을 읽고 사색하는 일을 게을리하지 않았다. 이러한 춘암의 모습에 친구들은 "자네는 일만 하려고 세상에 태어났는가?"하는 말을 할 정도였다고 한다. 춘암은 이런 말을 들으면 "일이란 모두 그 때가 있는 법일세. 비록 이런 일이라도 나중에는 하고 싶어도 할 수 없을 때가 있지. 그때 가서 후회하는 것보다 지금 열심히 일하는 편이 훨씬 좋지 않겠는가?"

10 이동초, 「천도교 제4세 대도주 춘암상사 박인호 약전」, 『춘암상사댁 일지』, 모시는사람들, 2007, 259쪽.
11 「천도교 제4세 대도주 춘암상사(1)」, 『신인간』 통권488호, 1990.11.10, 40쪽.
12 위의 글, 40~41쪽.

라고 답하였다 한다.[13] 이러한 춘암의 근면과 성실은 동학에 입도해 10년 동안 의관을 정제하고 독공 수련으로 일관할 수 있는 바탕이 되었다.

　춘암이 살았던 시기는 극심한 혼란기였다. 안으로는 조선 말기의 체제 해체기로 인한 극도의 혼란이 가중되었다. 시대를 따라가지 못하는 성리학, 세도정치의 여파로 인한 매관매직의 성행은 삼정(三政)의 문란으로 연결되어 부패가 일상화되었다. 또한 연이은 괴질과 흉년으로 인해 민생은 도탄 속으로 빠져들었다. 밖으로는 이양선이 출몰하는 등 서구의 위협이 가중되고 있었다. 특히 춘암이 태어나기 이전인 1832년 홍주에 영국 동인도 회사의 상선 로드 에머스트(Lord Amherst) 호가 출몰해 교역을 요구하는 사건이 있었다.[14] 1846년에는 프랑스의 야앙선인 클로오파트르(Cleopatre) 호가 홍주에 출몰해 기해박해의 책임을 물었다. 잇따른 이양선의 출몰을 직접 겪었던 내포 지역은 다른 지역보다 서구의 침입에 대한 긴장감이 높았다. 아편전쟁으로 인해 천하의 중심이라는 중국이 서양군에 의해 참패해 '순망치한(脣亡齒寒)'의 위기의식이 고조되고 있었다. 특히 제2차 아편전쟁으로 불리는 '애로우(Arrow)호 사건'으로 천하의 심장이라고 일컫는 베이징이 함락되자 화이론(華夷論)을 보물처럼 생각하던 지배층은 크게 동요하였다.

　이런 위기 속에서 민간에서는 삼재팔난의 위기설이 횡행할 정도로 극심한 불안 상태가 되었다. 기성의 종교라고 할 수 있는 유불선(儒佛仙)으로는 이러한 극도의 고질화한 사회의 폐단을 고칠 수 없다는 판단을 한 민중들은 이를 타개하기 위해 『정감록(鄭鑑錄)』으로 대표하는 도참설(圖讖說)에 빠져들었다. 『정감록』류의 괘서와 참서가 나돌면서 머지않아 세상이 바뀐다는 풍설이 나

13　위의 글, 41쪽.
14　김혜민, 「19세기 전반 서양 異樣船의 출몰과 조선 조정의 대응」, 『진단학보』 131, 진단학회, 2018.12, 161쪽.

돌자 사람들은 위기를 모면하기 위해서는 괘서에서 주장하는 십승지(十勝地)
를 찾았다. 또한 중국을 힘으로 굴복시킨 사상적 기반인 서학(西學)에 귀의
해 구원을 받아 보신하겠다는 분위기도 나돌았다. 이처럼 민심이 흉흉해지
는 가운데 전염병이 창궐하고 도적떼가 날뛰는 상황에서 사회 질서는 더욱
문란해졌다. 기존의 질서로는 사회적 문제를 해결하지 못한 상황에서 민중
들은 새로운 시대를 이끌어갈 새로운 사상의 출현을 기대하고 있었다.

춘암은 청년기에 국내외적으로 혼란한 시대상을 맞닥뜨렸다. 관리들의
가렴주구와 토호들의 노략질로 인해 농촌을 떠나는 자가 속출하였고 이들
가운데에는 도적이 되어 봉기를 일으키는 모습도 지켜보았다. 이러한 대내
외적 혼란을 지켜본 춘암은 현재의 문제를 해결하기 위해서는 기존의 사상
보다 차원이 높은 제세안민(濟世安民)의 방책이 있어야 한다고 생각하였다.
춘암은 사람들과 달리 당장의 호구책에 급급할 것이 아니라 세상을 바로 잡
고 백성들을 안락하게 만들 수 있는 진정한 방법이 무엇인지를 찾았다. 그
는 사람들에게 당장 생선을 나누어 주는 일은 임시방편이며 고기잡는 방법
을 가르쳐 근본적으로 문제를 해결할 수 있는 보다 깊은 방안의 찾고자 하였
다.[15]

춘암의 서양에 대한 인식도 이런 관점을 크게 벗어나지 않았다. 춘암의
서양에 대한 인식은 개방적이었지만 무조건적인 수용에는 비판적이었다.
이는 다음의 글로 확인할 수 있다.

굴욕적인 서양문물의 수용이나 무조건 배척하는 것도 모두 불가(不可)하다. 비록 서
양의 낯선 문명이라 해도 좋은 것은 받아들이고 그렇지 못한 것은 과감하게 배척해
야 할 것이다. 그러기 위해서는 조상의 얼과 정신이 담긴 전통 민족 신앙을 찾아 결

15 「천도교 제4세 대도주 춘암상사(1)」, 『신인간』 통권488호, 1990.11.10, 41~42쪽.

코 남의 장단에 놀아나지 않는 굳건한 줏대를 세워야 한다.[16]

위의 인용문을 보면 춘암은 서양에 대해 낯선 문명이라고 경계를 보이면서도 이를 통해 우리의 미진한 점을 해결할 수 있는 방안이 있다면 수용해야 한다고 인식하고 있었다. 다만 그가 서양 문명의 수용에 관해서는 우리의 주체적 역량의 바탕 위에 이루어져야 한다고 인식하였다. 그런 측면에서 춘암은 청년기에 자주적 의식의 바탕 위에 서양문물을 수용하는 태도를 갖고 있었음을 알 수 있다.

춘암은 25세 되던 1879년에 부친상을 당하였다. 효성이 지극했던 그는 부친의 사망에 인생무상을 느껴 세상과의 인연을 끊으려는 생각에 잠시 잠기기도 하였다. 그러나 그는 세상의 어지러움과 인생의 무상함으로 가출(家出)을 하는 것은 인생의 패배자가 될 뿐 아니라 자신의 가족에 대한 의무가 아니라고 결심하였다. 그는 세상을 회피하기 보다는 그 동안 자신이 추구하던 '새로운 그 무엇'을 찾는데 힘을 더 쏟기로 했다.[17]

이렇게 '새로운 그 무엇'을 찾고 있던 춘암에게 삼남 지방에서 교세를 확산하고 있던 동학을 접하게 되었다. 춘암에서 동학을 알려준 인물은 박모였다. 박씨는 예산 읍내의 오리정 주막의 주모 김월화의 남편이었다.[18] 동학교도였던 박씨는 주막을 찾은 춘암이 '새로운 그 무엇'을 갈구하고 있다는 말을 듣고 동학을 권하였다. 귀천의 구별없이 만민평등의 사회를 건설한다는 동학의 시천주는 춘암이 찾고 있던 '새로운 그 무엇'과 통하였다. 박씨로부터 동학의 교의를 들은 박인호는 교단의 지도자를 만나 동학에 관해 더 상세

---

16 위의 글, 42쪽..
17 위의 글, 43쪽.
18 임현진, 「태안 지역의 동학 포덕과 조직화 그리고 동학농민혁명」, 『동학학보』 57, 2020, 13~14쪽.

히 듣고자 했다. 춘암은 당시 충청도 목천(木川)에 있던 해월 최시형을 찾아가 "사람을 한울처럼 섬기고 바른 마음으로 한울님을 믿어야 세상이 포덕천하가 된다."는 말을 듣고 자신이 찾던 것과 동학이 합치됨을 알고 입도했다[19]. 이때가 춘암이 29세였던 1883년 3월 18일이었다.

당시 충청도 지역에 동학의 교세가 거세게 휘몰아치고 있었다. 『시천교종역사』에는 당시의 상황을 "이때 입도하는 바람이 불어 충주, 청풍, 괴산, 연풍, 목천, 진천, 청주, 공주, 연기 등 고을에서 입도자가 많았다."라고 적고있다. 충청도 일대에 부는 동학 바람에 편승해 춘암도 입도하였다. 『천도교회사초고』에는 "(1883년-필자 주) 3월에 손병희, 손천민, 박인호, 황하일, 서인주, 안교선, 여규덕, 김은경, 유경순, 이성모, 이일원, 여규신, 김영식, 김상호, 안익명, 윤상오 등이 차례로 신사를 배알했다."라는 기록을 통해 춘암의 입도 사실을 확인할 수 있다. 해월은 이때 젊은 인재가 연이에 교단에 들어오자 앞으로 우리 도의 발전에 크게 도움이 될 것이라고 기뻐했다.

당시 해월의 은거지는 충청도 단양 장정리였다. 춘암은 덕산에서 단양까지의 먼 길을 걸어 가르침을 받았다. 춘암이 사는 덕산에서 단양까지는 약 200km에 달하는 먼 거리로 당시의 교통 상황으로는 4~5일을 걸려야 당도할 수 있었다. 춘암에게 그 긴 거리는 힘든 거리가 아니었다. 박인호가 목천으로 해월을 찾기 직전인 2월에 목천판 『동경대전』과 『용담유사』가 간행되었다. 춘암은 해월에게 입도한 후 동학의 경전 두 권을 받아 덕산으로 돌아온 것으로 추정된다. 그는 경전을 익히며 궁금한 점을 풀어내고자 단양까지 드나들었다. 춘암은 동학에 입도한 후 지극한 정성으로 동학의 가르침을 깨우치는 한편 해월의 가르침을 도인들에게 전하는데에도 최선을 다했다. .

---

19 임형진, 위의 글, 14쪽.

기골이 장대하고 힘이 장사였던 춘암은 인근 지역을 다니면서 동학의 가
르침을 펴고자 빠른 걸음으로 다니자 축지법을 쓴다는 말을 들었다고 하는
데 이는 덕산에서 단양을 다니며 얻은 듯하다. 춘암의 성실함을 알아본 해
월은 그에게 특별기도를 명했다. 해월은 춘암에게 공주 가섭암(迦葉庵)에서
49일 기도를 행하라고 지시하였고 춘암은 해월의 명에 따라 1883년 가섭
암에서 49일 기도를 시행했다.[20] 당시 춘암이 가섭암에서 인등제(引燈制)를
행했다는 기록으로 보아 해월은 춘암에게 수련을 통한 교리 공부와 아울러
교단의 제도에 대해서도 가르쳤음을 알 수 있다. 당시 해월이 직접 춘암을
지도했다는 기록은 없지만 인등제와 같은 의식을 시행하기 위해서는 지도자
가 있어야 했다. 따라서 당시 춘암의 수련 지도에는 교단의 지도급 인사가
동참했을 것으로 보인다.

1884년 3월 10일 교조 수운의 순도(殉道) 기념제례에 전국의 많은 도인
들이 해월이 은거하던 단양의 장정리로 모여들자 단양관아의 지목이 심해졌
다. 해월은 6월에 단신으로 전라도 익산 금마면에 있는 사자암에 4개월간
은거했다. 사자암에서의 은거를 마치고 돌아온 해월은 1884년 10월에 손
병희(이하 의암), 춘암, 송보여를 대동하고 공주 가섭암으로 들어가 독공 수
련을 했다.[21] 장래가 촉망되는 청년들을 집중적으로 지도해 교단의 동량으
로 삼으려는 의도였다. 해월은 가섭암 기도에서 의암에게 밥을 짓는 솥을
일곱 번이나 고쳐 만들고 하였다는 일화는 유명하다. 기록에는 나타나지
않지만 해월은 춘암과 송보여에게도 이와 비슷한 지도를 해 교회의 동량으
로 성장시키고자 하였다.

춘암은 해월과의 가섭암 기도에서 큰 충격을 받았다. 그는 스승과 함께

20 「교회의 월사」, 『천도교회월보』 통권제236호.
21 『천도교서』, 갑신년조.

수행하면서 동학 수련의 심오함을 몸소 체험하였다. 해월은 가섭암 기도에서 「강시(降詩)」와 「강서(降書)」 여러 편을 받았다. 「강시(降詩)」와 「강서(降書)」 깊은 종교적 수행을 통해 얻어지는 시와 글이다. 춘암은 해월의 수련 모습을 곁에서 보면서 지금까지 자신의 수행이 보잘 것 없음을 깨닫게 되었다. 해월은 가섭암 기도에서 육임제(六任制)의 새로운 교단 조직을 창안했는데 이 역시 기도의 과정에서 강화(降話)로 받은 내용이었다. 육임제[22]는 이후 동학 교단 조직으로 실현되었다. 특히 육임 가운데 집강(執綱)의 직책은 동학 농민혁명 시기 집강소의 운영과 직접적으로 연결되었다. 춘암은 해월이 수련 중에 글을 받고 제도를 구상하는 것을 직접 지켜보면서 자신의 부족함을 자각하고 수행에 매진해야 하겠다는 결심을 하게 된다. 그리고 당시 함께 기도했던 의암과는 평생 한 마음으로 동학과 천도교를 이끌었다.

가섭암 기도에서 스승 해월의 높은 경지를 목도한 춘암은 집으로 돌아와서 자신도 해월과 같은 경지에 도달하기로 마음을 정했다. 그래서 그는 어육주초를 끊고 10년의 기한으로 의관을 정제하고 정성을 다하여 수련하기로 작정했다. 그가 얼마나 극진히 수행에 임했는지는 논밭을 갈 때도 망건을 풀지 않았다는 이야기를 통해서도 알 수 있다.[23] 그는 자신의 수행을 점검하기 위해 틈틈이 해월을 찾아 가르침을 받으며 내포 일대의 포덕 교화에 힘썼다.

동학 입도 이후 달라진 춘암에 대해 덕산 사람들은 놀라지 않을 수 없었다. 힘으로 하면 인근데 당할 사람이 없고 효성 또한 지극한 춘암이 자나깨나 동학에만 정진하니 그 까닭을 사람들은 알 수가 없었다. 춘암의 지극한 정성을 본 주위 사람들은 그에게 농반 진반으로 "아무리 스승에 대한 예가

---

22 육임은 교장(敎長) 교수(敎授) 도집(都執) 집강(執綱) 대정(大正) 중정(中正)의 직임을 말한다.
23 「천도교 제4세 대도주 춘암상사(1)」, 『신인간』 통권488호, 1990.11.10., 44쪽.

높고 그 가르침이 좋다해도 농사짓는 사람의 옷매무시가 어찌 그러한가?"라고 하였다고 한다. 이에 춘암은 "한울님은 정성이 지극한 사람이 가까우니라. 내 비록 불편한 점이 없지 않으나 한울의 은혜를 입는 것에 비하면 한낱 부끄러운 일이다."라고 하면서 사람들에게 자신의 정성이 한울님의 은덕에 비하면 보잘 것 없다고 말하며 흔들임없이 수행에 정진하였다.

이러한 춘암의 수행은 내포 지역의 동학 교세 신장으로 결실을 맺었다. 내포 지역의 동학 교세 확장의 주역은 춘암과 박희인(朴熙寅)이다. 박희인이 춘암로부터 동학에 입도했다는 점에서 결국 이 지역의 동학은 춘암의 노력으로 이루어졌다고 할 수 있다. 〈표 1〉은 각종 사료에 나타나는 내포 지역의 동학혁명군 지도자 명단이다. 이들은 대부분 동학농민혁명 이전에 동학에 입도해 동학농민혁명의 지도자로 활동한 것으로 추정된다.

〈표 2〉 내포 지역의 동학혁명군 지도자[24]

지역명	동학사	천도교회사 초고	천도교창건사	주한일본 공사관기록	홍양 기사	기타
신창	김경삼	김경삼·곽 완 정태영·이신교	김경삼·정태영 이신교·곽 완			
덕산 (동면)	김○배	김영배·이종고 최병헌·최동신 이진해·고운학 고수인	김영배·이종고 최병헌·최동신 이진해·고운학 고수인	박용서	이춘심 한명보 한응고	박인호
당진 면천	박용태 김현구	박용태·김현구 이창구·한명순				이창구

24 장수덕, 『1894 내포의 동학농민전쟁』, 당진문화원, 2020, 79~80쪽.

지역명	동학사	천도교회사초고	천도교창건사	주한일본공사관기록	홍양기사	기타
서산	박인호	장세헌·정세원 최경순·장세화 최동빈·안재형 안재덕·박인화 홍칠봉·최영식 홍종식·김성덕 박동현·장희	최긍순·장세화 최동빈·안재봉 안제덕·박치수 홍칠봉·회영식 김성덕·홍종식 박동현	이창구		
태안	김동두	김병두		금낙연		장성국·문장로 김군집·최맹춘 조응칠·문재석 문구석·문장준 이광우·함안석 김상하
홍주	김주영 한규하	김주영·한규하 황운서·김양화 최준모	김줄렬·한규복 김의형·최준모	김영필·정대철 이한규 정원갑·나성뢰		
예산		박희인		박덕칠	박덕칠 박도일	
면천	박희인	이창구·한명순	이창구·한명순	이화삼	이창구	
안면도	주병도	주병도·김성근 김상집·가영로	주병도·김성근 김상집·가영로			
해미		박성장·김의형 이용의·이종보				
남포	주용성	주용성·김기창	주용성·김기창	김우경	주용성	
보령					이원백	
아산				안교선		
온양				방구용		
결성				전대철		

요컨대 중인 신분의 곤궁한 집안에서 태어난 춘암은 정직한 가풍을 이어

받았다. 11세에 한학을 공부하고 지가서와 의서 등을 익혀 생활에 보탬이
되려 하였지만 가정 형편에 그만두고 농사에 매진했다. 변혁기의 한 가운데
에서 피지배층의 힘든 삶을 겪었던 청년기 춘암은 세상을 건지고 자신의 삶
을 바꿔줄 '새로운 그 무엇'을 찾았다. 29세이던 1883년 봄 춘암은 동학에
입도해 자신이 찾던 삶의 지향을 동학에 입도함으로서 해결했다. 그는 해월
의 지도를 받으며 동학의 심오함을 알게 되고 10년의 기한으로 독공 수련에
들어갔다. 그의 근면하고 성실한 동학 수행은 덕산 일대에 널리 알려졌고,
내포 일대의 동학지도자로 성장하였다.

3. 교조신원운동(敎祖伸寃運動)에 덕의대접주(德義大接主)로 참여

교조 수운 순도(殉道) 이후 경상도 영양 일원산의 윗대티에서 교단을 재건
하던 해월은 1871년의 영해 교조신원운동으로 그 기반을 잃어버렸다. 강
원도로 은신한 해월은 강원도에서 동학 재건을 시작해 충청도의 산간 지방
으로 세력을 조금씩 넓혀 나갔다. 1873년 해월은 단양 대강면 사동[25]으로
정착하여 충청도를 은거지로 삼고 교단 재건에 나섰다. 해월이 단양에 은거
한 이후 충청도 일대의 포덕이 크게 성장했다.

지역적으로 보면 충청도의 동학 포덕은 단양과 영춘을 시작으로 크게 충
주, 청주, 천안 공주 등 서쪽 루트와 보은, 옥천, 영동, 금산의 남서 루트로
확산되었다. 구체적으로 충청남도의 동학 포교의 통로는 연원 조직으로 볼
때 음성 진천 통로를 통해 아산, 천안, 목천, 직산, 예산, 당진, 홍성, 서
산, 태안의 내포 지역으로 확대되었으며, 청주, 조치원 통로로 회덕, 진잠,

---

25 이후 사동 인근의 송두둑과 장정리에서 은거하던 해월은 1884년 경상도 상주 전성촌으로 근거
  지를 옮겼다.

연기, 공주, 청양, 보령, 서천, 한산, 부여 등지로, 옥천 영동 통로를 통해
서는 논산, 금산 지역으로 확장되었을 것으로 추정된다.[26]

충청도의 동학 포덕은 수운 최제우가 접주제(接主制)를 시행한 1862년 말
에 단양접주 민사엽(閔士燁)을 임명한 것으로 볼 때 창도기부터 이루어졌다.
1863년 12월 최제우가 체포되어 서울로 압송될 때 보은관아의 아전이 동학
도여서 수운을 극진히 대접했다는 기록[27]으로도 충청도의 동학이 수운 재세
(在世) 시에 전해졌음을 알 수 있다. 그러나 앞서 언급한 영해 교조신원운동으
로 동학에 대한 탄압이 심해져 충청도의 동학은 모습을 드러내지 않았다.

1873년 단양에 해월이 은거하고 난 이후 충청도의 동학이 다시 재건되었
다. 충청도 서부 지역의 교인들이 교단의 주요 인물로 등장한 것은 1870년
대 후반이다. 1878년 수운의 사적을 정리하기 위한 수단소(修單所)를 강원도
정선 방시학의 집에 설치할 때 아산의 안교선과 그 일가들이 참여하였고[28],
1883년 6월 경주판『동경대전』을 판각할 때 아산의 안교선과 공주의 윤상
오가 동참했다는 내용으로 확인할 수 있다.[29] 앞 장에서 언급한 1883년 3
월 충청도의 청년 교인들이 수십 명 입도한 것을 해월이 즐거워했다는 내용
으로 볼 때 1870년대 후반에 충청도 서부에 동학이 유입되었을 것으로 추
정된다. 춘암은 1883년 3월 입교 후 해월의 지도를 받으며 내포의 중심 인
물로 성장하였다. 이 시기 아산의 안교선, 공주의 윤상오 등이 충청도 서부
지역의 지도급 인사였다. 춘암의 가세로 내포 지역에도 동학 세력이 크게
신장했다.

충청도 일대에 동학의 세력이 크게 성장하고 각지에서 민란이 발생하

---

26 임형진, 위의 글, 11쪽.
27 『최선생문집도원기서』, 계해년조.
28 『최선생문집도원기서』, 기묘년조.
29 경주판『동경대전』, 「발문」, "自東峽與木川 … 湖西公州接內 發論設施"

자 관에서는 민란과 동학 세력의 연계를 막기 위해 동학을 탄압하였다. 이는 동학 세력이 탄압의 대상이 될 정도로 세력이 성장하였음을 의미한다. 1889년의 탄압으로 강시원 등이 체포되는 등의 고난을 겪었고 해월도 강원도 고성까지 피신하기도 하였다. 이렇게 동학을 탄압해도 교세가 커지자 1892년 1월 충청감사 조병식은 동학을 금지하는 금령(禁令)을 발표했다. 해월은 의암이 주선한 진천 초평면 부창리를 거쳐 상주 왕실로 은거했다.

관의 탄압은 충청도를 넘어 전라도까지 확대되었다. 특히 충청도의 옥천, 청산, 영동, 전라도의 김제, 만경, 무장, 정읍, 여산 지방 수령들의 탄압이 거셌다. 이들은 동학도의 재물을 빼앗아 가버려 한번 관군이 지나가면 떠돌이로 전락하거나 죽어나가는 경우도 생겼다.[30] 관군에 재산을 빼앗긴 동학도는 대도소가 있는 충청도 보은과 경제적으로 여유가 있던 전라도 금구 원평으로 모여들었다. 이에 탄압받던 동학도들은 종교자유화운동인 교조신원운동을 전개하기에 이르렀다.

처음 교조신원운동을 거론한 시기는 1892년 7월이었다. 서인주와 서병학이 상주 왕실의 해월을 찾아와 교조신원운동을 건의하였다. 그러나 해월은 이들의 주장을 듣고 시기가 적당하지 않으니 기다리라고 물리쳤다. 해월은 이후 각지의 지도자를 만나 교조신원운동에 대한 논의를 모아 추수가 끝나고 교조신원운동을 하기로 결단을 내렸다. 해월은 교조신원을 탄압이 가장 심한 충청도관찰사로 우선 정하고 성과가 있으면 전라도로 확대하기로 했다. 시기는 10월 말에서 11월 초로 결정하고 의송소를 청주 남쪽 솔뫼[31] 손천민의 집에 정했다. 당시 핵심인물은 강시원, 김연국, 손천민, 손병희, 임규호, 서인주, 서병학, 조재벽, 장세원 등이었다.

---

30 표영삼, 『동학 2』, 통나무, 2005, 188쪽.
31 충청북도 청주시 상당구 남일면 신송리 솔뫼마을.

10월 20일 공주로 1천여 명의 동학도가 모여들었다. 21일 의관을 정제한 서인주, 서병학 등 8명의 장두가 의송단자를 감사에게 바쳤다. 의송단자에는 교조의 신원과 외국군을 몰아내야 된다는 반외세의 내용이 담겨 있었다. 10월 22일 제사(題辭)에서 조병식(趙秉式)은 동학의 금지는 조정의 권한임을 언급하고 동학도에 대한 재산 침탈은 막겠다고 하였다. 동학도들은 5일만인 10월 25일에 철수하였다. 이 공주 교조신원운동에 춘암이 참가하였는지 기록은 보이지 않는다. 그렇다고 충청도에서 전개된 교조신원운동에 춘암이 참여하지 않았다고 볼 수 없다. 그렇지 않다면 1893년 1월의 서울 광화문 복합상소의 핵심인물로 동참하기 어려웠을 것이기 때문이다.

공주에서의 일정한 성과를 얻은 교단은 11월에 1일 삼례에서 모여 전라감영에 의송단자를 보내기로 결정하였다. 처음에 강경책을 쓴 전라감사 이경직은 동학도의 기세에 눌려 11월 11일 각 군현에 감결을 내려보내 동학도의 재산 약탈을 금시시키도록 하였다. 양호(兩湖)의 두 관찰사가 동학의 금지는 조정의 일이라고 말하자 교단에서는 한양에서의 교조신원운동을 전개하기로 결정하였다. 신원일은 별시(別試)가 있는 1893년 2월 11일로 정하고 봉소도소를 손천민의 집에 정했다. 춘암은 이때 핵심인물로 참여하였다. 1차 준비를 마친 교단에서는 본격적인 한양의 신원운동을 준비하기 위해 남소동 최창한의 집으로 봉소도소를 옮겼다. 당시 서울로 올라간 핵심인물은 강시원, 손천민, 손병희, 김연국, 박인호, 박석규, 임규호, 박윤서, 김영조, 김낙철, 박원칠 등이었다.[32]

2월 10일 봉소도소인 최창한의 집에서 치성식(致誠式)을 지내고 2월 11일 광화문 앞으로 나아갔다. 당시 소두(疏頭)에는 박광호(朴光浩)가 맡았는데

---

32 당시 봉소인에 관해 『동학도종역사』와 『시천교역사』에서는 다르게 기록였다. 자세한 내용은 표영삼, 『동학 2』, 통나무, 2005, 256~257쪽. 참조.

그는 춘암의 종제(從弟)였다. 당시 소두는 십중팔구 목숨을 잃게 되는데 박 광호가 자진했다. 박광호는 춘암을 통해 동학을 접했던 인물로 춘암를 보고 동학 수행을 했던 인물인 박광호가 소두를 자청하고 나선 것은 춘암의 영향 이 컸다고 할 수 있다. 『천도교회사초고』에는 춘암이 봉소인으로 참여했다 고 기록하고 있다. 봉소인의 명단에 있는 박덕칠(朴德七)은 박희인(朴熙寅)의 다른 이름으로 그도 춘암으로부터 동학에 입도한 인물이었다. 이를 보면 춘 암은 광화문 교조신원운동에서 교단의 핵심인물로 활약하였음을 확인할 수 있다.

2월 13일 오후에야 조정에서는 사알(司謁)을 보내 집으로 돌아가면 소원 을 들어주겠다고 하였다. 교단에서는 교조신원과 국정쇄신을 요구하는 본 래의 목적을 달성하지 못했지만 고종이 동학 교단의 상소에 답을 내렸다는 것만으로도 의의를 찾았다. 2월 14일 정부의 체포령이 내린다는 소식을 접 한 봉소인들과 한양으로 잠입한 교도들은 2월 14일 오후부터 2월 15일까 지 일단 한강을 건너 서울을 거의 빠져나왔다.[33] 동학의 수도 등장에 외국인 들과 유생들은 크게 놀랐다. 동학도들은 외국의 각 공간과 거류지에 격문을 붙여 외국인들을 긴장하게 했다. 유생들은 동학의 교세가 급성장했음을 파 악하고 동학의 탄압과 함께 이본 상소의 소두 박광호를 잡아서 쳐형하라는 상소문을 올렸다. 이에 고종은 2월 28일 소두 박광호를 체포하라는 명령을 법사와 지방관에 내렸다. 동학도들은 고종이 약속을 어겼다고 불만이 고조 되었다.

특히 소두 박광호를 잡으라는 명령을 접한 춘암은 여러 두목들과 함께 3 월 초에 보은 장내의 해월을 찾았다. 그는 그 자리에서 다음과 같은 내용으

---

33 『해월선생문집』, 계사년조.

로 정부의 대응에 대한 대책을 물었다.

> 선사의 지극한 신원을 아직 펴지 못하였을 뿐만 아니라 오늘에 이르도록 아무런 칙
> 교는 내리지 아니한 터에 도리어 관리들의 지목은 전보다 더 혹심하여 도인들의 생
> 명과 재산을 하루라도 온전하게 지킬 수가 없으니 신사께서 다시금 방책을 내려 주
> 시옵소서[34]

해월은 3월 10일 교조 수운의 순도기념제례에 참여한 손병희, 김연국, 이관영, 권병덕 등과 상의하여 이날 보은 장내로 도인들을 집결하게 하라는 통유문을 보냈다. 동학교단에서는 본격적인 실력행사에 돌입하기로 하였다. 해월의 명이 떨어지자 각지의 접주들은 교인을 동원해 보은으로 향했다. 그러나 이미 보은의 대도소를 찾아온 교도들이 많았다.

춘암은 덕의대접주(德義大接主)로 임명되어 보은 교조신원운동에서 핵심 역할을 했다. 박희인도 예산대접주(禮山大接主)로 임명되어 보은으로 집결해 내포 지역에서는 두 개의 거포(巨包)가 참여하였다. 다른 자료에는 아산포대접주(牙山包大接主) 안교선도 보인다.[35] 당시 50여 포가 있었던 것을 보면 춘암이 중심인물로 활약하였음을 알 수 있다. 덕의대접주로 임명된 춘암은 관내의 도인들의 대오 정렬과 일사분란한 질서 유지, 심고와 주문 외우기 등을 지휘하였다.[36] 춘암은 위생에 특히 신경을 써서 대소변은 물론 침이나 코를 함부로 뱉지 않도록 지도하였고 경거망동도 자제하라고 타일렀다. 그는 "도의 세만 믿고 힘없는 백성들을 괴롭히는 일을 해서는 안 된다.", "만일 아무리 사소한 민폐라고 끼치는 자는 엄벌로 다스릴 것"을 강조해 교인들이 민

34 「천도교 제4세 대도주 춘암상사(1)」, 『신인간』 통권488호, 1990.11.10., 47쪽.
35 『동학농민전쟁사자료총서』, 「피란록」.
36 「천도교 제4세 대도주 춘암상사(1)」, 『신인간』 통권488호, 1990.11.10., 47~48쪽.

중을 침해하는 일이 발생하지 않도록 지도하였다.[37]

3월 29일에 장내를 탐지한 보은관아의 보고에는 태안과 덕산 일대의 활동이 다음과 같이 기록되어 있다.

> 상주(尙州)와 선산(善山) 사람 100여 명과 태안(泰安) 사람 수십 명이 들어왔다고 합니다. 전과 같이 진을 설치한 후에 진중 안에 있는 아이와 노약자를 모두 내보내어 여러 곳의 집에 분산시켰고, 깃발은 모두 제거하고서 왜와 서양을 배척한다는 글귀의 깃발만 세워 놓았지만, 달아맨 등불만 간간이 있었다고 합니다. 어제 들어온 수원접의 사람들은 장재들에서 장내리로 이동하였다고 합니다. 오시(午時) 쯤에 광주(廣州) 사람 수 백 명이 돈[錢] 네 바리를 실어 왔고, 또한 혹은 천안(天安)이라고도 하고, 혹은 직산(稷山)과 덕산(德山)이라고도 하는 사람들이 각각 돈을 수 십 냥씩을 지거나 메고 장내리로 들어갔다고 합니다. 길가에는 쌀을 사는 사람들이 끊이지 않았다고 합니다.[38]

위의 내용을 보면 3월 29일 새벽에 태안접 수십 명이 보은 장내리로 합류하였고 오후에는 덕산접에서 수십 냥의 돈을 지참하고 장내리로 들어왔다는 내용으로 보아 이 두 접에서는 적극적인 활동을 했음을 알 수 있다. 태안과 덕산, 그리고 아산 등지는 내포로 대부분 춘암의 영향권에 있었다. 이를 통해 보은 교조신원운동에서 춘암은 경제적인 문제를 지원하는 등 중요한 역할을 하였음을 알 수 있다.

요컨대 춘암은 교조신원운동을 통해 동학교단의 핵심적인 인물로 급부상하였다. 특히 1893년 2월의 서울 광화문 복합상소에서 봉소인으로 참여하였다. 또한 그의 연비(聯臂)인 종제 박광호는 소두로 나섰는데 이는 죽음을 각오한 결의를 담고 있었다. 이런 그의 활동도 춘암과의 공감속에서 이루어진 것으로 보인다. 또한 춘암이 포덕한 박희인도 봉도인으로 참여했다는 점

---

37 앞의 글, 48쪽.
38 『취어』, 『총서』2, 56-57쪽.

에서 교단에서의 내포 지역을 이끄는 춘암의 비중이 커졌음을 알 수 있다. 춘암은 18923년 3월 보은 교조신원운동에서는 덕의대접주로 예산대접주 박희인과 아산포대접주 안교선과 함께 주도적인 역할을 하였다. 그는 덕산의 풍부한 물산으로 교조신원운동에서 경제적인 지원도 담당했다.

4. 승전곡전투에서 일본군에 승리

동학농민혁명은 1984년 1월 10일의 고부기포로부터 시작하여 3월의 무장기포, 9월의 총기포의 3단계로 나누어 볼 수 있다. 춘암은 동학농민혁명의 9월 총기포 이후의 활동이 두드러진다. 이는 내포 지역이 충청도라는 지정학적인 측면도 있었지만, 그가 소속된 충청도의 동학도, 이른바 호서 동학군은 해월의 지도를 받고 있었기 때문에 고부기포와 무장기포 시기에는 크게 활동하지 않았다. 그렇다고 이 시기 내포 지역에서 동학군의 활동이 없었던 것은 아니었다. 그러나 본격적인 활동은 6월 21일 일본군의 경복궁 점령, 청일전쟁의 발발과 평양성 전투 승리 이후 일본군의 동학군 토벌 등으로 인해 척왜(斥倭)의 기치를 든 9월 18일의 총기포 이후였다.

먼저 9월의 총기포 이전의 내포 지역의 동학군의 움직임을 살펴보면 다음과 같다. 내포 지역은 청군과 일본군의 성환전투가 벌어진 곳과 멀지 않아 우리 강토에서 외국군의 전투 상황을 목격한 민중들은 혼란에 빠졌다. 이러한 상황에서 동학군에 가담하는 경우도 나타났다. 4월초 일본인 간자(間者)의 보고에 따르면 덕산과 예산에는 인민의 반수가 동학파라고 하여 동학의 교세가 컸다는 사실을 확인하였다. 그러나 아직 소동이 일어나지 않았다고 하여 전라도의 동학군과 교류하거나 지역에서 기포하는 일은 없었다. 그리고 예산과 덕산의 동학지도자가 2, 3명이며 이들의 평판이 좋은 편이다라고 보고했다. 그리고 지도자의 평판이 좋아 교세가 신장되고 있는 상황이라고 보고하였다.[39] 첩자가 보고한 동학의 지도자는 다름 아닌 춘암, 박희인, 이창구로 꼽힌다.

서산 접주였던 홍종식에 따르면 "동학의 바람이 사방으로 퍼지는데 하루에 몇 십명씩 입도하곤 하였습니다. 마치 봄 잔디에 불붙듯이 포덕이 어찌 잘되는지 불과 1, 2개월 만에 서산 일대가 거의 동학화"가 되었다라고 이야기하고 있다. 이처럼 동학농민혁명이 발발한 이후 전라도에서 동학혁명군이 승리하자 그 여세가 내포의 북부 지역인 서산까지 다달았다.

당시 내포인들이 동학에 입도한 동기는 크게 네 가지로 볼 수 있다. 첫째, 동학의 사상에 동의했기 때문이었다. 동학의 시천주(侍天主) 사상은 사람들이 똑같이 한울님을 모신 존엄한 존재이기 때문에 사인여천(事人如天)의 정신으로 계급의 차별과 남녀의 차별을 없애고 서로 맞절하고 높임말을 쓰게 되니 내포인이 끌리게 되었다. 둘째, 현실적인 이유였다. 동학의 시천주 사상이 아무리 좋아도 현실에서의 실익이 없다면 쉽게 동학에 입도하지 않았을 것이다. 동학에 입도하면 그 즉시 유무상자(有無相資)의 정신으로 의식주를 서로서로 도와주고 먹여주니 그야말로 천국이 따로 없었다. 즉 곤궁하고 핍박받는 민중의 입장에서는 큰 도움이 되었다. 셋째, 지도자의 신뢰감이었다. 일본 첩자의 보고에도 있듯이 내포 지역의 동학의 최고지도자인 박인호와 박희인, 이창구 등은 지역민들의 신임을 받고 있었다. 따라서 자신이 믿을 수 있는 사람에게 의탁하고자 했다. 넷째, 민족 정신의 결집에 있었다. 풍도와 성환에서 일본군과 청군의 전투를 목격한 내포인들은 민족 의식이 성장하였고 반외세를 외치는 동학당에 가담해 외국군대를 몰아내려고 하였

---

39 장수덕, 위의 책, 61쪽.

다. 이러한 이유에서 내포지역 민중들은 동학에 입도하였다.

내포 지역에는 춘암을 따르는 덕포(德包), 박희인을 따르는 예포(禮包), 이
창구를 따르는 산천포(山川包), 안교선을 따르는 아산포(牙山包)가 대표적인
거포(巨包)였다. 예포는 덕산, 고덕, 합덕, 홍주, 당진, 서산, 해미 일대를
포덕했으나 도소의 위치는 불명확하다. 예포는 예산 목시(삽교읍 성리)에 도
소를 두고 예산, 당진, 해미, 서산, 태안, 안면도 일대를 포덕했다. 산천포
는 당진 월곡리에 도소를 두고 당진, 면천, 합덕, 서산, 홍주, 보령을 무대
로 포덕했다. 지역이 겹치는 것은 동학의 포덕이 지역이 아니라 사람을 통
해 이루어졌기 때문이다. 가장 세력이 큰 덕포는 원평도회와 서산기포, 해
미벌대도회를 주관했다. 산천포는 여비벌대도회 이전에 접주가 체포되어
처형됨으로써 와해되었다.[40]

동학농민혁명 시기 내포 지역의 활동으로 가장 먼저 나타나는 것은 1894
년 4월 9일 개최된 홍주(洪州) 원평도회(院坪都會)[41]였다.

> 어제 동학도 일백여 명이 원평 마을에 와서 자고 개심사로 향했다. 아침에 일어나보
> 니 개심사로 가는 동학도들이 끊이질 않았다. 알아보니 보현동(寶賢洞) 이진사(李進
> 士)가 평소 동학을 심하게 배척하여 동학도들 원한을 품고 개심사(開心寺)에 모여 회
> 의한 후 그 집을 부수리라 한다. 내포에는 동학도가 매우 적었으나 지금은 가득 차
> 서 날이 가고 달이 갈수록 엄청나게 늘어나니 이 역시 시운(時運)이니 매우 통탄스럽
> 다.[42]

당시 면천에 귀양와 있던 김윤식은 내포 지역인 홍주 원평에서 동학도들
이 4월 9일 모였는데 그 이유가 "동학을 심하게 배척하여 동학도들 원한을

40 장수덕, 위의 책, 54쪽.
41 충청남도 서산시 운산면 원평리. 이 원평도회와 전라도 김제의 원평집회와는 다르다.
42 김윤식, 『면양행정일기』, 갑오 4월 9일.

품고" 있던 보현동의 이진사를 응징하기 위해서였다고 하였다. 동학도가 구름같이 모이자 이진사는 사죄하여 효유해 보냈다.[43] 홍종식은 자신이 원평도회에 개최하기 위해 통문을 돌렸다고 하였으며, 모인 사람이 순식간에 들판을 덮다시피 했다는 것을 볼 때 조직적으로 이루어졌음을 알 수 있다. 당시 홍종식이 속한 포가 덕포였기 때문에 덕포의 통문은 대접주 춘암의 책임으로 발송되었음을 의미한다. 결국 원평도회는 춘암의 동학농민혁명기 첫 활동이라고 할 수 있다. 이진사가 사죄하여 도회는 양측의 무력 충돌 없이 동학의 세력을 과시하는 것으로 종료되었다. 원평도회를 통해 내포지역의 동학 세력은 이 지역의 세도가문인 경화사족의 후예를 징벌하려 했다는 점에서 불량한 유림을 징벌하려고 했다는 동학군의 뜻을 실현했다는 점에서 의의가 있다.

이진사의 징벌한 이후 잠잠했던 내포의 동학도들은 6월 21일 일본군의 경복궁 침입과 청일전쟁의 발발에 나라의 주권을 유린한 일본군을 응징하자며 활동을 시작했다. 『대교김씨가갑오년피란록』에는 당시의 상황을 "근처 동비(東匪)들이 날이 갈수록 치열해져 경내에서 봉욕당하는 집이 십중팔구는 된다."라고 하여 동학도들이 내포의 각지에 도소를 설치해 일본군과의 대결을 준비하면서 불량한 양반을 징벌하는 활동을 하였다. 7월 들어 동학도의 활동은 더욱 거세져 불량한 양반과 토호들은 징벌하는 동학도를 피해 일부 양반들은 피난을 가야 할 정도였다.[44]

내포 지역의 동학농민혁명은 9월 18일 교주 해월의 총기포 이후 본격화되었다. 청일전쟁에서 승기를 잡은 일본군은 정부에 동학군의 탄압을 요청하라는 압력을 가했다. 급기야 일본은 9월 18일에는 최후통첩이라는 협박

---

43 홍종식, 「동학란 실화」, 『신인간』 통권제34호. 1929.
44 『대교김씨가갑오년피란록』.

을 가했다. 이에 친일 내각은 그날로 일본측에 동학군 진압을 요청하는 공문을 보냈다. 고종은 9월 22일 동학군은 비도(匪徒)이며 역적(逆賊)이라고 규정하고 탄압을 공식화했다. 자국민을 탄압하기 위해 청군을 요청했던 고종은 자신의 국민을 죽이기 위해 일본군을 전면에 내세우고 함께 관군을 출격시켰다. 일본의 참모본부의 카와카미 참모차장은 동학혁명군의 씨를 말리는 '초멸작전(剿滅作戰)'을 명령했다.

일본군의 동학군 탄압이 각지에서 일어나자 전봉준은 9월 11일경 삼례로 각지의 동학군을 집결시켰다. 그리고 일본군과의 항전에 교주 해월이 도와줄 것을 요청했다. 손병희와 춘암 등은 해월을 설득했다. 해월은 끝내 이 사건이 천명(天命)이라고 하면서 전봉준과 합세해 이 땅에서 일본군을 몰아내기로 결정하고 9월 18일 총기포령을 내렸다.

내포 지역에서는 9월 들어 동학에 대한 탄압이 이미 시작되고 있었다. 태안의 김경제(金慶濟)는 교리로 입직한 후 내포 지역의 동학도들을 위무한다는 임무를 자처하고 내려와서는 도리어 권력과 힘으로 윽박지르고 동학접주들을 체포하여 살해를 협작하는 반동학활동을 벌이기 시작하였다. 김경제는 홍주를 거쳐 해미, 서산을 지나 9월 14일 태안에 도착해 군수 신백희(申百熙)와 결탁하여 동학접주를 대거 체포하여 투옥시켰다. 그는 동학도들이 동학을 버리지 않으면 공개 처형한다고 협박했다.[45] 9월 22일 고종이 동학탄압을 공식화하자 조정에서는 동학군 진압을 위한 순무영(巡撫營)을 설치했다. 이러한 상황 속에서 홍주목사 이승우(李勝宇)는 산천포 수접주 이창구(李昌九) 휘하의 이한규와 정원갑을 체포해 9월 26일 전격적으로 처형하였다. 이는 고종이 동학군 진압을 명령한 지 5일만이었다.

45 장수덕, 위의 책, 66~67쪽.

내포 지역에서 동학접주들이 체포되어 살해 위협을 받자 춘암과 박희인은 보은의 대도소로 달려가 해월에게 관군의 학살에 대응한 기포를 요청했다. 이러한 내포의 동학 탄압은 해월의 총기포령에 영향을 끼쳤다. 해월은 9월 18일 훈시문(訓示文)을 하달해 총기포령을 공식화했다. 해월의 훈시문이 덕포와 예포에 전달된 것은 9월 27일이었고, 서산에는 이튿날인 9월 28일 도착했다.[46] 훈시문이 곧 기포를 승인하는 것이었고, 김경제에 의해 체포된 동학접주들의 처형날이 10월 1일이어서 내포 지역의 동학도들은 이날을 기해 일제히 기포하였다.

내포 가운데서 가장 먼저 활동을 개시한 것은 서산접과 태인접이었다. 다음의 내용을 보면 태인옥에 수감된 접주를 구출하기 위한 긴박했던 9월 그믐날 태인접의 상황을 통해 알 수 있다.

> 본포(本包)에서 징을 울리면 그 성을 청하고 일변으로 웅성하며, 일제히 오포(吾包) 관내는 일시에 전광과 여히 회집하여 일편으로 각처 수(囚)하온 두목을 구출하기로 약속하니 9월 그믐이라 … 급보를 접한 접주 장성국(張聖國)은 이북면 포지리에서 밤에 햇불을 들고 10리 갯벌을 달려 원북면 방갈리 접주 문장로(文章魯) 집까지 와서 사방에 추집하여 모인 교도들은 접주 장성국(張聖國), 문장로(文章魯), 김군집(金君執), 최맹춘(崔孟春), 接司 조응칠(曺應七), 문재석(文在錫), 문귀석(文龜錫), 도집(都執) 문장준(文章俊), 이광우(李廣宇) 이하 문장권(文章權), 문준보(文俊甫), 문성열(文聖烈), 강인성(姜仁成), 안인묵(安仁黙), 안현묵(安玄黙), 김성칠(金成七), 김공필(金公必), 강운재(姜雲在), 김가열(金可烈), 문장의(文章儀) 외 수십명이 회집한 중 이치봉(李致奉)으로 북부대장(北部隊長), 안현묵으로 기수대장(旗手隊長)을 정하고 기치를 들고 행진하니 각처 도인이 합세, 수백인이 일시에 태안읍으로 운집하니 기 익일은 10월 1일이라.[47]

46 표영삼, 「4. 기타지역의 동학혁명」, 『동학혁명백주년기념논총(상)』, 1994, 621쪽. 장수덕은 9월 30일 오후 4시에 훈시문이 태안에 당도했다고 보았다. 장수덕, 『1894 내포의 동학농민전쟁』, 당진문화원, 2020, 69쪽.
47 『문장준역사』.

앞의 인용문을 보면 태안접은 장성국, 문장로, 김준집, 최맹춘의 4명의 접주가 임명될 정도로 큰 접이었으며, 접주와 접사, 도집 등 접의 간부들이 발빠르게 움직일 정도로 잘 조직되었음을 알수 있다. 태안접에서는 태안옥에 수감되어 있는 내포의 접주들을 석방시키기 위한 만반의 준비를 하고 보은 대도소의 기별을 기다리고 있었다. 훈시문이 도착한 그날 밤 모인 태안접에서는 이치봉을 북부대장으로, 안현묵을 기수대장으로 삼아 출동 태세를 갖추고 10월 1일 기포하였다. 그리고 이들의 부대가 북부대라고 하였다는 점에서 예포 안에는 태안접에 북부대 이외에 4~5개의 접조직이 있었음을 알 수 있다.

10월 1일 태안접에서는 신백희와 김경재가 태안의 장대에서 참형하려는 동학의 접주를 구출하기 위한 작전에 돌입했다.

> 갑오년에 태안부사는 신백희(申伯禧)이며 순문사(巡撫使)는 김경제(金景濟, 慶濟의 오기-필자 주)이다. 그 사람이 태안군에 와서 동학교인을 모두 귀화하라고 설유한 후에 수두령(首頭領) 21인을 잡아 가두었다. 10월 1일 사시(巳時)에 이 21인을 물고 처참하려고 순무사와 군수가 무사를 나열하며 장대에 좌기하고 교인을 모두 잡아와 참살하려 할 즈음에 일반 교인이 하룻밤 사이에 수만이 모였다. 10월 1일 아침에 운집하여 당시의 순무사와 군수를 묶어놓고 마구 때려 상해가 된 까닭에 교인이 차차 단결되어 거대한 운동이 되었다.[48]

동학군은 아침 일찍 집결해 태안 장대를 습격해 접주를 석방하고 순무사와 군수를 묶어 그 자리에서 살해해 동학군에 대한 탄압을 징계해서 다스렸다. 같은 날 서산접에서도 기포해 성중으로 들어가 군사 박정기(朴錠基)를 살해하고 목을 베어 쑥국 대에 매달아버렸다. 이들은 인부(印符)를 탈취하고,

---

48 『조석헌역사』, 갑오 10월.

호적과 공문을 불태우고 무장을 위해 군기를 빼앗았다.[49] 태안접는 예포의 박희인 휘하이고, 서산접은 덕포의 춘암 휘하였다. 같은 날 기포하였으며 지방관을 살해하였다는 점에서 두 접의 기포 양상이 비슷하였다. 따라서 두 지역의 지도자인 춘암과 박희인은 당시 관의 본격적인 동학군 탄압에 대해 적극적으로 대처해햐한다는 공감대를 형성하고 있었음을 알 수 있다. 두 곳이 지역적으로 가까웠기 때문에 기포 이후의 활동에 대해 사전이 협의했을 가능성도 있다.

10월 1일의 기포 이후 내포 지역에서는 10여 읍을 급습하여 군기를 몰수하고 각 도소를 유치하게 하였다. 또한 대도소의 경비 마련을 위해 관내 부호들을 압박해 수십 만금의 의연금과 백미, 소금 들을 받아 쌓아두었다.[50] 10월 2일에는 덕산, 고덕, 해미까지 진출하였다. 특히 박희인은 예포대도소를 태안군 동면 역촌리로 이동시켜 경화사족의 곡물운반선을 탈취해 군량을 비축하려 하였고, 궁극적으로 내포의 중심인 홍주성 공략을 준비했다. 춘암의 덕포는 10월 5일 아산읍을 돌입해 관청을 부수고 군기를 탈취했다. 이어 신창, 당진으로 행하였다.[51] 10월 8일에는 결성을 장악하였고, 10월 8일에는 면천의 동학군이 광천(廣川)의 수영(水營)을 침입해 군기를 탈취하였다.

동학군의 기세가 거세지자 관에서도 본격적인 대응을 시작하였다. 광천 수영의 군기가 탈취되었다는 소식을 접한 홍주목사 이승우는 정예병 260명을 동원해 광천시장에서 동학군과 대치하였다. 이승우가 포를 쏘며 공격하자 동학군에서 사상자가 발생해 흩어졌다. 이승우는 대포 40여 문, 화약 수천 근과 활, 화살, 갑옷 등을 회수하였다. 기세가 오른 이승우는 10월 11

49 국사편찬위원회, 『동학란기록』(상), 「순무선봉진등록」, 10월 25일조.
50 장수덕, 앞의 책, 77쪽.
51 국사편찬위원회, 『동학란기록』(하), 「선봉진정보첩」, 10월 18일 아산현감 첩보.

일 밤 중군 김병돈에게 500명의 군사를 주어 예포대도소가 있는 목시(木市)
를 공격하였다. 한 밤중의 공격에 대비하지 못한 예포의 동학군은 사방으로
도망쳤다. 10월 13일자로 호연초토사(湖沿招討使)로 임명되어 동학군 토벌
에 더 열을 올렸다. 10월 14일에는 광천에서 체포된 동학군 28명 중 4명
을 효수하였다. 10월 16일 합덕에서도 토병들에 의해 동학군 수십 명이 죽
고 잡힌 자가 60여 명이라고 기록하고 있다. 이렇게 동학군과 관군과의 격
전이 심해지고 있었다.

　관군의 공세에 밀린 춘암은 박희인 등 접주들을 만나 여미(餘美)에서 내포
지역의 동학군을 집결시켜 대공세를 취하기로 결정했다. 이 집회에는 내포
뿐 아니라 충남 일대의 동학군도 집결하였다. 여미는 이미 춘암 휘하의 서
산의 덕포 동학군이 해미를 장악하고 당진으로 진출하기 위해 장악하고 있
었던 곳이었다. 10월 18일에 집결을 시작해 25일경에는 여미벌을 가득 메
울 정도로 인파로 가득했다. 여미에는 신창, 덕산, 덕산 동면, 당진, 서산,
태안, 홍주, 예산, 면천, 안면도, 해미 등의 동학군 수만 명이 집결하였다.
당시의 상황에 대해 춘암은 다음과 같이 언급하였다.

　　나는 그 당시 덕포 즉 충남 일대의 동학교도를 맡아 가지고 있는데 그때 충남초토사
　　이승우가 홍주에 내려와서 이 지방의 동학 소두령 정원갑(鄭元甲), 이창구(李昌九),
　　정보여(丁甫如) 외 여러 사람을 잡아다가 총살하고 참수도 하였기 때문에 해월선생
　　으로부터 인심이 곧 천심이라하시며 동원할 것을 명령하심으로 나는 이 지방에서 손
　　(손병희-필자 주)은 공주지방에서 교도를 모아가지고 기병하기로 하였던 것이오. 동
　　학이 기병한다는 소식은 삽시간으로 충남 전도에 알려지자 각지에서 교도와 인민들
　　이 운집하여 해미로 가서 결집되었소.[52]

　춘암은 이승우의 동학군 살상에 대항하기 위해 기포하였다고 밝히고 있

52 박인호, 「갑오동학기병실담」, 『중앙』 16, 1935, 47쪽.

다. 춘암의 언급처럼 내포 일대에서 이승우의 동학군 진압은 참혹했다.

동학군의 여미 집결 소식을 주시하고 있던 일본군은 10월 23일 여미 부근 고지와 해미성에서 동학군의 공격을 받고 사력을 다해 방어하고 있었다. 이 연락을 받은 일본군 아카마츠(赤松國封) 소위는 1개 소대와 1개 분대를 이끌고 출동했다. 10월 24일 오전 동학군도 일본군이 오고 있다는 소식을 듣고 여미에서 승전곡(勝戰谷)[53]으로 들어가 진지(陣地)를 만들었다. 승전곡이 여미보다는 지형적으로 전투에 유리했기 때문에 이곳에 진을 치고 일본군과의 격전을 대비했다.

승전곡은 당진시 면천읍 사기소리에서 서쪽으로 구룡리까지 약 3km의 좁은 협곡이다. 승전곡은 'S'자형의 좁은 협곡이며, 검암천과 이배산을 따라 돌아나가는 샛길이 운산과 면천을 이어주는 유일한 통로였다. 승전곡은 양쪽 절벽이 수십m 높이로 둘러싸여 있어 먼저 이곳을 선점만 한다면 방어하기에는 최적의 요새이다.[54] 이곳 지형에 익숙한 내포의 동학군들은 조일연합군이 면천을 출발했다는 소식을 듣고 승전곡의 양쪽 산등성이로 올라가 유리한 입지를 장악했다.

10월 24일 있었던 승전곡 전투에 관해 일본군의 해당 전투 상보를 요약하면, '10월 24일 오전 10시에 승전곡 서쪽 계곡에서 동학군 10여 명을 발견하고 사격했으나 동학군이 숨어 계곡 안쪽 500m 전방 밭에 4~500명의 동학군이 있어 사격을 가하니 사방으로 흩어졌다. 12시 30분부터 조일연합군이 지형을 보고 산개(散開)해 전진하여 6백m 앞으로 전진해 전투가 벌어졌다. 15시 30분경에 관군이 후퇴하였다. 동학군은 화공을 감행해 퇴각하였다. 16시에 전국이 퇴각하니 동학군의 공격이 맹렬했다. 계곡을 따라

---

53 충청남도 당진시 면천면 사기소리.
54 장수덕, 위의 책, 97쪽.

후퇴해 면천으로 후퇴'라고 하였다. 동학군이 승전곡의 지형과 화공을 통해 조일연합근에 승리를 거둔 것이다. 일본군은 당시 78명분의 배낭, 휴대 식량 312인분 등을 버리고 퇴각했다는 것으로 보아 황급히 후퇴하였다. 이 전투에서 3명의 동학군을 사살했다고 보고한 것으로 보아 동학군의 피해는 적었다.[55]

다음은 승전곡 전투에 참가했던 인물의 전투에 관한 기록이다.

(가) 적은 승전곡의 협애(狹隘)를 끼고 방어했으며 그 수가 4, 5백 되지만 드디어 격파하고 여미의 고지를 향해 전진했다 그러나 적은 사방의 고지를 점령하고 사력을 다해 이곳을 지켰다. 그 수가 각처에 5천여 명씩 있었으며 1개 소대의 병력으로 이를 공격하려 해도 우리를 포위하고 급습하여 끝내 지탱할 수 없어서 홍주로 퇴각하였다.[56]

(나) 선봉 척후가 관군이 행군해 옴을 보고하니 우리는 승전곡 양 산등으로 올라가 복병하고 있었소, 관군이 골짜기 속으로 몰려들어 왔소. 관군이 골짜기를 들어서자 우리는 곧 전단을 일으켜 교전 1시간여에 관군을 여지없이 대파하니[57]

(가)는 일본군의 기록이다. 일본군은 승전곡의 협곡에서 동학군 4, 5백 명을 격파하고 여미의 고지를 향해 전진했지만 지세의 험준함을 파악하지 못한 성급한 전투여서 동학군에게 포위를 당하였고, 수적으로 열세여서 퇴각하지 않을 수 없었다고 패전 사실을 기록하고 있다. (나)는 승전곡 전투에서 동학군을 이끌었던 춘암의 전투담이다. 춘암은 동학군이 승전곡의 양쪽에 매복하고 관군을 골짜기로 유인한 뒤 포위하고 공격해 1시간여를 교전하여 관군을 크게 이겼다고 하였다. 당시 전투를 직접 지휘했던 춘암의 증

---

55 표영삼, 「충청도 서부지역 동학농민혁명」, 『표영삼의 동학혁명운동사』, 2018, 52~53쪽.
56 『주한일본공사관기록』 권1, 222쪽.
57 朴寅浩, 「갑오동학기병실담」, 『중앙』 16, 1935, 47쪽.

언이 일본군의 기록과 대체로 부합한다. 관군의 기록에는 동학군이 화공을 써 어려움을 겪다 후퇴했다고 하였다.[58] 그러나 승전곡 전투에 관해 기록마다 상이한 부분이 있더 좀 더 깊이있는 연구가 필요하다.[59]

승전곡 전투에서 승리한 동학군은 단숨에 면천읍을 공격하자 일본군은 합덕으로 후퇴하였다. 동학군은 일본군을 추격하며 이튿날인 25일에는 구만포까지 장악하였다. 예산 구만포는 이 일대의 양곡을 실어나르는 중요한 뱃길이었다. 승전곡 전투의 기세를 타고 내포의 동학군은 신례원, 예산, 삽교, 덕산, 갈산 일대를 장악하기 위해 26일 날이 밝자 신례원으로 향하였다.[60] 승전곡에서 동학군에 패한 조일연합군은 동학군을 막기 위해 신례원으로 향하는 동학군을 저지하려 하였다.

10월 25일 밤 동학군은 신례원에 주둔하였는데 승전곡 전투의 승리 소식을 들은 민중들이 앞다투어 신례원으로 모여들었다. 신례원에서 주둔한 동학군의 행진은 3km에 달했다. 이날 밤 동학접주들은 앞으로의 진로를 놓고 숙의를 거듭하였다. 박희인은 보은의 대도소에 합류할 것을 명령하였지만 일부 접주들은 주력부대가 이곳을 떠나면 가족들의 안위를 장담할 수 없다고 출동을 만류했다. 밤새 논의하였지만 결정을 하지 못한 상황에서 잠이 들었는데 26일 새벽이 관군이 공격하였다. 신례원의 동학군을 공격한 관군은 홍주목사 이승우가 이끄는 1천 명 정도였다. 이들은 예산, 대흥, 홍주의 의려(義旅)와 토병이었다. 관군의 공격에 동학군은 처음에는 놀랐으나 관군의 병력이 1천여 명에 불과하자 이들을 포위하여 공격을 가했다. 당시 동학군은 3만 명에 달하는 대규모 병력이었다. 관군은 백여 명의 사상자를 내고

---

58 홍건, 『홍양기사』, 10월 24일.
59 이에 관해서는 장수덕, 『1894년 내포의 동학농민전쟁』, 당진문화원, 2020, 96~108쪽. 참조.
60 『조석헌역사』, 갑오 10월.

도주했다. 관군의 상황을 지켜보던 일본군도 관군이 대패하자 공격할 생각을 포기하고 홍성으로 퇴각했다.

신례원 전투에서 승리한 동학군은 여세를 몰아 예산을 공격해 관하를 점령한 후 덕산쪽으로 향하였다. 27일 동학군의 주력은 삽교천 일대에서 보냈다. 이날 저녁 사기가 충천한 동학군은 홍주성을 점령하기로 결정했다. 28일은 교조 수운의 탄신일이라 오전 11시 경에 탄신제례를 지내고 점심을 먹고 오후 1시경에 덕산을 출발해 홍주성으로 향하였다. 덕산에서 홍주성까지는 약 10km로 오후 4시경에 홍주성 외곽에 당도했다. 2~3만을 헤아리는 동학군은 홍주성을 에워싸고 관군과 일본군, 유회군으로 구성된 토병들이 홍주성을 지키고 있었다.

하오 4시 24분 동학군이 서문의 빙고 언덕을 향해 돌진하였다. 일본군은 동학군이 사정거리인 성 4백m 앞까지 들어오도록 내버려둔 뒤 사정거리에 들어오면 조준 사격을 하였다. 일본군의 총에 사망자가 발생해 머뭇거리던 동학군은 수적인 우위를 바탕으로 인해전술을 벌여 빙고 언덕까지 진격하자 일본군은 서문에 숨어 성문으로 다가오는 동학군을 막았다. 이어 동학군은 홍주성 북쪽 일대의 능선도 장악했다. 동학군은 수적인 우위를 앞세워 희생을 당하면서도 일본군을 압박하였다.

동학군은 수적인 우세를 내세워 성문을 향해 전진했으나 일본군의 조준사격과 관군과 토병의 저항으로 성문을 부수지 못하였다. 동학군이 죽음을 각오하고 돌진하였지만, 일본군의 뛰어난 화력을 넘지는 못하고 퇴각했다. 퇴각한 동학군은 박희인을 대장으로 하는 결사대를 조직해 하오 6시경에 동문을 향해 돌진했다. 일본군과 관군은 성 밑에 쌓아놓은 볏짚에 불을 질러 성벽을 넘으려는 동학군을 저지했다. 불로 인해 노출된 동학군은 일본군의 조준 사격을 당하였다. 동학군은 동문인 조양문 40m 앞까지 전진했지만 결국 성공하지 못하였다. 오후 7시 30분 경 수백명의 희생자를 낸 동학군은 홍주성 점령에 실패하고 후퇴하였다. 동학군은 북쪽 응봉까지 후퇴해 이튿날인 29일 오후 2시경까지 간헐적인 전투를 벌였지만 성과를 거두지 못하였다.

홍주성 전투의 패배로 내포 지역의 동학군의 기세는 크게 꺾였다. 홍주성 전투의 패전으로 동학군을 떠난 사람들도 많았다. 동학군의 패배를 확인하고 뒤쫓는 일본군과 관군, 그리고 유회군과 보수세력에 의해 귀향하던 동학군이 무수히 살해되었다. 홍주성 패배에도 재기를 도모하던 동학군은 해미성으로 모였다. 해미성에 모인 동학군은 약 3천명이었다. 인근의 귀밀성에 2백명, 도루성에 4백명이 은신해 있었다.

초토사 이두황(李斗璜)은 10월 29일 죽산을 출발해 11월 6일 덕산에 도착했다. 그는 홍성에서 관군과 합동작전을 벌이려 했으나 홍주성 전투에서 동학군이 패배하고 해미성에 은거하고 있다는 소식을 접하고 해미성으로 향했다. 그는 덕산면 가야동에 유진해 상황을 지켜보았다. 11월 8일 새벽 이두황은 병력을 해미성 북쪽 능선과 향교 부근에 매복시킨 후 동학군이 아침을 먹기를 기다렸다. 이두황의 매복을 알아차리지 못한 동학군은 아침을 먹다가 이두황군의 기습을 당했다. 이두황군과 동학군은 약 2시간 가까이 치열하게 전투를 벌였다. 동학군은 40여 명이 전사하고 백여 명이 부상을 당하자 서산 쪽으로 후퇴하였다. 이두황은 귀밀성과 도루성을 공격해 은거하고 있던 동학군을 공격했다. 두 곳의 동학군은 저항을 했지만 결국 패하고 말았다. 해미성 전투에서 동학군은 불랑기(佛郞器) 11좌, 대포 4좌, 자포총 22자루, 천포총 10자루, 등 수백 점의 무기를 버리고 도망쳤다.

해미성에서 후퇴한 동학군은 당진, 면천, 서산, 태안으로 뿔뿔이 흩어졌다. 그 중 1천여 명이 서산 매현에 진을 쳤다. 이튿날 이두황은 서산의 동학군을 추격하기 위해 원세록이 지휘하는 1개 중대를 파견했다. 원세록은 서산 매현으로 가서 동학군의 위치를 확인하고 매복하였다. 원세록은 동학군이 저녁을 먹는 것을 확인하고 공격하였다. 습격을 받은 동학군은 전열을 정비해 교전이 벌어져 약 2시간에 걸친 공방이 벌어졌다. 동학군은 관군의 공세를 이기지 못하고 도망하였다. 서산에서 패배한 동학군은 태안 백화산에 은거하였으나 추위를 이기지 못하고 흩어졌다. 이로써 내포의 동학농민혁명도 막을 내렸다.

박희인과 함께 홍주성 전투를 지휘하던 춘암은 홍주성 전투에서 패한 후 흩어지는 과정에서 자신의 휘하와 헤어져 홀로 예산으로 도피했다. 예산에서 고립된 춘암은 어쩔 수 없이 금오산으로 들어가 토굴을 파고 힘겹게 삼동(三冬)을 지냈다. 금오산의 은신처에서 인근의 패전 소식과 호남 동학군의 패배 소식을 접하고 후일을 기약했다. 1895년 들어 관의 지목이 누그러진 것을 감지한 박인호는 금오산에서 내려와 흩어진 교인을 수습하기 시작하였다.

요컨대 춘암은 박희인, 이창로와 함께 내포 지역의 동학농민혁명을 이끌었다. 면천에서는 4월에 동학도를 박해하는 보현동 이진사를 징치하기 위한 동학도들의 기포가 있었다. 그러나 이진사가 사죄하여 큰 충돌없이 해산하였다. 6월의 청일전쟁으로 인해 내포 일대가 전쟁의 소용돌이에 빠지자 내포 일대에서는 입도자의 수를 헤아릴 수 없을 정도였다. 일본군이 평양전투에서 청군에 승리해 승기를 잡은 이후 조정을 협박해 동학군 토벌을 종용했다. 이에 조정에서는 9월 18일 동학군 토벌을 일본군에 요청하고 순무영을 설치했다. 9월 22일 고종은 동학군을 비도로 규정하고 동학군 토벌을 본격화했다. 일본은 조선에서의 영향력 확대의 가장 큰 저항 세력이 동학이라고 보고 동학군 토멸작전에 돌입했다. 이에 대항해 전봉준은 9월 10

일경 삼례에 동학군의 집결을 알렸고 해월은 9월 18일 호남고 호서의 동학군에게 총기포령을 내렸다. 9월 14일 태안군수 신백희는 토포사 김경재와 결탁해 동학접주를 체포하였고 홍주목사 이승으도 9월 26일 이창구 휘하의 이한구와 정원갑을 참살했다. 9월 27일 해월의 훈시문이 도착하자 10월 1일 태안접과 서산접에서는 태안읍에서 공개 처형될 동학접주를 구출하기 위해 기포해 신백희와 김경제를 살해하고 접주를 구출했다. 이로써 내포의 동학농민혁명이 본격화되었다. 이승우는 동학군의 기세를 꺾기 위해 광천, 목시, 합덕에서 동학군을 수십 명 살해해 양측의 감정이 격화되었다. 동학군은 여미에서 대회를 열어 기포를 공식화했다. 관군과 일본군은 동학군을 섬멸하기 위해 출발했고 이를 감지한 춘암과 박희인이 지휘하는 동학군은 승전곡으로 들어갔다. S자형 협곡인 승전곡 입구에서 관군과 일본군을 유인한 동학군은 승전곡으로 조일연합군이 들어오자 포위하고 화공으로 공격해 승리를 거두었다. 이후 동학군은 홍주성을 치기 위해 신례원에 운집하고 있었는데 이승우가 1천명으로 공격하다 동학군의 반격으로 수백명이 살상되었다. 승전곡과 신례원의 승리로 고무된 동학군은 홍주성 전투를 전개하였지만 우수한 일본군의 화기와 전술에 밀려 천여 명의 희생을 내고 후퇴하였다. 이후 해미성과 서산 매현 등지에서 조일연합군과 맞섰으나 크게 패하고 내포 동학혁명은 막을 내렸다.

5. 맺음말

이상에서 춘암 박인호의 동학 수행과 동학농민혁명에서의 활동을 살펴보았다. 1855년 곤공한 집안에서 태어난 춘암은 정직한 가풍을 이어받았다. 11세에 한학을 공부하고 지가서와 의서 등을 익혔지만 가정 형편에 학문을 그만두고 농사에 매진했다. 그는 변혁기의 세상을 접하면서 피지배층의 힘든 삶을 겪으면서 세상을 건지고 자신의 삶을 바꿔줄 '새로운 그 무엇'을 찾아 방황했다. 29세이던 1883년 봄 자신의 지향과 동학의 교의가 하나라는 것을 확인하고 동학에 입도했다. 그는 시천주 사상과 개벽 사상을 통해 자신이 꿈꾸던 평등한 세상과 보국안민, 광제창생을 이룰 수 있다고 확신하였다. 특히 스승인 해월과 공주 가섭암에서 지도를 받으며 동학의 심오함을 느끼고 귀가해 10년의 기한으로 독공 수련을 하기로 결심했다. 그의 근면하고 성실한 모습은 덕산 일대에 널리 알려져 내포 일대의 동학 지도자로 성장하였다.

춘암은 교조신원운동을 통해 동학 교단의 핵심적인 인물로 급부상하였다. 특히 1893년 2월의 광화문 복합상소에서 봉소인으로 참여하였다. 또한 그의 연비(聯臂)인 종제 박광호는 죽음을 각오하고 소두로 나섰는데 이는 춘암과의 공감속에서 이루어졌다. 춘암이 포덕한 박희인도 봉도인으로 참여했다는 점에서 교단에서의 내포의 동학과 춘암의 비중이 적지 않았다. 춘암은 1893년 3월 보은 교조신원운동에서는 덕의대접주로 경제적인 지원을 담당했다.

춘암은 박희인, 이창구와 함께 내포 지역의 동학농민혁명을 이끌었다. 면천에서는 4월에 동학도를 박해하는 보현동 이진사를 징벌하기 위한 동학도들의 기포가 있었다. 그러나 이진사가 사죄하여 큰 충돌없이 해산하였다. 6월의 청일전쟁으로 인해 내포 일대가 전쟁의 소용돌이에 빠지자 내포 일대에서는 입도자의 수를 헤아릴 수 없을 정도로 늘어났다.

일본군이 평양전투에서 청군에 승리해 승기를 잡은 이후 조정을 동학군 토벌을 종용했다. 이에 조정에서는 9월 18일 동학군 토벌을 일본군에 요청하고 순무영을 설치했다. 9월 22일 고종은 동학군을 비도로 규정하고 동학군 토벌을 본격화했다. 일본은 조선에서의 영향력 확대의 가장 큰 저항 세력이 동학이라고 보고 동학군 토멸작전에 돌입했다. 이에 대항해 전봉준은 9월 11일 삼례에 동학군의 집결을 알렸고 해월은 9월 18일 호남과 호서의 동학군에게 총기포령을 내렸다. 9월 14일 태안군수 신백희는 토포사 김경재와 결탁해 동학접주를 체포하였고 홍주목사 이승으도 9월 26일 이창구 휘하의 이한구와 정원갑을 참살했다.

9월 27일 해월의 훈시문이 도착하자 10월 1일 태안접과 서산접에서는 태안읍에서 공개 처형될 동학접주를 구출하기 위해 기포해 신백희와 김경제를 살해하고 접주를 구출했다. 이로써 내포의 동학농민혁명이 본격화되었다. 이승우는 동학군의 기세를 꺾기 위해 광천, 목시, 합덕에서 동학군을 수십 명 살해해 양측의 감정이 격화되었다. 동학군은 여미에서 대회를 열어 기포를 공식화했다.

관군과 일본군은 동학군을 섬멸하기 위해 출발했고 이를 감지한 춘암과 박희인이 지휘하는 동학군은 승전곡으로 들어갔다. S자형 협곡인 승전곡 입구에서 관군과 일본군을 유인한 동학군은 승전곡으로 조일연합군이 들어오자 포위하고 화공으로 공격해 승리를 거두었다. 이후 동학군은 홍주성을 치기 위해 신례원에 운집하고 있을 때 이승우가 1천명으로 공격하다 동학군의 반격으로 수백 명이 살상되었다. 승전곡과 신례원의 승리로 고무된 동학군은 홍주성 전투를 전개하였지만 우수한 일본군의 화기와 전술에 밀려 천여 명의 희생을 내고 후퇴하였다. 이후 해미성과 서산 매현 등지에서 조일연합군과 맞섰으나 크게 패하고 내포 동학혁명은 막을 내렸다. 박인호는 홍주성 전투 패배 이후 예산에 은거해 한해를 보내고 활동을 재개했다.

박인호는 동학농민혁명 실패 이후 재기에 성공해 내포에서의 동학 천도교 확산은 물론 천도교의 최고지도자인 대도주의 자리에 올랐다. 그의 내포지역의 교조신원운동기와 동학농민혁명기 활동은 그가 일제강점기 끊임없는 독립운동을 전개하는 원동력이 되었다는 점에서 의의를 찾을 수 있다. 또한 승전곡전투는 일본군에게 승리한 최초의 전투라는 점에서도 역사적 의의가 크다고 하겠다.

참고문헌

『대교김씨가갑오년피란록』
『동경대전』
『동학농민전쟁사자료총서』
『동학도종역사』
『문장준역사』
『속음청사』
『시천교역사』
『조석헌역사』
『주한일본공사관기록』
『천도교서』
『천도교회월보』
『최선생문집도원기서』
『취어』
『해월선생문집』
홍건, 『홍양기사』
『춘암 박인호 선생의 삶과 민족운동』, 예산동학농민혁명기념사업회, 2008.
국사편찬위원회, 『동학란기록』(상, 하).
동학혁명백주년기념사업회, 『동학혁명백주년기념논총』 (상), 1994.
동학학회, 『충청도 예산 동학농민혁명』, 모시는사람들, 2014.
이돈화, 『천도교창건사』, 천도교중앙종리원, 1933.
이동초, 『춘암상사댁 일지』, 모시는사람들, 2007.
장수덕, 『1894 내포의 동학농민전쟁』, 당진문화원, 2020.
표영삼, 『동학』 2, 통나무, 2005.
표영삼, 『표영삼의 동학혁명운동사』, 모시는사람들, 2018.
홍종식, 「동학란 실화」, 『신인간』 통권제34호, 1929.
「천도교 제4세 대도주 춘암상사(1~3)」, 『신인간』 통권488~490호, 1990. 11. 10.~1991. 1. 10.
박인호, 「갑오동학기병실담」, 『중앙』 16, 1935.
김혜민, 「19세기 전반 서양 異樣船의 출몰과 조선 조정의 대응」, 『진단학보』 131, 진단학
    회, 2018.12
임병조, 「내포지역의 구성과 아이덴티티에 관한 연구」, 한국교원대학교 대학원 박사학
    위 논문, 2008.
임현진, 「태안 지역의 동학 포덕과 조식화 그리고 동학농민혁명」, 『동학학보』 57, 2020.
정을경, 「춘암 박인호 일가의 민족운동」, 『한국독립운동사연구』 75, 독립기념관 한국독
    립운동사연구소, 2021.

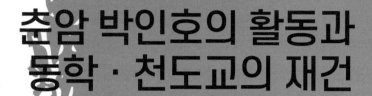

춘암 박인호의 활동과 동학·천도교의 재건

박세준(덕성여자대학교 지식문화연구소 연구교수)

춘암 박인호의 활동과 동학·천도교의 재건*

1. 들어가기

춘암(春菴) 박인호는 동학·천도교의 4대 교주다. 동학·천도교의 최고 지도자에 오른 박인호가 동학에 입도한 때는 20대 후반이었다. 입도한 후 공주 가섭사에서 기도와 수련을 했고, 10여 년 동안 고향인 덕산, 지금의 충남 예산에서 농사를 지으며 교리 공부와 마음 닦는 데 열중했다. 포덕에도 힘써 내포 지역에서 그의 말을 듣고 입도한 사람이 수천 명에 달했다. 이를 계기로 훗날 덕의포를 관할하는 대접주까지 올랐다. 개인 공부와 수련을 하던 박인호가 동학 교단 조직의 일에 나선 때는 한양 교조신원운동이었다. 1893년 최시형은 동학 대표 40명과 함께 고종 앞에서 울면서 최제우의 신원을 요청했다. 이때 박인호는 박광호, 손천민, 남홍원, 손병희, 김연국, 박덕칠과 같이 동학 대표로서 참석했다.

이후 고종이 교조 신원 약속을 이행하지 않자 보은에서 신원 운동을 이어나갔고, 이때에는 덕의 대접주로서 관할 덕의포 교인들을 이끌고 참석한다. 1894년 동학혁명 때에는 덕산 대접주 자격으로 참가한 박인호는 예포 대접주 박덕칠과 연합하여 전투를 벌였다. 내포 지역인 해미, 덕산, 예산, 온양, 당진, 홍성에서 활약한 박인호는 당진군 면천면에서 벌어진 전투를 승리로 이끌었다. 홍주성 전투에서 패배한 이후 3년 가량 은거했던 박인호는 다시 최시형을 찾아갔고, 최시형이 붙잡힌 다음에는 구명운동을 벌이기도

했다. 처형당한 최시형 유해를 직접 수습한 박인호는 최시형의 뜻에 따라 손병희를 교조로 받들어 문화개화운동, 갑진개혁운동, 천도교 현도에 이르기까지 교단의 일을 도왔다. 그리고 1908년 시천교로 떠난 김연국을 대신하여 천도교의 대도주에 오른다.

이처럼 동학·천도교 교단에서 큰 활약을 한 덕분에 천도교에서는 수운 대신사(水雲 大神師; 최제우), 해월 신사(海月 神師; 최시형), 의암 성사(義庵 聖師; 손병희)에 이어 박인호를 춘암 상사(春庵 上師)로 받들고 있다. 하지만 일반인들에게 그의 인지도는 앞에 세 사람보다 턱없이 낮다. 그 영향으로 연구도 부족하며 그래서 다시 일반인들의 인지도를 올리지 못하는 악순환에 빠져 있다.[1] 실제로 앞에 세 명에 대한 연구는 국문학과 철학을 비롯한 인문학에서부터 사회학, 정치학과 같은 사회과학 분야에서 활발히 연구하고 있으나[2], 박인호를 대상으로 한 연구는 많지 않다. 물론 동학·천도교의 다양한 활동 속에서 박인호의 역할을 조명한 연구들은 많았으나,[3] 박인호를 주요 대상으로 한 연구는 일제강점기 박인호의 활동을 다룬 연구, 박인호 일가의 민족운동을 다룬 연구와 박인호의 동학 이해와 근대성을 다룬 연구[4] 세 개뿐이다.

---

* 이 논문은 2023년 11월 10일 충남 예산 예산문화원에서 열린 "내포동학혁명 선양계승대회 – 춘암 박인호의 민족운동과 동학"에서 발표한 내용을 수정·보완했음을 알려드립니다.

1 비단 일반인들 뿐만 아니라 현재 천도교인들 사이에서도 박인호의 위상은 다른 세 명과 차이가 난다. 수운, 해월, 의암은 신구파와 상관없이 존경하지만, 박인호의 경우는 신구파 분열에 원인이었다는 까닭으로 세 명과 다른 취급을 받고 있다. 남북한의 단독정부 수립 이후 신구파는 합쳐졌지만, 신파의 일부는 아직까지 박인호를 교주로서 인정하지 않고 있다.

2 학술연구검색사이트 dbpia에 수운·최제우를 검색어로 하면, 우수영, 「수운 최제우의 콘텐츠 활용에 대한 시론-대구지역을 중심으로」, 『동학학보』(56), 2020, 271-308쪽. 포함 252개, 해월·최시형을 검색어로 김영철, 「해월 최시형 선생과 경주-경주에서 새로운 세상을 꿈꾸다」, 『동학학보』(49), 2018, 315-343쪽. 포함 71개, 의암·손병희를 검색어로 박세준, 「한국독립운동과 의암 손병희의 역사적 평가– 종교와 국가 관계 안에서 지도자 역할을 중심으로」, 『동학학보』(62), 2022, 77-111쪽. 포함 131개다.(2023년 9월 28일 확인)

3 이에 관한 내용은 정을경, 「춘암 박인호 일가의 민족운동」, 『한국독립운동사연구』(75), 2021, 6-7쪽.에서 확인가능하다.

4 정을경, 「일제강점기 박인호의 천도교활동과 민족운동」, 『한국독립운동사연구』(33), 2009, 347-379쪽; 정을경, 「춘암 박인호 일가의 민족운동」, 『한국독립운동사연구』(75), 2021, 5-45

이중 일제강점기 박인호의 활동을 다룬 연구와 박인호 일가의 민족운동을 다룬 연구는, 박인호의 활동이 동학·천도교 속에 묻혀 있는 기존 연구의 한계를 극복했다는 의의가 있다. 하지만 이 연구는 박인호의 이러한 활동이 동학·천도교 조직에 갖는 의미를 확인하기 어렵다는 한계가 있다. 박인호의 동학 이해와 근대성을 다룬 연구는 박인호를 혁명가, 종교지도자, 교육자, 문화인으로 규정하고 천도교의 근대화에 앞장선 인물로 평가하면서 동학·천도교 조직에 갖는 의미를 확인할 수 있다. 그럼에도 이 연구는 종교조직의 제도화와 지도자 승계 과정에서 동학·천도교와 박인호의 모습이 두드러지지 않은 아쉬움이 있다.

이 연구는 이러한 선행연구의 한계를 극복하고자 박인호의 지도자 승계과정을 중심으로 동학·천도교의 종교 조직 제도화 과정을 살펴보고, 제도화 과정을 통해 동학·천도교 조직의 재건과 그 결과로써 동학·천도교의 다양한 활동들을 확인하고자 한다. 이러한 연구목적을 달성하기 위해 2장에서는 종교 조직의 제도화 개념과 지도자 승계 과정 이론들을 살펴 보고, 그 과정 속에서 필요한 요소를 살펴본다. 3장에서는 동학·천도교의 재건을 가능하게 했던 제도화 모습과 박인호의 지도자 승계 과정을 살펴보고, 4장에서는 동학·천도교의 재건의 결과로써 동학·천도교 독립운동과 민족운동을 확인해 본다. 그런 다음 동학·천도교의 재건 속에서 제도화와 지도자 승계과정 안에서 박인호의 역할과 의미를 확인해 본다.

쪽; 조극훈, 「춘암 박인호의 동학 이해와 근대성-천도교 개편과 민족문화운동을 중심으로」, 『동학학보』(29), 2013, 179-228쪽.

2. 종교의 제도화와 지도력의 계승

1) 종교의 제도화

시작부터 완벽한 조직을 갖추고 시작하는 종교는 없다. 대부분 종교의 시작은 운동(movement)의 성격을 갖는다. 주로 카리스마 있는 지도자가 이끄는 이 최초 운동 집단의 목적은 기존의 종교를 개혁하거나 새로운 종교를 만들고자 하는 것이다. 하지만 이 지도자는 조직을 만드는 데 집중하기보다는 그가 깨우친 진리나 계시를 사람들에게 전하는 데에 더 관심이 많다. 사람들이 그 진리나 계시를 알고 전파하고 믿으며 그대로 살아가도록 하다 보면 추종자도 생기고 하나의 운동으로 작동한다. 그렇기 때문에 종교의 초기 형태는 비공식성을 띄는 원초 집단 성격을 보인다. 이러한 원초 집단의 추종자들은 카리스마 있는 지도자와 직접 만나는 횟수가 늘어난다. 직접 지도자의 이야기를 듣고 행동을 본받으면서 자연스럽게 추종자들은 응집력과 충성심이 생겨난다. 이처럼 초기 형태의 종교에서 추종자들에게 중요한 것은 규범과 규칙을 강조하는 "조직이 아니라 새로운 종교 가르침에 대한 몰두와 헌신"이다.[5]

초기 추종자들의 숫자는 적지만 그들 사이에는 강한 응집력과 연대감을 찾아볼 수 있다. 이러한 결속의 형태는 "일종의 동아리"와 같은 모습이다[6]. 이러한 연대감은 가족과 친구와 같은 기존의 공동체와 단절을 불러일으킬 정도로 강력한 경우가 많다. 또한 강한 응집력은 구성원들이 이 동아리를 위해 재난, 고통, 박해, 순교까지도 감수한다. 그럼에도 이 동아리는 아직

---

5 Nottingham, Elizabeth K., *Religion: Sociological View*, N.Y.: Random House, 1971, 225쪽.
6 Wach, Joachim, *Sociology of Religion*, Chicago: The Univ. of Chicago press, 1958, 135쪽.

정교하고 엄격한 조직의 형태라고 보기는 어렵다. 그저 명상, 기도, 노래, 권고와 같은 단순한 의식과 수행만 공유할 뿐이다. 또한 조직의 형태가 굳이 필요하지도 않다. 이 동아리와 같은 형태가 조직의 형태를 갖추기 시작할 때, 그리고 조직의 형태가 필요할 때는 종교의 창시자가 죽은 다음이다.

종교의 창시자가 살아있을 때는 카리스마가 있는 창시자 중심으로 강한 구심력이 생긴다. 문제가 발생했을 때도 창시자의 말과 행동을 통해 해결 가능하다. 하지만 그가 죽은 다음 이 운동을 지속하는 후계자들은 새로운 문제에 맞닥뜨린다. 창시자의 정신을 이어받아 그의 말과 행동을 믿음 체계와 의례 체계로 발전해야 할 필요성이 생긴 것이다. 또한 새로이 참여하는 사람들을 가르쳐야 하며 이를 통해 그 수가 늘어나면 이들을 관리할 필요성도 생겨난다. 이를 위해 창시자의 말과 행동을 가르칠 신학과 신조를 만들고 의례도 개발한다. 늘어난 참여자들을 위한 규칙과 규범도 역시 새롭게 마련해야 한다. 그리고 이러한 것을 맡아 일을 해야 할 담당자들을 정해야 하고, 그 담당자들을 관리하고 가르치는 일 또한 새롭게 시작해야 한다. 이러한 과정을 통해 동아리 형태에서 점차 조직의 모습을 갖춰 나간다.

창시자의 말과 행동을 교리와 의례로 계승하고, 창시자의 추종자가 아닌 종교의 신도들을 교육한다. 개인이 아니라 집단으로 활동하고, 다양한 생각을 하는 사람들이 끊임없이 토론해서 교리를 다듬고 정교화하며 체계화해 나간다. 조심스럽게 신앙의 깊이와 신조의 규칙을 강조하며 집단 예배 형태의 표준화, 구성체 질서 유지를 위한 규칙과 규범을 제정하면 종교운동은 더 이상 동아리가 아니라 종교조직으로 변화한다. 이러한 과정을 "종교의 조직화 또는 제도화(institutionalisation)"라고 한다.

2) 지도력의 정당성과 계승

종교의 제도화 과정 속에서 창시자의 지도력을 계승하는 것은 매우 중요한 문제다. 모든 조직의 생존은 조직원 확보 여부에 달렸다. 사실 조직원들이 조직에 가입하는 이유 중 중요한 것은 지도자의 지도력이다. 한 조직이 생존하기 위한 과정으로써 조직의 제도화는 바로 그 지도력의 정당성을 계승하는 것으로 봐도 큰 무리가 없다. 지도력의 정당성은 권위(authority)를 통해 확보할 수 있다. 권위란 정당한 성격을 가진 권력으로, 합리성(rationality), 전통(tradition), 카리스마(charisma)에 근거한다.[7]

전통 권위는 역사 속에서 확립한 전통과 관습에 기초하는 권위로 군주, 가부장과 같은 권위가 이에 해당한다. 즉 "옛날부터 그랬던 것"으로 인정하고 크게 비판하지 않기 때문에 큰 무리없이 후계자에게 이어지기 쉽다. 카리스마 권위는 개인의 특수하거나 비범한 능력이 만들어 내는 권위다. 사람들은 카리스마 권위를 가진 지도자가 보여주는 탁월성, 압도하는 능력에 복종한다. 다만 카리스마 권위는 특정 개인의 특질이기 때문에 그 권위가 후계자들에게 직접 이어지기는 어렵다. 합법성 권위는 법률과 규범에 기초한 권위로, 이는 개인의 특질보다는 합리성과 법에서 규정한 직책의 수행자에게 수여하는 권리로, 개인이 아니라 직책에 복종하는 특징이 있다.

종교 지도자의 권위 역시 합리성, 전통, 카리스마에 기초한다. 최초 창시자의 권위는 카리스마에 기반하는 경우가 많다. 기존 종교의 전통 권위에 도전하면서 생기는 이 카리스마 권위는 시간이 흐른다고 해서 후계자에게 직접 이어지지는 않는다. 개인의 특질이기 때문이다. 이러한 까닭으로 카리스마 권위는 합리성 권위로 대체해야 하는데 이것이 바로 종교의 제도

7 Weber, M., *From Max Webber*, translated and edited by Gerth and Mills, N.Y.: Free Press, 1946, 324-362쪽.

화 과정 중 하나다. 사실 종교조직의 지도력은 다른 조직에 비해 카리스마 능력이 필요한 조직이다. 종교의 요소 중 하나가 비일상성이기 때문에 비일상성의 성격을 지닌 카리스마가 종교조직에 필요한 것은 어찌 보면 당연하다. 즉 지능이나 완력보다는 영성과 도덕성을 더 중요하게 평가받는 위치에 있는 종교 지도자에게 있어서 카리스마 권위는 다른 조직에 비해 더 필요하다. 하지만 이러한 카리스마 권위의 계승은 불안정하고 직접 이어지지 않으며 교육을 통해서 길러낼 수는 없다. 그렇기 때문에 규범과 법을 통한 합리성 권위를 통한 지도력을 발휘해야 한다. 이처럼 비일상성의 카리스마가 일상성의 규범과 법으로 대체하는 것을 카리스마의 일상화(routinisation)라 한다.[8]

카리스마의 일상화는 카리스마 권위를 가진 지도자가 죽은 다음, 지도력을 후계자에게 안정성있게 계승하는 것이다. 계승하는 방법으로는 새로운 카리스마 지도자를 찾는 방법, 신탁을 통한 계시에 의존하거나 카리스마 지도자가 죽기 직전에 직접 임명하는 방법, 참모들이 추대하거나 혈통에 따라 계승하는 방법, 주술에 의존하는 것과 같이 많다.[9] 여기서 중요한 것은 새롭게 계승한 지도자를 추종자나 참모들이 인정해야 한다는 점이다. 새로운 지도자가 카리스마를 포함한 많은 것에서 이전의 지도자와 같을 수는 없다. 초창기에는 이전 지도자의 카리스마 권위에 복종하겠지만 이후에는 새로운 규범과 법률에 따른 합리성 권위에 복종해야 한다. 이러한 변화를 자연스러운 것으로 만드는 것이 지도력의 승계 과정이고, 그것이 바로 종교의 제도화다.

8 Weber, M., *The Theory of Social and Economic Organization*, translated by A. M. Henderson and T. Parsons, N.Y.: Oxford Univ. Press, 1947, 363–364쪽.
9 Weber, M., *The Theory of Social and Economic Organization*, translated by A. M. Henderson and T. Parsons, N.Y.: Oxford Univ. Press, 1947, 364–366쪽.

3) 지도자의 계승 과정

지도력의 계승에서 중요한 점은 물려받는 후계자의 준비 여부와 승계 과
정이라 할 수 있다. 처음에는 하나의 역할만 맡던 후계자는 시간이 지남에
따라 최초 보조자에서 관리자를 거쳐 최종 대표인 지도자까지 다양한 역할
을 수행한다.[10] 이때 지도자와 참모들은 후계자가 조직에서 여러 역할 수행
이 가능한지 여부와 자질과 능력을 알기 위해 다양한 임무를 부여해서 확인
하기도 한다. 이는 종교조직이나 기업과 같은 조직을 포함하여 많은 사회조
직에서 관찰할 수 있는 보편 사실이다. 후계자의 역할과 자질 중 중요한 것
은 조직 운영 능력[11], 조직을 물려받기 원하는 승계 의지[12], 조직에 대한 성
실성과 헌신[13]이라 볼 수 있다. 후계자의 조직 운영 능력은 후계자의 운영
역량, 교육과 훈련, 승계관련 주변인 관리 능력을 보고, 후계자의 승계 의
지와 조직에 대한 성실성과 헌신은 역경을 극복할 자신감, 목표를 달성할
자신감을 보고 판단해야 한다.[14]

승계 과정에서 중요한 것은 사실 승계자와 후계자의 관계다. 승계자의 지

---

10 Handler W. C., "Succession in Family Business: A Review of the Research", *Family Business Review*, 9(2), 1994, 133-157쪽.

11 Chrisman, J. J., J. H. Chua, and P. Sharma, "Important Attributes of Successors in Family Business: An Exploratory Study", *Family Business Review*, 11(1), 1998, 19-34 쪽; Matthews, C. H., W. T. Moore, and A. S. Fialko, "Succession in the family firm: A cognitive categorization perspective", *Family Business Review*, 12, 1999, 159-169 쪽.

12 Barach J. A. and J. Ganitsky, "Successful Succession in Family Business", *Family Business Review* 8(2), 1995, 131-155쪽; Sharma, P., J. J. Chrisman, A. L. Pablo, and J. H. Chua, "Determinants of Initial Satisfaction with the Succession Process in Family Firms: A Conceptual Model", *Entrepreneurship Theory and Practice*, 25(3), 2001, 17-35쪽.

13 Chrisman, J. J., J. H. Chua, and P. Sharma, "Important Attributes of Successors in Family Business: An Exploratory Study", *Family Business Review*, 11(1), 1998, 19-34 쪽.

14 조남재, 이윤석, 김지희, 유기섭, 「후계자 관점에서 가업승계에 영향을 미치는 요인들의 중요
도에 대한 AHP분석 연구」, 『중소기업연구』 43(1), 2021, 153쪽.

지 없이는 원활한 승계는 어렵다. 이러한 승계자와 후계자의 관계는 상호 신뢰 정도, 조직의 비전 공유, 만남과 대화 횟수 정도를 보고 판단할 수 있다. 또한 재무, 지도력, 인사조직을 이행하는 것과 같은 승계 계획도 승계 과정에서 필요한 요소다.[15] 조직의 승계 과정은 통상 "현 지도자의 단독운영 -> 후계자 훈련·개발 -> 상호협력 -> 지도력 이전 -> 지도자 이전" 단계로 이어진다.[16] 현 지도자의 단독운영 단계에서는 공식 후계자가 없다. 이경우 승계 자체에 관심이 없거나 여러 후보군 중 고민하는 경우가 많다. 여러 후보 중 현 지도자가 마음에 두고 있는 후보가 있다면 그 후보에게 이 조직에 대한 관심을 갖게 만드는 것이 중요하다. 후계자 훈련 및 개발 단계에서는 후계자에게 다양한 역할과 임무를 부여해서 능력을 확인하고 개발하는 단계다. 이 단계에서 후계자는 단독일 수도 있고, 여러 후보가 있을 수 있다. 혼자이든 여럿이든 이 단계는 일종의 시험단계로 볼 수 있다. 후계자의 문제해결능력과 의사결정과정을 조직의 구성원들이 보고 판단하여 그들의 지지와 존중을 확보할 수 있는 중요한 단계이기도 하다. 상호협력단계에서 후계자는 이전 단계에 비해 더 큰 권한과 책임을 지는 역할과 임무를 수행한다. 다만 이 단계에서 현 지도자는 후계자의 육성과 성장을 위해 감독자, 교육자, 보호자, 소개자, 동원자, 협력자와 같은 역할 수행을 해야 한다. 다음은 지도력 이전 단계다. 이 단계는 현 지도자의 지도력과 후계자의 지도력이 역전하는 단계로 승계 과정에서 매우 핵심의 단계다. 이 단계에서 현 지도자가 자신의 권력을 내려놓지 못한다면 승계 과정이 멈추기도 한다. 마지막 단계는 지도자 이전을 완성하는 단계다. 후계자가 새로운 지도자가

---

15 조남재, 이윤석, 김지희, 유기섭, 「후계자 관점에서 가업승계에 영향을 미치는 요인들의 중요도에 대한 AHP분석 연구」, 『중소기업연구』 43(1), 2021, 153쪽.
16 김선화, 「가족기업의 승계프로세스와 성공적 승계요인」, 서울과학종합대학원 박사학위 논문, 2011, 22–43쪽.

되고, 전 지도자는 고문과 같은 조언자 역할을 한다. 새로운 지도자는 조직의 공식 운영권을 보유한 상태지만 전임 지도자는 특정 사안에 대해 거부권을 행사하는 권한을 갖기도 한다.

이상과 같이 살펴본 종교조직의 제도화와 지도력의 승계 이론은 박인호와 동학·천도교 활동에도 적용가능하다. 동학에서 천도교로 현도과정에서 박인호는 "후계자 훈련 및 개발 단계"와 "상호협력 단계"로 볼 수 있고, 3·1운동 이전의 박인호는 "지도력 이전 단계"로 볼 수 있다. 그리고 손병희 사후 교주가 된 후의 활동은 "지도자 이전 단계"라 하겠다. 다음 장에서는 종교조직의 제도화를 위한 박인호의 활동과 천도교의 모습을 살펴보기로 한다.

3. 동학·천도교의 제도화와 후계자 훈련

동학에서 천도교로 이름을 바꾸면서 조직을 재정비한 것을 천도교에서는 현도(玄道)라고 한다. 천도교의 현도 과정은 동학에서 천도교로 단순히 이름만 바꾼 사건이 아니었다. 현도의 주요 이유와 중요한 의미는 다음 세 가지다[17]. 첫째, 일진회로 인한 반민족 이미지를 불식시키고 동학교도들의 혼란을 수습할 수 있는 조치였다. 둘째, 조정과 백성들이 가지고 있는 동학에 대한 부정의 이미지를 씻고, 시대에 알맞는 신앙의 자유와 종교교단의 활동을 확보하기 위함이었다. 셋째, 사회변혁의 이념운동 단체로서 기능을 포기하고 순수 종교단체라는 것을 선언하는 것이 아니라, 사회변혁을 종교와 문화로써 달성하려는 의도였다. 이 중 두 번째 이유가 가장 컸다. 천도교로 이름을 바꾼 후, 그 전까지 조정으로부터 좌도, 적당의 수괴로 지목받아,

---

17 김경재, 「종교적 입장에서 본 현도 100년의 천도교」, 『동학학보』 10(1), 2006 323쪽.

이름을 바꾸고 일본에 머물던 손병희가 1906년 1월 귀국했지만 아무런 제재는 없었다. 오히려 귀국한 부산에서는 4만여 명의 천도교인들의 열렬히 환영했고, 서울에서는 8만여 명으로부터 환국환영을 받았다.[18] 현도를 지시한 것은 손병희였지만 그 실무를 맡아 처리한 것은 박인호였다. 실무를 맡은 박인호는 현도 이후 교리와 의례, 조직들을 재정비했다. 이러한 재정비는 천도교를 하나의 공식 종교조직으로 제도화하기 위해서였다. 이러한 교리, 조직, 의례의 재정비는 이후 천도교가 다양한 활동을 하는 데 있어 밑바탕이 된다. 그리고 이 과정은 박인호의 지도자 승계 과정에서 훈련과 교육 단계이면서 현 지도자 손병희와 후계자 박인호의 상호협력단계로 볼 수 있다.

천도교의 종지(宗旨)는 시천주(侍天主), 사인여천(事人如天), 인내천(人乃天)이다. 종지를 달성하기 위한 교리로서 보국안민(輔國安民), 포덕천하(布德天下), 광제창생(廣濟蒼生), 제폭구민(除暴救民), 진멸권귀(盡滅權貴), 축멸왜이(逐滅倭夷)들이 있다. 이들을 통합해서 구체화한 것이 교정쌍전(教政雙全)이다. 교정쌍전은 천도교의 핵심 교리로, 천도교가 다른 종교조직과 달리 정치·사회 문제에 적극 참여하는 근거가 된다. 특히나 보국안민의 보국(輔國)은 '국가의 은혜를 갚거나(報)', '국가를 보호하는 것(保)'이 아니라 '국가를 바로잡는 것(輔)'이기 때문에 교정쌍전의 정(政)은 능동성과 적극성을 뜻한다.

교리의 재정비와 함께 의례를 정례화했다. 이는 교인들의 신앙심을 고취하고 결집하기 위함이었다. 교인들이라면 이미 실행하던 오관(五款)을 세칙을 통해 그 중요성과 실천을 강조했다. 오관 중 주문(呪文)은 종교 의식과 종교 효험을 위한 행위로, 강령주문 "지기금지 원위대강(至氣今至 願爲大降)"과

---

18 윤석산, 「교단사적 입장에서 본 천도교 100년」, 『동학학보』 10(1), 2006, 287쪽.

본주문 시천주 조화정 영세불망 만사지(侍天主 造化定 永世不忘 萬事知)"가 있
다. 강령주문과 본주문을 합쳐서 21자주문 혹은 3·7자주문이라고도 한다.
청수(淸水)는 매일 저녁 9시에 집안의 정결한 데서 깨끗한 그릇에 청수를 놓
고 온 가족이 둘러앉아 기도식을 하는 종교의식이다. 시일(侍日)은 매 일요
일마다 교당이나 전교실에 나가서 교구 사람들과 함께 하는 의식이다. 기도
(祈禱)는 통상기도와 특별기도로 나뉜다. 특별기도는 일정한 기간을 정해 봉
행하는 기도의식으로 총부에서 정하기도 하고 개인이 정해 하기도 한다. 이
상이 정신의 헌성이라면 성미(誠米)는 물질의 헌성이다. 매번 밥을 지을 때
마다 식구 수대로 쌀 한 술을 모았다가 교회에 내게 된다.[19]

　오관이 교인 내면 측면에서 종교 의식을 정례화시킨 것이라면 각종 기념
일 제정은 교인들끼리의 결속 강화를 위해 제정했다. 최제우가 득도한 4월
5일은 천일기념일(天日紀念日), 최시형이 동학 2세교조가 된 8월 14일은 지
일기념일(地日紀念日), 손병희가 도통을 이어 받은 12월 24일은 인일기념일
(人日紀念日), 천도교를 공포한 12월 1일은 교일기념일(敎日紀念日)로 지정했
다. 이후 박인호가 도통을 이은 1월 18일은 도일기념일(道日記念日)로 제정
했고, 교일기념일은 1968년에 현도기념일로 이름을 바꿨다. 또 최제우가
죽은 3월 10일과 최시형이 죽은 6월 2일은 각각 수운순도일과 해월순도일
로 정하여 기도일로 공포했다. 기념일은 교인들의 유대강화와 교세진작이
라는 면에서 큰 효과를 볼 수 있었다. 실제로 각 기념일이 있는 날에는 전국
에서 모인 교인들로 인해 천도교당 인근에 장이 서기도 하고, 기념식이 끝
난 뒤에는 잔치가 성대하게 열리기도 했다. 이와 같은 기념일은 교인들 사
이의 연대와 응집을 키워줌과 동시에 교단에 대한 자부심과 충성심을 높이

---

19 현재는 직접 쌀 대신 돈으로 내고 있다. 월성은 매월 1인당 1만 원, 연성은 상하반기에 각각 2
만원 씩 중앙총부에 납부한다.

는 계기였다.[20]

최제우가 만들어던 동학의 조직제도인 포접제(抱接制)도 현도와 함께 새롭게 정비했다. 천도교중앙총부를 설치하고, 천도교대헌을 제정했으며 각 임원을 선임하여 1906년 2월 현판식을 가졌다. 당시 중앙총부의 직제는 장실(丈室), 봉도실, 고문실, 현기사, 이문관, 서무관, 전제관, 금융관, 성도사, 경도사, 그리고 육임이었다.[21] 이때에는 감사기능을 다루는 조직이 없던 것이 특징이고, 의회제도가 없어 예산, 제안 기타사항은 부회에서 의결했다.[22] 당시 속인제를 바탕으로 한 지방조직은 그 지방의 대두목이 관장했고, 한 두목은 작계는 하나의 군을, 많게는 서너 개 군까지 관리했다. 이를 바탕으로 조직한 교구는 지방 두목을 중심으로 한 72개로, 각 두목을 교구장으로 임명했다[23]. 1908년에는 의회제도를 도입하고, '부내에 대하여 제안, 의사, 탄박, 조사 등의 직권과 부외에 관한 순유 및 교섭 등 임시 사무'를 전담하는 총인원(叢仁院)을 신설했다. 또한 현기실과 진리과를 폐지하고 직무도사실을 신설했다.[24]

1910년 대헌을 개정하면서 중앙총부 조직 구조도 변화했다. 대도주 아래 총인원과 장실이 있고, 실무 업무를 관장하는 사관원을 두었다. 사관원 밑에는 대종사, 현기관, 공선관, 전제관, 금융관, 감사원을 두는 1사 3관 1원체제였다. 대종사는 교무의 방향을 지정하며 각관 직무기관을 통일하며 장실에 대한 공보를 경유하는 기관. 현기관은 교리연구, 교서편성, 연원록 통일, 수도혜양, 학사 관할의 기관. 공선관은 교구확정, 구직선체, 천민보

20 윤석산, 「교단사적 입장에서 본 천도교 100년」, 『동학학보』 10(1), 2006, 290쪽.
21 조기주, 『천도교종령집』, 지식산업사, 1983, 14~16쪽.
22 성북촌, 「중앙총부 조직 변천에 관한 일고찰(상)」, 『신인간』 567, 1997, 48쪽.
23 이재순, 「우리 교단의 조직제도」, 『신인간』 290, 1971, 41~42쪽.
24 조기주, 『천도교종령집』, 지식산업사, 1983, 89~91쪽.

록 보관, 위생실시, 교당 교구 기타 부동산 등 정권 보관의 기관. 전제관은 교육교법, 포상, 의례의 기관. 금융원은 재정 수입 지출하는 기관. 감사원은 감사를 전무하는 기관이었다.[25] 이 조직구조는 1921년 대헌을 폐지하고 종헌을 제정할 때까지 변하지 않았다.[26] 다만 교서저술, 역사편찬, 교리설명들의 업무를 맡은 진리과와 교리의 발명과 학술 기예의 발전을 위한 월보과를 추가했을 뿐이다.[27]

박인호가 맡아서 진행한 천도교의 현도, 즉 제도화는 천도교가 일제강점기 시절 독립운동과 교육운동 그리고 여러 문화운동을 하는 데 있어 밑거름이었다. 즉 동학·천도교의 제도화를 통해 조직 재건의 기틀을 마련한 셈이다. 그리고 이 시기는 박인호라는 개인에게 있어서는 후계자로서 "훈련 및 교육"을 받는 단계로 볼 수 있다. 그는 현도 이후 한 해동안 교장, 고문과원, 교서편찬원, 중앙총부 금융관장, 중앙총부 고문을 거쳐 경도사의 직책을 맡고, 교단 정비를 위해 1년 동안 자신이 맡은 충청도에서 포교 활동을 펼치며 교당 건축기금 모금을 지휘했다. 이러한 활약으로 1907년 차도주가, 이듬해 대도주 김연국이 시천교로 떠나자 대도주가 되었다. 대도주 이후의 시기는 손병희와 함께 협력해서 진행했다는 면에서 "상호 협력단계"로 볼 수 있다. 다음 장에서는 손병희에서 박인호로 지도력 이전 단계와 조직

---

25 성북촌, 「중앙총부 조직 변천에 관한 일고찰(상)」, 『신인간』 567, 1997, 49쪽.
26 1921년 대헌을 폐지한 가장 큰 이유는, 3·1운동 이후 구속수감된 대도주 손병희의 공백 때문이었다. 종헌과 종규는 총인원의 이름을 바꾼 의정회에서 주도를 했다. 의정회는 전국 교구를 60개 선거구로 나누어 60인의 의사원을 투표로 선출하여 천도교의 예산 결산 심의 및 기타 중요한 사항을 의결했다. 의정회의 출현은 천도교 중의제의 첫단계였다. 의정회는 1922년 기존의 대헌을 폐지하고 새롭게 종헌과 종교를 제정했다. 새로운 종헌에 따라 중앙총부의 조직 구조도 대폭 변경됐다. 우선 대도주제가 교주제로 바뀌었고, 중앙총부는 교주실과 종법원, 종무원, 종의원들로 1실 3원으로 구성했다. 종법원 아래 포덕과, 편집과, 교육과를, 종무원 아래 서무과, 경리과를 두었다. 종의원은 교구에서 선출된 종의사, 장로, 도사 중에서 호선된 종의사로 구성했다.(장영근, 「직제의 변천과 천도교 교무규정」, 『신인간』 362, 1978, 72쪽.)
27 성북촌, 「중앙총부 조직 변천에 관한 일고찰(상)」, 『신인간』 567, 1997, 51쪽.

재건의 결과로서 박인호가 주도한 동학·천도교의 다양한 활동을 살펴보도
록 한다.

4. 동학·천도교의 재건과 지도자 계승

천도교 현도와 제도화 시기가 후계자 박인호의 훈련 및 교육 단계와 상호
협력단계로 볼 수 있다면, 3·1운동 이전 시기는 이른바 상호 협력단계이면
서 "지도력 이전 단계"였다. 손병희가 이 시기 천도교 조직 밖에서 독립운동
에 매진했다면 박인호는 천도교 조직 안에서 나라의 인재를 키우는 교육운
동이나 문화운동에 힘썼다. 둘은 천도교 안과 밖에서 서로 협력하며 활동했
다. 그 결과 천도교 조직에 대한 지도력은 박인호로 넘어가는 시기였다.

이 시기 박인호는 천도교 교역자 양성을 위해 지방에 교리강습소를 개설
했다. 교리강습소에서는 천도교 교리와 함께 보통학교 수준의 일반 교육도
실시했다. 일반 교육은 총 3개의 과가 있는데, 본과는 3년, 특별과는 2년,
속성과는 3개월 과정이었다. 과목으로는 역사, 언어(조선어, 한문, 일본어), 농
업, 산술, 이과, 체조, 도서, 창가가 있었고,[28] 교리강습소에서 배출한 졸
업생들은 이후 3·1운동의 핵심으로 성장했다. 3·1운동 이후 전국에서 각
종 청년단체가 등장하자 천도교 지도부 역시 이러한 시류에 발맞춰 청년단
체의 조직이 필요함을 자각했다. 제1차 세계대전 종전 이후의 세계체제 속
에서 식민지 한국의 상황을 주도해야 한다는 인식에서였다. 또한 조직을 이
끌던 천도교의 손병희를 비롯하여 많은 간부진들이 3·1운동으로 구속되었
던 것도 청년단체를 조직하고, 그들을 중심으로 천도교가 활동을 해야만 했

28 이동초, 『천도교 민족운동의 새로운 이해』, 모시는 사람들, 115쪽.

던 이유였다. 천도교는 천도교청년교리강연부를 조직하여 천도교의 교리를 연구하고 선전했다. 하지만 이듬해 천도교 내부에서 천도교청년교리강연부의 역할을 교리의 선전과 연구에만 국한하지 말고 새로운 문화를 건설하기 위한 활동을 전개하자는 주장이 등장했다. 이에 명칭을 천도교청년회로 바꾼다. 이름뿐만 아니라 그들의 활동 방향도 조선의 신문화 건설을 위한 것으로 바뀌었다. 이들은 교육을 통해 지식열을 고취해서 새로운 사상을 보급하고자 했고, 농촌은 개량하고 계몽활동은 도시를 중심으로 진행했다. 이를 통해 전문가를 양성하면서 어린이 운동과 여성운동, 농민운동으로 영역을 확장했다.[29] 특히나 1921년 천도교소년회를 결성하고, 어린이날을 제정하고, 잡지를 창간한 것은 천도교청년회의 활동이 당시 사회를 선도하고 있음을 알 수 있다.

박인호는 천도교 내의 조직을 통한 교육운동 뿐만 아니라 천도교 밖에서도 교육운동에 활발한 투자를 벌였다. 박인호의 교육철학이 교육의 공공성인 까닭에 과감한 투자로 교육기관을 인수하고 교육운동을 활발히 전개했다. 보성학교(보성전문. 보성중학. 보성초등)와 동덕여학교를 인수하여 근대 교육을 체계를 갖춰서 시작한 것이 대표 사례다. 보성전문학교와 보성초등학교가 경제 문제로 어려움을 겪게 되자 박인호의 지시로 천도교는 채무 청산으로 8천 원을 지불하고, 보성 3교와 보성관, 보성사까지 인수한다.[30] 보성학교는 1923년 6월 졸업생 600여 명, 재학생 700여 명에 달하였다. 동덕여학교 인수와 경영에서는 여성교육에 대한 박인호의 열의를 볼 수 있다. 박인호는 재정이 어려워진 동덕여학교를 인수하여 천도교 교주인 자신을 명

---

29 정용서, 『일제하·해방후 천도교 세력의 정치운동』, 연세대학교대학원 박사학위논문, 2010, 24쪽.
30 『천도교회월보』 제6호(1911.11.05.)

의로 하여 설립자를 변경하고 천도교에서 운영하고, 그 해에 법률상업학교 30여 명과 고등과정 28명이 졸업했다. 여성교육에 큰 관심이 있는 박인호는 동덕여학교에 입학을 독려하기도 했다.[31] 그러나 3·1운동 이후 일제의 탄압이 심해지면서 학교운영이 불가능할 정도로 재정이 어려워지자 동덕여학교는 1923년에 경영권을 학교의 원래 설립자인 조동식에, 보성전문학교는 1924년에 조선불교교무원에 양도한다.[32] 천도교는 보성학교와 동덕학교뿐만 아니라 용산 양덕학교, 마포 삼호보성소학교, 청파 문창학교를 포함 모두 7개 학교를 포함해 대구 교남학교, 일신학교들을 인수·운영했다. 또 청주에 종학학교를 설립하고 용산 양영학교, 양덕학교, 전주 창동학교에는 보조금을 주는 사업을 활발하게 펼쳤다.[33] 이러한 학교인수는 단순히 해당 학교의 재정난 탈피를 도와주는 것이 목적이 아니라 "사회의 공기로서 공적인 목적"이었다.[34]

훗날 천도교가 농민운동, 여성운동, 어린이운동과 같은 다양한 문화활동을 할 수 있게 한 시초도 박인호가 쌓았다. 박인호는 『만세보』와 『천도교회월보』를 창간하여 천도교의 교리선전과 학술보급은 물론 일반 시민교육에까지 힘썼다. 일간지로 창간한 『만세보』는 1907년 폐간될 때까지 총 293호를 발행했다. 출간 목적은 국권회복 의지와 개화사상 고취였으며 그 논조는 근대화를 추구하는 정치개혁운동, 대의제, 지방자치제 실시. 인사개혁의 일환으로 천거제의 폐지, 인물교체론이었다. 아울러 천도교의 기관지 역할

---

31 정을경, 「일제강점기 박인호의 천도교활동과 민족운동」, 『한국독립운동사연구』(33), 2009, 358-359쪽.
32 이동초, 『천도교 민족운동의 새로운 이해』, 모시는 사람들, 119쪽.
33 조기주, 『동학의 원류』, 보성사, 1979, 270쪽.
34 조극훈, 「춘암 박인호의 동학 이해와 근대성-천도교 개편과 민족문화운동을 중심으로」, 『동학학보』(29), 2013, 208쪽.

로써 교서를 비롯한 교회의 종령, 공함, 성화회들을 게재했다.[35]『만세보』를
이어 출간한『천도교회월보』는 천도교 교리 설명은 물론 새로운 지식과 제도
를 알리는 것이 목적이었다. 초기에는 교리부, 학술부, 기예부, 물가부로
구성하여 교리와 함께 역사, 지리, 교육, 농업, 물리, 경제, 물가와 외국과
무역수출입가격을 다뤘다.『천도교회월보』는 이후 압수, 수색, 발매중지,
발행 중지와 같은 탄압을 받다가 무인멸왜기도 운동의 발각으로 결국 1935
년 3월호(통권 315호)로 폐간됐다.[36]

　3·1운동 직후부터 손병희가 사망하면서 박인호로 지도자 이전은 완성됐
다. 손병희가 3·1운동 이후 잡혀가면서 박인호가 천도교를 대표해야 했고,
손병희가 죽은 다음 천도교의 4대 교주 자리에 올랐다. 3·1운동 이후 천도
교는 교인 차원에서부터 교단 차원에까지 다양한 독립운동을 벌였다. 이러
한 독립운동은 국내에서는 6.10만세운동, 신간회 활동, 오심당, 무인멸왜
기도, 조국광복회 활동으로 대표할 수 있고, 해외에서는 고려혁명당, 통일
당 활동을 들 수 있다.[37] 이중 박인호와 직접 연결지을 수 있는 독립운동은
6.10만세운동, 신간회 참여, 무인멸왜기도로 볼 수 있다.[38]

　6.10만세 운동은 제2차공산당을 결성한 강달영이 주도했다. 사회주의
계열과 민족주의 계열의 제휴를 희망한 강달영의 목표는 민족-사회 두 세
력들을 통합하여 중국의 국민당과 같은 조직을 만드는 것이었다.[39] 강달영

35 이동초,『천도교 민족운동의 새로운 이해』, 모시는 사람들, 107–111쪽.
36 임형진,「1920년대 천도교의 민족운동과 박인호」,『춘암 박인호 선생의 삶과 민족운동 승통
　　100주년 기념 학술대회 논문집』, 2008, 49–50쪽.
37 조국광복회, 통일당, 고려혁명당, 불불당과 오심당의 경우 박인호를 교주로 하는 천도교 구파
　　와 명확한 연관점을 확인하기 어려워 본문에서는 제외하기로 한다. 고려혁명당은 오지영이 이
　　끄는 혁신파인 천도교 연합회와, 불불당과 오심당은 최린이 이끄는 신파인 천도교 청년당과
　　관련이 깊다. 조국광복회은 박인진 개인 자격으로, 통일당은 신숙과 최동오 개인 자격으로 참
　　여한 것으로 본다.
38 박인호와 직접 연결짓는 단체는 이종린이 이끄는 천도교 구파다.
39 김준엽·김창순,『한국공산주의운동사 2』, 청계연구소, 1986, 456쪽.

은 천도교가 갖고 있는 계급의식과 사회주의에 대한 호의성을 이유로 천도교와 연계를 희망했다. 신구파로 분열 중이었던 천도교 중 구파 지도부인 이종린 역시 사회주의 계열과 제휴를 통해 민족운동 대단결을 계획하고 있었기 때문에 뜻이 같은 두 세력의 연합은 당연한 결과였다. 천도교 측의 이종린, 오상준, 권동진, 공산당 측의 강달영, 일반인으로 박동완, 유억겸, 안재홍, 신석우는 함께 모여 6.10만세 운동을 공동으로 결행하기로 했다.[40] 천도교와 구파 전위단체인 청년동맹은 조직을 통해 각 도에서 동시 봉기하기로 계획을 세웠으나 총독부가 미리 인쇄했던 인쇄물을 사전에 발견하는 관계로 구파 지도자와 청년동맹 다수가 연행되어 뜻을 이루지 못했다.

신간회는 소기의 목적을 달성하지 못한 6.10만세 운동 이후에도 사회주의 계열과 민족주의 계열 사이에 계속 이어진 연합의 결과였다. 이 연합 안에는 여전히 천도교도 있었다. 천도교 구파는 전위단체 청년동맹과 함께 신간회 창립에 참여하고, 신간회 중앙과 지회조직에도 관여했다. 권동진, 이종린, 오상준, 박래홍, 박완, 이병헌, 박양신, 이용길들은 신간회 창립부터 시작하여 중앙회 간부까지 맡았다.[41] 신간회 지회조직에도 천도교 구파와 청년동맹은 참여했다. 이들이 참여한 지회는 경기, 경서, 양구, 강화, 광주, 수원, 통영, 영천, 강진, 병영, 광양, 영암, 완도, 장흥, 정읍, 남원, 당진, 서산, 예산, 홍성, 음성, 구성, 선천, 용천, 철산으로 26개였다.[42] 신간회에 주로 참여한 천도교인들은 구파지만 천도교 신파도 일부 참여했다. 단천, 북청, 이원, 함흥, 홍원, 성진, 진주 지회에는 신파인물들과 함께 했다.[43] 조직 차원에서 참여한 구파와 개인 자격으로 참가한 신파였지

40 김준엽·김창순, 『한국공산주의운동사 2』, 청계연구소, 1986, 455쪽.
41 성주현, 「1920년대 천도교의 협동전선론과 신간회 참여와 활동」, 『동학학보』 9(2), 2005, 196쪽.
42 성주현, 「1920년대 천도교의 협동전선론과 신간회 참여와 활동」, 『동학학보』 9(2), 2005, 198쪽.
43 성주현, 「1920년대 천도교의 협동전선론과 신간회 참여와 활동」, 『동학학보』 9(2), 2005, 212

만 천도교는 신간회의 창립과 활동에 있어 중요한 역할을 했다.

무인멸왜기도는 박인호의 지시로 "개 같은 왜적 놈을 한울님께 조화 받아 일야간에 소멸하고 대보단에 맹서하고 한의 원수까지 갚겠습니다."라는 구절을 아침저녁으로 기도하라고 내린 지령이다. 지령이 전달 후, 3년간 지속했던 이 기도는 1938년 최태선의 비밀누설로 황해도 연원 대표 홍순희를 비롯하여 중앙총부의 최준모, 김재규, 김경함이 독립사상을 선동했다는 혐의로 구속됐다. 병석에 있던 박인호는 병상 심문을 받았으나 교인 200여 명이 구속됐고, 대부분 심한 고문을 당했다. 그 중 출감 후 김재규, 손필규, 이강우, 김정삼은 고문 여독으로 사망에 이른다. 이 사건은 신파중심의 교단이 친일로 돌아서던 30년대 후반에도 천도교가 일제에 대한 저항을 끝까지 놓지 않은 사건으로 평가받는다.

이러한 활동들은 "동아리가 아닌 조직으로서 종교"였기에 가능했다. 따라서 이는 제도화에 성공한 동학·천도교 조직 결과로 볼 수 있다. 그리고 조직을 이끄는 박인호의 지도력이 이전 손병희로부터 완전히 이전했음을 뜻한다. 즉 천도교의 이러한 활동들은 지도자 승계 과정을 성공리에 마쳤음을 확인할 수 있는 것들이었다.[44]

이상의 천도교 제도화와 박인호 지도자 승계 과정을 정리하면 〈표 1〉과 같다.

쪽.

44 다만 신구파의 분열의 책임을 물어 지도자 이전 단계에 성공했으나 그 기간은 짧았다는 주장, 신파의 저항 또는 지지를 받지 못했기 때문에 박인호의 지도력 이전 단계 마지막에 실패하여 지도자 이전 단계로 나아가지 못했다는 주장, 구파의 지지만 받았기 때문에 지도력 이전 단계는 성공했지만 지도자 이전 단계는 절반의 성공에 불과하다는 주장도 있다.

〈표 1〉 천도교의 제도화와 박인호의 지도자 계승 과정

기간 구분	1904년 이전	1905~1908	1909~1919	1919~1922	1922년 이후
지도자 승계 과정	손병희 단독운영	박인호 훈련·교육	손병희·박인호 상호협력	박인호로 지도력 이전	박인호로 지도자 이전
박인호 역할	대접주, 경도주	교장, 경도사, 차도주	대도주	대도주	교주
천도교 활동	문화개혁운동 갑진개화운동	천도교 현도 (교리·의례·조 직 재정비)	3·1운동 교육운동 문화운동	청년운동 교육운동 문화운동	독립운동 문화운동 청년운동

5. 나가기

이 연구의 목적은 동학·천도교의 조직 제도화 과정과 활동을 박인호의 지도자 승계 과정을 중심으로 살펴보고 이러한 과정에 따른 동학·천도교의 활동이 조직 재건의 결과라는 점을 확인하는 것이다. 이러한 연구목적을 달성하기 위해 종교 조직의 제도화와 지도자 승계 과정을 살펴보고 그 과정 속에서 필요한 요소를 살펴봤다.

종교 조직은 시간이 흐름에 따라 조직을 정비하며 제도화하는 보편성을 확인했고, 이러한 제도화는 종교조직의 다양한 활동에도 영향을 미친다는 점도 확인했다. 특히 지도자의 계승 과정은 제도화 요소 중 하나인 동시에 종교 조직의 활동에도 영향을 준다는 점을 살펴봤다. 이후 동학에서 천도교로 현도하는 과정에서 교리, 의례, 규칙과 규범을 제정한 것은 종교의 제도화 과정임을 밝혀냈고, 이 기간에 박인호의 활동은 지도자 승계 과정 속에서 후계자 교육 및 훈련 그리고 이전 지도자와 상호협력 단계임을 확인했다. 이후 천도교의 교육운동, 문화운동, 독립운동은 종교의 제도화를 달성했기 때문에 가능했던 활동이고, 이를 지휘했던 박인호의 역할이 중요했음을 확인할 수 있는 방증이었다. 이 기간에 박인호의 활동은 지도자 승계 과정 속에서 상호협력 단계와 함께 지도력 이전 단계였음을 확인했다. 지도자 이전이 마무리 지은 것은 손병희가 죽은 다음이었고, 박인호는 그 이후에도 천도교의 교주로서 다양한 활동을 지시하고, 조직을 보호하며 교인들을 응집하는 데 노력했다.

이 연구의 결과는 박인호가 천도교의 지도자를 승계하는 과정 속에서 했던 중요한 역할을 했고, 그의 활동은 이후 천도교가 독립운동을 포함한 다양한 활동을 하는 데 밑바탕이 됐다. 비록 박인호가 최제우, 최시형, 손병희와 같은 카리스마 있는 지도자는 아닐지언정 그들의 카리스마를 일상화한, 즉 종교의 제도화를 완성하고, 제도에 따른 합리성에 기반한 지도력을 십분 발휘한 인물로 정의할 수 있다. 사실 해월부터 춘암까지는 직전의 카리스마 지도자들이 후계자를 지목하는 방식으로 진행했다. 그러나 춘암 이후부터는 지목하는 형식이 아니라 지도자 승계 절차가 규칙과 규범에 따라 진행하는 방식으로 정착했다. 이는 천도교의 제도화 정도가 춘암 시대를 지나면서 더욱 성숙해졌음을 알 수 있는 방증이다.

이 연구의 목적과 그 결과에 따라 박인호의 활동이 동학·천도교의 재건과 상관관계가 있음을 밝혔으나 후속 연구로서 확인해야 할 주제는 다음과 같다.

첫째, 박인호 직후의 지도력 이전 과정이다. 박인호는 손병희의 후계자로서 다양한 단계를 거치며 지도자를 계승했다. 하지만 박인호의 후계자는 정확히 특정하는 것은 어렵다. 천도교가 신구파로 나뉘었기 때문이다. 앞서 이야기했듯이 박인호의 지도자 승계 과정을 실패로 볼 경우, 그의 후계자는 규정과 규범을 통해 천도교를 장악한 최린일 것이고, 절반의 성공으로 볼 경우 손수 지명하여 교주 자리를 물려받는 이종린일 것이다. 이러한 내용은 카리스마 지도자의 지목을 받았지만 카리스마의 일상화 지도자에 가까운 박인호의 후계자가 누구냐는 문제로, 천도교 조직의 제도화 정도를 볼 수 있는 지표이기도 하다.

둘째, 해방이후 천도교 지도자들의 지도력 이전 과정이다. 해방이후 천도교 지도자들의 승계 과정을 살펴보는 것 또한 의미가 있다. 해방이후의 천도교 지도자들의 승계는 그 과정이 다양하다. 그렇게 다양한 과정이 나오는 맥락과 각 과정을 통해 승계한 지도자들의 권위와 그 정당성 또한 다양하다. 이러한 모습을 살펴보는 작업은 앞으로 천도교 교령의 역할과 모습을 살펴보는 데 중요한 시사점을 줄 수 있다.

셋째, 지도자 승계 과정과 천도교 조직의 부침이다. 천도교의 교세 약화가 지도력 문제인지 아니면 다른 문제인지를 확인하는 것도 필요한 연구주제라 볼 수 있다. 조직의 분열은 사실 지도력 승계 과정이 제도화하지 못했기 때문에 발생한다. 제도화에 성공했다는 것은 지도자 승계 과정을 포함한 규범과 규칙에 조직구성원이 동의했음을 의미한다. 이 경우 지도력의 부재가 천도교의 부침 원인이 아니라 다른 요인으로 봐야 한다. 하지만 지도력 또는 지도자의 승계에 잡음이 일어났다면 제도화가 실패 또는 아직 미성숙한 상태로 볼 수 있다. 이러한 미성숙한 제도화가 지도력의 부재로 이어지고 천도교 발전에 걸림돌로 볼 수 있다.

참고문헌

김경재, 「종교적 입장에서 본 현도 100년의 천도교」, 『동학학보』 10(1), 2006, 319-348쪽.

김선화, 「가족기업의 승계프로세스와 성공적 승계요인」, 서울과학종합대학원 박사학위 논문, 2011.

김영철, 「해월 최시형 선생과 경주-경주에서 새로운 세상을 꿈꾸다」, 『동학학보』(49), 2018, 315-343쪽.

김준엽·김창순, 『한국공산주의운동사 2』, 청계연구소, 1986.

박세준, 「한국독립운동과 의암 손병희의 역사적 평가-종교와 국가 관계 안에서 지도자 역할을 중심으로」, 『동학학보』(62), 2022, 77-111쪽.

성주현, 「1920년대 천도교의 협동전선론과 신간회 참여와 활동」, 『동학학보』 9(2), 2005, 181-227쪽.

성북촌, 「중앙총부 조직 변천에 관한 일고찰(상)」, 『신인간』 567, 1997.

우수영, 「수운 최제우의 콘텐츠 활용에 대한 시론-대구지역을 중심으로」, 『동학학보』 (56), 2020, 271-308쪽.

윤석산, 「교단사적 입장에서 본 천도교 100년」, 『동학학보』 10(1), 2006, 285-318쪽.

이동초, 『천도교 민족운동의 새로운 이해』, 모시는 사람들.

이재순, 「우리 교단의 조직제도」, 『신인간』 290, 1971.

임형진, 「1920년대 천도교의 민족운동과 박인호」, 『춘암 박인호 선생의 삶과 민족운동 승통 100주년 기념 학술대회 논문집』, 2008, 46-67쪽.

장영근, 「직제의 변천과 천도교 교무규정」, 『신이간』 362, 1978.

정용서, 『일제하·해방후 천도교 세력의 정치운동』, 연세대학교대학원 박사학위논문, 2010.

정을경, 「일제강점기 박인호의 천도교활동과 민족운동」, 『한국독립운동사연구』(33), 2009, 347-379쪽.

_____, 「춘암 박인호 일가의 민족운동」, 『한국독립운동사연구』(75), 2021, 5-45쪽.

조기주, 『동학의 원류』, 보성사, 1979.

_____, 『천도교종령집』, 지식산업사, 1983.

조극훈, 「춘암 박인호의 동학 이해와 근대성-천도교 개편과 민족문화운동을 중심으로」, 『동학학보』(29), 2013, 179-228쪽.

조남재·이윤석·김지희·유기섭, 「후계자 관점에서 가업승계에 영향을 미치는 요인들의 중요도에 대한 AHP분석 연구」, 『중소기업연구』 43(1), 2021, 147-164쪽.

『천도교회월보』, 제6호(1911. 11. 05).

Barach. J. A. and J. Ganitsky, "Successful Succession in Family Business", *Family Business Review* 8(2), 1995.

Chrisman. J. J., J. H. Chua, and P. Sharma, "Important Attributes of Successors in

Family Business: An Exploratory Study", *Family Business Review*, 11(1), 1998.

Handler W. C., "Succession in Family Business: A Review of the Research", *Family Business Review*, 9(2), 1994.

Matthews. C. H., W. T. Moore. and A. S. Fialko, "Succession in the family firm: A cognitive categorization perspective", *Family Business Review*, 12, 1999.

Nottingham. Elizabeth K., *Religion: Sociological View*. N.Y.: Random House, 1971

Sharma. P., J. J. Chrisman. A. L. Pablo. and J. H. Chua, "Determinants of Initial Satisfaction with the Succession Process in Family Firms: A Conceptual Model", *Entrepreneurship Theory and Practice*, 25(3), 2001.

Wach. Joachim, *Sociology of Religion*. Chicago: The Univ. of Chicago press. 1958.

Weber. M., *From Max Webber*, translated and edited by Gerth and Mills. N.Y.: Free Press, 1946.

_____., *The Theory of Social and Economic Organization*, translated by A. M. Henderson and T. Parsons. N.Y.: Oxford Univ. Press. 1947.

춘암 가계의 민족운동

정을경(충남역사문화연구원 책임연구원)

춘암 가계의 민족운동*

1. 머리말

춘암(春菴) 박인호는 충남 예산에서 태어나 충남 내포지역의 동학농민혁명을 이끌었다. 또한 천도교 개편 이후에도 꾸준히 자신의 지지기반을 확대하면서 4대 교주를 역임하는 등 동학과 천도교가 전개한 민족운동의 핵심 인물이다. 그의 민족운동은 그를 믿고 따르는 충남의 지역민 뿐 아니라 가족을 포함한 주변인들의 관계 속에서 성장하고 확장되었다. 특히 박인호와 혈연 관계를 맺고 있던 인물들이 동학과 천도교의 민족운동에 적극적이었다는 점은 박인호와 박인호 가문을 함께 파악해야 한다는 당위성을 부여한다.

박인호 가문은 박인호대(代)부터 4대에 걸쳐 모두 천도교인이었다. 이는 가족간의 유대 관계가 민족운동과 연관성을 갖고 작용했을 것으로 판단되는 대목이다. 박인호의 사촌동생 박광호(朴光浩)는 박인호가 동학농민혁명에서 충남의 지도자로 활약할 수 있는 조력자 역할을 했다. 조카 박래원(朴來源)은 박인호와 함께 3·1운동과 6.10만세운동에 주도적으로 참여했으며, 양자 박래홍(朴來弘)은 천도교의 문화운동과 청년운동 등을 주도하였다. 이처럼 박인호 가문은 동학농민혁명을 비롯하여 1940년대까지 동학과 천도교의 비타협적 민족운동을 주도하였다. 즉, 박인호의 민족운동은 박인호 개인 차원의 민족운동이 아니라, 교단과 가문의 연결고리를 통해 증폭된 결과물이었다. 따라서 박인호의 가문 연구는 단순한 가문 연구가 아닌, 가문을 통한 동학과 천도교의 민족운동을 밝히는 과정이 될 것이다.

그동안 박인호라는 인물은 연구자들의 주목을 받았다. 박인호의 생애와 활동상이 개략적으로 밝혀졌으며,[1] 광화문 복합상소와 보은 장내리 교조신원운동을 통해 덕산의 대접주로 임명되는 과정,[2] 박인호가 주도적으로 참여한 승전곡전투와 신례원전투, 홍주성전투의 활동이 조명되었다.[3] 이외에도 박인호가 주도했다고 알려진 1904년의 갑진개화혁신운동,[4] 진보회(進步會)의 민회운동 등이 파악되었다.[5] 그러나 기존 연구는 동학과 천도교의 민족운동 속에서 박인호의 활동이 피상적으로 파악되었다는 한계를 갖는다.

이후 박인호가 천도교라는 종교를 통해 민족운동을 전개했다는 시각에서, 박인호의 민족운동을 천도교와 함께 고찰하는 연구가 진행되었다.[6] 그

---

* 이 발표문은 「춘암 박인호 일가(一家)의 민족운동」(『한국독립운동사연구』 75, 한국독립운동사연구소, 2021)을 수정, 보완하였다.

1 박래원, 『春菴上師의 生涯와 思想』, 천도교중앙총부, 1970; 이상재, 『춘암 박인호 연구』, 예산문화원, 1997.

2 朴孟洙, 「동학농민전쟁과 공주전투」, 『백제문화』 제23집, 백제문화연구소, 1994; 朴孟洙, 「1893년 동학교단의 보은취회와 최시형의 역할」, 『청계사학』 13, 청계사학회, 1997; 박찬승, 「1892, 1893년 동학교도들의 '신원'운동과 '척왜양'운동」, 『1894년 농민전쟁연구』 3, 역사비평사, 1997.

3 申榮祐, 「충청도의 동학교단과 농민전쟁」, 『백제문화』 제23집, 공주대학교 백제문화연구소, 1994; 양진석, 「1894년 충청도지역의 농민전쟁」, 『1894년 농민전쟁 연구』 4, 역사비평사, 1995; 유준기, 「내포지역 동학농민운동의 전개과정과 그 결과」, 『한국근현대사논총』, 전국문화원연합회, 1997; 성주현, 「홍주성에서의 동학혁명과 의병항쟁운동」, 『홍경만교수정년기념 한국사학논총』, 한국사학논총간행위원회, 2002; 이진영, 「충청도 내포지역의 동학농민전쟁 전개양상과 특성」, 『동학연구』 14·15, 2003; 홍동현, 「충청도 내포지역의 농민전개와 농민군 조직」, 연세대학교 석사학위논문, 2003.

4 白世明, 「甲辰開化革新運動과 東學」, 『한국사상』 4, 1973; 李鉉淙, 「甲辰開化 革新運動의 顚末」, 『한국사상』 12, 1974; 趙恒來, 「甲辰革新運動의 顚末」, 『東學』 제1집, 1990; 황선희, 「1900년대 天道敎의 開化運動」, 『중재장충식박사화갑기념논총』 역학편, 논총간행위원회, 1992; 趙恒來, 「東學의 甲辰開化 革新運動」, 『한국사상』 22, 1995.

5 刑文泰, 「1904·5년대 東學運動에 대한 一究究──進會·進步會를 중심으로」, 『史學論志』 4·5 합집, 한양대학교 사학과, 1977; 이용창, 「東學敎團의 民會設立運動과 進步會」, 『中央史論』 21(특집호), 한국중앙사학회, 2005.

6 정을경, 「일제강점기 박인호의 천도교활동과 민족운동」, 『한국독립운동사연구』 제33집, 한국독립운동사연구소, 2009.

러나 박인호 이외에 박래홍, 박래원, 박광호에 대한 연구는 필요성이 꾸준히 제기되었으나, 유기적인 관계 속에서 파악되지 못했다. 박래원에 대해서는 천도교를 통한 민족운동가로 활동상이 파악되었고,[7] 6.10만세운동의 역할이 강조되었다.[8] 그러나 박광호는 교조신원운동 속에서 활동상이 언급되고 있으며, 박래홍 역시 천도교청년당의 활동과 신간회운동 속에서 파악되는 정도이다.[9]

박인호 가문의 민족운동 연구는 천도교의 민족운동, 더 나아가 중앙총부와 지방 교구의 관계, 동학과 천도교의 연관성, 교인들의 인적 관계 등을 밝힐 수 있는 단초가 된다는 점에서 중요하다. 따라서 박인호 가문의 인물에 대한 접근은 각 개인별 활동상과 함께 관계에 대한 종합적인 고찰이 필요하다. 즉, 유기적인 연결고리를 통해 개인과 가문의 활동이 교단에서 어떠한 역할을 하였는지 파악해야 한다. 이를 위해 족보를 비롯하여 천도교와 관련된 일제강점기 자료를 활용하였다. 또한 천도교에서 발간한『한말천도교자료집』등 법령집과 교단에서 발행한 문서, 일지, 직원록 등을 비롯해《천도교회월보》와《신인간》,《개벽》,《만세보》등 기관지도 활용하였다. 또한 개인이 남겨 놓은 회고록과 일기, 연설문, 기고문을 통해 보완하였다.

---

7 조규태, 「보국안민을 실천한 천도교 민족운동가 박래원」, 『춘담 유준기 박사 정년퇴임기념논총-한국근현대사인물강의』, 국학자료원, 2007.
8 표영삼, 「천도교와 6·10만세운동」, 『한국민족운동사연구』제14집, 한국민족운동사연구회, 1996.
9 신일철, 「천도교의 민족운동」, 『한국사상』21, 1989; 통일촉진범국민의회편저, 『꺼지지 않는 동방의 빛』, 백양, 1989; 김정인, 「1910~25년간 천도교 세력의 동향과 민족운동」, 『한국사론』32, 1994; 동학혁명 100주년 기념사업회, 『동학혁명 100주년 기념논총』下, 1994; 황선희, 『한국근대사상과 민족운동Ⅰ』동학·천도교편, 혜안, 1996.

2. 동학을 통한 항일운동

1) 가계와 동학 입도

박인호 가문의 관향(貫鄕)은 밀양박씨(密陽朴氏)이다. 박인호는 신라 박혁거
세(朴赫居世)를 시조로 54대 경명왕(景明王)의 장자인 밀양대군(密城大君) 언침
(彦忱)의 37대손이며, 시조로부터는 66대손이다. 박인호 집안의 가계표는
아래와 같다.

<가계표(家系表)[10]>

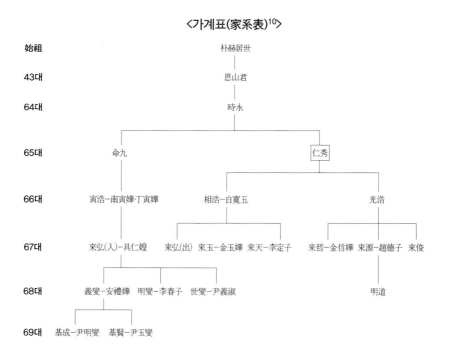

가계표를 살펴보면, 박인호와 박광호는 사촌지간이다. 박광호는 박인호
의 작은 아버지 박인수(朴仁秀)의 둘째 아들이다. 66대 박인호를 비롯해 박

___
10 『密陽朴氏 恩山君派 世譜』, 농경출판사, 1982 참조.

인호의 부인 남인화(南寅嬅), 박상호[朴相浩(采菴), 1870.4.1, 충남 덕산군 출생]와 그의 부인 백관오(白寬五), 박광호(朴光浩, 1875.6.12, 충남 예산군 삽교읍 하포리 출생)는 모두 동학교인이었다. 특히 박상호는 1894년 동학농민혁명때 접주였음에도 불구하고 활동상이 전혀 알려지지 않았다.

박상호와 백관오는 슬하에 박래홍(朴來弘), 박래옥(朴來玉), 박래천(朴來天) 세 아들을 두었는데, 모두 천도교인이었다. 첫째 아들 박래홍은 박인호의 양아들이었다. 박인호가 장손이었으나, 자식을 낳지 못해 양자로 입양하였다.[11] 박래홍의 부인 구인황(具仁媓)도 천도교인이었다. 둘째 아들 박래옥은 천도교소년회원에게 동요를 가르치는 등 문화운동을 전개했고, 셋째 아들 박래천은 교단의 선교사를 역임했으며, 그의 부인 이정자(李定子)도 천도교인이었다.

박광호 집안은 3대에 걸쳐 모두 교인이었다. 박광호의 고조(高祖)는 향리 출신이었으나, 박광호는 빈농(貧農)으로 평범한 생활을 했다. 박광호는 슬하에 세 아들을 두었는데, 첫째 아들 박래철은 1920년대 동경청년동맹에서 경리부위원과 고문, 동경종리원 법도집을 역임했고, 1946년에는 서울교구장을 맡았다. 둘째 아들 박래원의 부인 조덕자(趙德子)도 천도교인이었으며, 3·1운동으로 수감된 박인호와 손병희의 옥바라지를 하는 등 독립운동의 조력자 역할을 하였다.[12]

특히 박인호 집안은 4대에 걸쳐 모두 교인이었다. 박래홍은 슬하에 아들 셋을 두었는데, 첫째 아들 박의섭(朴義燮/統菴)은 보성중학교 재학 당시 동맹휴학하여 무기정학을 받았고, 1940년대까지 천도교의 청년동맹 활동을 하였다. 1977년 덕산포 선도사를 시작으로 2005년 종법사까지 교단에서 많

---

11 박래원, 「風雲中의 나의 一生」, 국사편찬위원회 소장.
12 박래원, 「風雲中의 나의 一生」, 국사편찬위원회 소장.

은 직책을 맡았다. 둘째 아들 박명섭(朴明燮)과 부인 이춘자(李春子)는 서울교구 소속 교인이었다. 셋째 아들 박세섭(朴世燮)은 서울교구 소속으로 덕산포 선도사를 역임했고, 부인 윤의숙(尹義淑)은 서울교구 소속이었다. 첫째 아들 박의섭의 두 아들 박기성(朴基成)과 박기현(朴基賢)도 덕산포의 도훈 및 선도사, 서울교구 선도사 등을 역임하였다. 또한 박인호의 두 며느리도 모두 교인이었다.

박래원의 아들 박명도(朴明道)도 서울교구 소속이었다.[13] 박래원과 박명도는 서울 출신이었음에도 불구하고 덕산포에서도 활동했다. 이는 덕산 출신이었던 박인호의 영향이 4대에 걸쳐 지속되었다는 점을 시사한다. 특히 박래원과 박래홍은 사촌지간이었음에도 불구하고, 형제 이상으로 매우 가까웠다. 박래원은 회고록을 통해 박래홍과는 사상적으로 합치가 되었고, 공사(公私)를 포함해 어떠한 일도 의논하지 않는 일이 없었을 정도였다고 서술하였다.[14] 박래홍 역시 박래원의 절대적인 후견인으로서 모든 활동을 전폭 지지하고 후원하였다.[15] 박래원과 박래홍의 이같은 관계는 1920년대 교단의 민족운동에 앞장서는 동력으로 작용했다.

박인호의 영향으로 양아들 박래홍은 신문화교육을 일찍 받았다. 또한 박인호는 박래철과 박래원, 박래홍의 친동생 박래옥과 박래천까지 서울로 데려와 신문화교육을 시켰을 정도로 교육에 대한 열정이 높았다.[16] 박래홍은 13살인 이른 나이에 천도교에 입교하였는데, 아마도 아버지의 영향 때문일 것으로 추측된다.[17] 박래홍은 부친이 동학농민혁명 이후 피신생활을 했기

---

13 이동초, 『동학천도교 인명사전』, 모시는 사람들, 2015 참조.
14 박래원, 「6·10만세 관련 회고록」, 국사편찬위원회 소장.
15 표영삼, 「천도교와 6·10만세운동」, 『한국민족운동사연구』 제14집, 한국민족운동사연구회, 1996, 16쪽.
16 박래원, 「風雲中의 나의 一生」, 국사편찬위원회 소장.
17 『천도교회월보』21, 75쪽.

때문에, 어린 시절 대부분을 숨어 지냈다. 이 때문에 17세가 되어서야 경
성관립정동학교에 입학하였고, 23세(1917년)가 되어서야 보성중학교를 마치
고 보성전문학교에 입학하였다.[18] 이외에 박인호 집안의 다른 인물이 언제
동학에 입도하였는지, 그 계기가 무엇인지는 정확하게 파악되지 않는다. 다
만, 박인호의 동학 활동이 자연스럽게 가족이라는 유대를 통해 전파되었을
것으로 보인다.

2) 교조신원운동과 동학농민혁명 참여

박인호가 동학에서 지도자로 부상한 시기는 1893년 광화문 복합상소 때
였다. 복합상소운동은 교인들이 동학의 대신사였던 최제우의 신원과 신앙
의 자유를 얻기 위해 전개한 운동이다. 이 운동의 총지휘자는 손병희·김연
국·손천민 등이었고, 교인 대표로 박석규·임규호 등이 나섰다.[19] 이때 박인
호는 손병희·강시원·김연국·손천민 등과 함께 교인들을 거느리고 과거를
보기 위해 상경하는 선비차림으로 서울로 갔다. 이들은 2월 10일 치성식(致
誠式)을 올린 뒤 이튿날 광화문 앞에서 40여명이 봉소(奉疏)하였다.[20] 소수(疏
首)는 박인호의 사촌동생 박광호가 맡았고, 박인호는 봉소(奉疏)를 맡았다.[21]
당시 지도자들은 문책을 피하기 위해 2급 지도자를 소수로 내세웠고, 박인
호도 사촌동생 박광호를 소수로 내세웠다.[22]

---

18 『동아일보』1927년 1월 20일자의 발기인 참조; 한홍구, 「신간회구성원 연구」, 서울대학교 학사
   학위논문, 1984 참조.
19 『신인간』89·90, 45~46쪽; 천도교중앙총부, 『춘암상사의 생애와 사상』, 포덕 111년, 6쪽; 홍
   장화, 『천도교운동사』, 천도교중앙총부, 1990, 88쪽.
20 『매일신보』, 1938년 5월 1일자; 통일촉진 범국민협의회 편저, 『꺼지지 않는 동방의 빛』, 백양,
   1989, 34쪽.
21 천도교중앙총부, 『춘암상사의 생애와 사상』, 포덕 111년, 6쪽; 통일촉진 범국민협의회 편저,
   『꺼지지 않는 동방의 빛』, 백양, 1989, 41쪽.
22 『本敎歷史』;『甲午東學亂』;『東學道宗繹史』; 이이화, 『발굴 동학농민전쟁 인물열전』, 1994,
   228~229쪽.

이들이 작성한 소문(疏文)은 동학의 목적을 설명하면서 최제우의 죽음이 억울하다는 내용을 담았다. 소문을 올린 후 교인들은 대궐 앞에 엎드려 사흘 동안 통곡했다. 임금은 이들에게 칙령을 내려 원하는 바를 시행해 주겠다고 했고, 박인호와 교인인들은 목적을 달성했다고 판단하여 고향으로 되돌아왔다. 그러나 조정에서는 이들의 바람과는 다르게 동학소두(東學疏頭)를 수사하여 체포하고 나머지 교인은 효유하라고 지시했다. 이러한 사실에 격분한 박인호와 교인들은 3월 초 보은 장내리에 도소(都所)를 마련하였고, 3월 10일부터 대대적인 시위운동을 전개하였다.[23]

시위 전개 이튿날인 3월 11일 최시형은 각 포의 이름을 명명하고 대접주를 임명하였다. 이는 대대적 시위운동에 앞서 질서와 체계를 잡기 위한 방책임과 동시에 교인들의 사기진작을 도모하기 위함이었다. 이때 박인호는 덕의대접주에 임명되었다.[24] 이는 박인호가 동학에서 중요한 위치로 부상하는 계기가 되었다. 또한 박인호의 포교와 활동에 기반이 되는 내포지역이 동학 교세가 강성했음을 의미하기도 한다.

박인호는 보은 장내리 시위운동에도 많은 교인을 인솔하여 참여하였고,[25] 이후에는 덕산을 중심으로 충청도 해안지대의 책임자가 되었다.[26] 내포지역은 덕포의 박인호와 예포의 박덕칠을 중심으로 안교선, 이창구, 김기태, 조석헌, 문장로, 문장준 등이 세력권을 형성하였다.[27] 박인호는 덕의대접주라는 직위를 통해 충남 서해안 일대의 신창·덕산·당진·태안·예산·서산·면천·안면도·해미·남포에 산발적으로 존재하던 농민군을 통합하였다.[28] 손

23 『신인간』89·90, 45~49쪽.
24 『천도교회사초고』계사년조.
25 『신인간』89·90, 47~49쪽.
26 『신인간』1973년 2월, 29쪽. 참조.
27 박성묵, 『예산동학혁명사』, 화담, 2007, 83~84쪽.
28 박래원, 「춘암상사의 행적(상)」, 『신인간』293, 1972, 28쪽.

병희가 이끌던 충청도 충의포(忠義包)는 손병희가 북접의 통령직을 맡으면서
박인호가 맡았다.[29]

　박인호와 북접 동학군은 최시형의 총동원령을 통해 9월 18일에 봉기했
다.[30] 정부와 일본군은 10월 10일부터 본격적으로 동학토벌작전을 실시하
였고, 가장 먼저 예포의 거점인 목소(木巢)리의 동학도소를 습격했다.[31] 이
습격으로 박인호와 박희인은 큰 타격을 입고 후퇴하였으나, 이후 10월 15
일 4명의 두령급 접주를 대동하고 태안으로 가서 20일경 태안군 동면 역촌
리에 동도대진소를 설치하였다.[32]

　또한 아산과 태안, 서산지역의 동학군들은 대공세를 펴기 위해 여미에서
모두 집결하였다.[33] 이때 집결한 동학군의 수가 50만 명이었다.[34] 이들의 첫
전투는 면천 승전곡이었다. 박인호는 출전에 앞서 "내 죽음이 곧 부모, 형
제, 처자의 평안을 도모함이요 나아가 국가의 안녕을 기함이라"는 말로 동
학군들의 사기를 진작시켰다.[35] 박인호의『갑오동학기병실담』에는 동학군이
승전곡전투에서 관군을 1시간만에 대파했다고 기록하고 있다.[36]

29 이이화,「동학농민전쟁의 역사적 의의」,『백제문화』제23집, 공주대학교 백제연구소, 1994,
　　29~31쪽.
30 『신인간』90·91, 61~66쪽.
31 소 11일 미명에 홍주군수 李勝宇는 日兵 3백명과 兵丁 數百名이며 유회군 數千名을 솔하고 木
　　巢 대도소 대진을 공격이어늘 피차 상전하기를 至 二三시간토록 접전하다가 교도가 先爲 대패
　　하야 산지사방하오매 피배 乘勝長驅하야 대도소 사무실까지 돌입 洞里하와 堂號마다 沒收 衝
　　火하였으나 막지교도후세 고로 즉위퇴거라. 교도난 水數萬名이로되 군률이 미성하고 용병
　　이 미달지고오나 대전 二三시간에 교아가은 一人도 상해사망이 무하였으나 피배는 상륙이 二
　　名이오 중상이 三名이라 하더라;「曹錫憲歷史」10월 條, 동학혁명 100주년 기념사업회편,『동학
　　혁명 백주년기념논총 下』, 서경문화사, 1997, 624쪽.
32 박인호,「한말 회고 비담의 기2-갑오동학기병실담」, 46쪽.
33 성주현,「박인호계의 동학혁명과 그 이후 동향」,『동학학회 자료집』31집, 동학학회, 2009, 17쪽.
34 일반 교도의 소원이 當此之時하여난 충남 東徒를 일처에다가 會集 更立하야 후회가무케하자
　　하오나 千思萬念하여도 좌우가 難便이로대 부득이 欲罷不能이라. 소 15일에 포군 30여명과
　　두령 三四員을 솔하고 즉일 海瑞泰 동도진하야 전후 사실을 설유하고 대회 일진을 統히 합세
　　하니 五十萬衆이 성하였더라;「曹錫憲歷史」10월 條.
35 『신인간』90·91, 61~66쪽.
36 김은정·문경민·김원용,『동학농민혁명 100년』, 나남출판, 1999, 421~422쪽.

이 전투로 사기진작된 동학군은 일본군을 쫓아 면천읍으로 들어갔다가 합덕까지 추격하였고, 25일에는 예산군 고덕면의 구만포까지 진출했다.[37] 다음날에는 예산 신례원에 진을 치고 관군과 전투를 벌였다. 결과는 동학군이 1백여 명의 관군을 몰살시키면서 승리했다.[38]

이 여세를 몰아 박인호와 박희인이 이끄는 3만명의 동학군은 10월 27일 덕산현을 점령하여 군기를 빼앗아 무장하였다.[39] 이후 동학군은 처음에는 경성으로 진격할 생각이었으나, 후환을 없애기 위해 홍주의 관군세력을 전멸시킨 후 경성으로 가기로 결정했다. 그리하여 벌어진 홍주성 전투에서 동학군은 패배하였고, 2백여 명의 동학군이 죽임을 당했고, 수만 명의 부상자가 발생했다.[40]

이 전투로 희생된 동학군은 3만 명으로 북접에게 치명적이었다. 홍주에서 퇴각한 동학군은 11월 4일 해미로 향했고, 관군의 공격을 받아 40여명이 사살되고 1백여 명이 체포됐다. 이 전투를 끝으로 충남 서부지역의 동학농민전쟁은 막을 내렸다.[41] 비록 실패로 끝났지만, 북접은 관군에 맞서 활약을 펼쳤다. 이러한 활약은 북접의 탄탄한 조직기반과 더불어 박인호, 박희인과 같은 지도자가 있었기 때문에 가능했다. 특히 내포지역 동학군의 활동은 일본군과 관군의 병력을 내포로 집중시켜, 공주전투에서 관의 병력을 분산시키는 역할을 하였다는 점에서 의미가 크다.

동학농민혁명 이후 박인호의 행적은 경기도와 충남 일대로 파악된다. 자

37 동학혁명 100주년 기념사업회, 『동학혁명 백주년 기념논총』上, 1994, 629쪽.
38 그러나 다른 의견도 있다. "신례원 들판은 주검으로 언덕을 이루고 피로 들판을 적셨다. 두 번째로 크게 벌인 전투였다. 그러나 양쪽에서 사상자는 무수히 났지만 어느 쪽이 승리를 거둔 것은 아니었다."; 이이화, 『발굴 동학농민전쟁 인물열전』, 1994, 229~232쪽.
39 김은정·문경민·김원용, 『동학농민혁명 100년』, 나남출판, 1999, 423쪽.
40 「朝日新聞(조일신보)번역문」-洪州攻圍詳報〈東學黨〉; 통일촉진범국민협의회 편저, 『꺼지지 않는 동방의 빛』, 백양, 1989, 44~48쪽. 참고.
41 김은정·문경민·김원용, 『동학농민혁명 100년』, 나남출판, 1999, 423~425쪽.

세한 경로는 파악되지 않지만, 동학농민혁명 직후 박인호는 박광호와 박성희·이춘명·강사여·박준서 등과 함께 경기도 용인군 양지면 정수리에 들어가 숨어 지냈다.[42] 다른 자료에서는 혁명 직후 박인호가 관군의 추격을 피해 김월화의 집으로 숨어 들어갔다고 기록되어 있다. 김월화의 남편 박씨는 박인호에게 동학을 처음으로 알려준 사람이다. 김월화와 박씨는 박인호를 집 뒤편 금오산 가시덤불에 토굴을 파고 숨겼다. 또한 이들은 박인호 가족들을 청양에 정착할 수 있게 보살폈다. 그러던 여름 어느날 박인호는 새우젓 장사로 위장한 홍종식(洪鍾植)을 우연히 만났고, 이를 계기로 동학 재건을 시작하였다.[43]

3) 동학 재건활동

1895년 초부터 박인호는 흩어진 교인들을 은밀하게 수습하여 동학을 재건하기 시작했다. 이 시기 동학에 대한 관군의 탄압이 가혹했으며, 1898년 4월 최시형이 관군에게 체포당하는 일이 일어났다. 박인호는 논 십두락을 팔아 최시형의 옥바라지 비용 일체를 충당할 정도로 동학 재건에 적극적이었다.[44] 이러한 노력에 손병희는 1899년 3월 10일 박인호에게 춘암(春菴)이라는 도호를 내렸다.[45] 이 도호는 손병희가 처음으로 내린 도호로, '춘(春)'은 도를 창명하는 시기가 춘삼월이며 박인호가 앞으로 성공할 것이라는 의미를 내포했으며, 동시에 박인호를 독려하기 위함이었다. 이후 손병희는 박인호와 함께 동학 재건을 위한 지역으로 충남지역을 선택하였다. 박인호는 손병

42 조규태, 「박래원 일기에 대한 자료 소개」, 『동학학보』 제16호, 2008, 204쪽.
43 『신인간』 1973년 3월, 68~73쪽; 이이화, 『발굴 동학농민전쟁 인물열전』, 1994, 229~232쪽.
44 『신인간』 90·91, 66~67쪽; 홍장화, 『천도교운동사』, 천도교중앙총부, 1990, 89~90쪽.
45 동학혁명 100주년 기념사업회편, 『동학혁명 백주년기념논총 下』, 서경문화사, 1997, 66쪽. 천도교년표 참조;『신인간』 90, 19~20쪽; 이현희, 『3·1혁명 그 진실을 밝힌다』, 369쪽.

희와 머물기 위해 8월에 당진 저동으로 이사했다가,[46] 얼마 후에는 공주와 청양 사이에 있는 정산말티(定山斗峙)로,[47] 1900년 7월 10일에는 경상도로 거처를 옮겼다.[48]

이후 박인호가 동학의 지도자들과 함께 동학 재건활동을 펼쳤던 중심지는 '정수(定水)'라는 곳이었다. 이곳은 광주 남한산성의 대우산(大羽山) 밑에 자리 잡은 산촌마을로, 양지와 이천, 광주와 용인 네 골짜기의 접경지대로 사방에서 10리씩 올라서야 당도할 수 있는 곳이었다. 또한 사방이 뚫려 있어 지형적으로 도피하기에 좋은 지리적인 조건을 갖고 있었다. 박인호는 이곳을 중심으로 재건활동을 펼쳤고, 천도교 개편 이후에도 이곳에 자주 머물렀다. 박래원도 이곳에서 오랜 기간 거주하였던 것으로 확인된다.[49]

1900년 7월 20일 손병희는 동학 대도주가 되었고, 단일지도체제 확립을 위해 박인호를 경도주(敬道主)로 임명하였다.[50] 이후 박인호는 각지 교인들의 상황을 살피는 등 교단의 조직 점검을 맡았다.[51] 1901년 2월 초 박인호는 관서지방을 순회하면서 포교활동을 하였고, 교인수가 급증했다.[52] 결국 1901년 정부의 동학에 대한 탄압이 재개되었지만, 박인호는 끝까지 체포되지 않았다.[53] 그리고 1905년 12월 1일 동학 지도부는 천도교 대도주 손병희의 명의로 천도교의 창건을 만천하에 알렸다. 이러한 결단은 천도교가 친일노선을 추구하는 일진회나 진보회와는 다르다는 점을 공표한 것이었

---

46 『신인간』1973년 3월, 68~73쪽. 참조.
47 『신인간』90·91, 67쪽. 참조.
48 홍장화, 『천도교운동사』, 천도교중앙총부, 1990, 91쪽; 이현희, 『3·1혁명 그 진실을 밝힌다』, 369쪽.
49 박래원, 『風雲中의 나의 一生』, 국사편찬위원회 소장.
50 이현희, 『3·1혁명 그 진실을 밝힌다』, 369쪽. 참조; 홍장화, 『천도교운동사』, 천도교중앙총부, 1990, 91쪽. 참조.
51 동학혁명 100주년 기념사업회, 『동학혁명 백주년 기념논총』上, 1994, 46쪽.
52 『신인간』90·91, 68~70쪽.
53 『각사등록』(근대편), 보고서 제14호, 제22호.

다. 또한 동시에 천도교를 종교로서 정당화한 것이다.[54] 즉, 손병희는 문명
개화로 방향을 전환한 동학을 합법화하였고, 더 나아가 천도교를 국교화하
여 문명국 건설의 발판으로 삼고자 했다.

3. 천도교를 통한 민족운동

1) 천도교단 정비와 청년육성

진보회와 통합한 일진회가 친일의 노선을 걷게 되자, 동학 지도부는
1905년 12월 1일 동학을 천도교로 개편하였다.[55] 개편은 천도교가 기존
의 동학과 새로운 체제로 전환하겠다는 의지를 담고 있었다. 그 시기 일본
에 체류하고 있던 박인호는 손병희와 함께 12월 5일 천도교대헌을 제정
하였고, 국내로 들어와 천도교의 조직을 정비하였다.[56] 그밖에도 박인호는
1906년부터 교단의 여러 직책을 맡으면서 교단 정비작업에 착수하였다. 2
월 10일에 교장·고문실의 고문·고문과원(顧問課員), 2월 27일에는 교서편
찬원, 6월 14일에는 중앙총부 금융관장, 7월 24일에는 중앙총부 고문, 7
월 26일에는 경도사의 직책을 맡았다.[57] 또한 자신의 지지 기반인 충남지역
의 포교활동도 꾸준히 했으며,[58] 교인들에게 일진회와 천도교가 노선이 다

---

54 김정인, 『천도교 근대 민족운동 연구』, 한울, 2009, 71쪽.
55 '夫吾敎는 天道之大原일새 日天道라 吾敎之刱明이 乃今四十六年에 信奉之人이 如是其廣하며
   如是其多하되 敎堂之不遑建築은 其爲遺憾이 不容提說이오 現今人文이 천개하야 各敎之自由信
   仰이 爲萬國之公例오 其敎堂之自由建築도 亦係成例니 吾敎會堂之翼然大立이 亦應天順人之大
   表準也라 惟我同胞諸君은 亮悉함 敎會堂建築開工은 明年二月노 爲始事 天道敎大道主 孫秉熙
   고백'; 현도에 대한 당시의 광고문은 『제국신문』 제8권 제274호, 1905년 12월 1일자 첫머리에
   게재된 것을 비롯하여 15회에 걸쳐 반복적으로 실려 있다.
56 홍장화, 위의 책, 91쪽.
57 천도교중앙총부, 「천도교회 공문존안」 제3호; 천도교중앙총부, 「직원록」.
58 김정인, 「일제강점기 천도교단의 민족운동 연구」, 서울대학교 석사학위논문, 50쪽.

르다는 점을 설명하였다.[59]

박인호는 이듬해 7월 16일 교단의 차주(次主)가 되었다. 얼마 후인 12월 10일에는 차도주가 되었고,[60] 이듬해 대도주였던 김연국이 시천교로 떠나면서 1월 18일 대도주(大道主)가 되었다.[61] 대도주는 교단의 책임자 위치였는데, 시천교가 분리되는 등 교단의 혼란함을 정비할 인물로 박인호가 선택된 것이다. 박인호는 대도주로 취임한 이후 본격적으로 교단을 개편하였다.

교단 개편은 조직개편과 규칙개편이라는 두 과정으로 진행되었다. 조직개편은 교당의 이전과 개편, 인사변동 등에 대한 개편이었고, 규칙개편은 교단의 주문 등을 포괄한 각종 규칙과 제도, 교단의 체제, 대헌, 인사규정 등과 관련된 개편이었다. 이후 박인호는 10년 동안 천도교의 중심기구인 중앙총부를 안정화하였고, 대교구 설립과 의사원제도 등을 통해 지방 교구를 체계적으로 관리하는 중앙집권적 체제를 구축하였다. 이러한 노력으로 천도교는 안정화되었고, 개편 이후 처음으로 교단 차원으로 참여한 3·1운동에서 다른 종교에 비해 비중있는 역할을 해냈다.

3·1운동 이후, 천도교는 포교활동과 함께 교육·문화운동을 적극적으로 전개하였다. 당시 교단을 맡았던 박인호는 교육사업을 확대·발전시켰다.[62]

59 조규태, 「일제의 한국강점과 동학계열의 변화」, 『한국사연구』114, 한국사연구회, 2001, 201쪽.
60 천도교중앙총부, 『천도교회 공문존안』 제3호; 이때 손병희가 김연국에게 준 宣授文을 보면 '聖師以 金演國 爲大道主 以朴寅浩 爲次道主 神聖傳授之法不可復行故以敎門宿德行公薦式'이라고 되어 있다. 즉 김연국에게 대도주의 位를 준 것은 單傳密符로 정신적인 종통을 전수한 것이 아니라 교문의 宿德으로 더불어 대도주공천식을 행했다는 것이다.
61 당시 천도교의 직제는 가장 위에 聖師, 그 아래 교무를 관장하는 大道主 및 長老, 道師로 구성되었다. 사무는 大宗司 밑에 玄機, 金融, 典制, 共宣의 각 觀長을 두었다. 당시 손병희를 지칭하던 용어는 '聖師, 선생, 교주' 등이었는데, 이는 직제상의 명칭이 아니라 교인들이 존경을 담은 호칭이었다. 그리고 선생이라고 하는 것은 隱居라는 것에 해당하며 손병희는 3대째 선생이었다;『한민족독립운동사자료집』12, 3·1독립선언 관계자 심문조서 權東鎭 심문조서;『한민족독립운동사자료집』12, 3·1독립선언 관계자 심문조서 崔麟 심문조서 제1회.
62 이와 관련한 논문은 정을경, 「일제강점기 박인호의 천도교활동과 민족운동」, 『한국독립운동사연구』33, 한국독립운동사연구소, 2009 참조.

천도교는 종교라는 특성으로 인해 일제의 감시를 피할 수 있었으나, 박인호의 교육에 대한 남다른 열정도 한몫했다. 먼저, 1908년 6월부터 지방에 교리강습소와 야학 강습소를 설립하였다. 명칭대로 천도교의 교리를 널리 가르치겠다는 목적이었고, 수많은 교역자(教役者)를 양성하였다.[63] 교리강습소는 천도교리 뿐 아니라 보통학교 수준의 교육을 실시했다. 강습소는 본과 3년, 특별과 2년, 속성과 3개월로 구성되었다. 교리를 비롯해 일본어·한문·조선어·역사·이과(理科)·산술·도화(圖畵)·농업·창가·체조 등을 가르쳤다.[64] 이듬해인 1909년 1월에는 지방의 교육운동을 체계적으로 진행하기 위해 사범강습소를 개설하여 지방 교구의 청년 213명을 선별하여 교육하였다. 또한 부인들로 구성된 전교사와 순회교사를 지방마다 선정하여 여성포덕과 여성교화에도 힘썼다.[65] 이처럼 교단은 청년과 부인들을 중심으로 '교육'에 집중하였다.

천도교는 교육사업을 교단 밖으로 확대하기 위해, 경제적인 어려움을 겪고 있던 7개의 학교를 인수하여 경영하는 등 교육운동에 적극적이었다. 먼저 1909년 11월 재정문제를 겪는 동덕여학교에게 특별기부금 100원과 함께 매월 운영자금 절반 이상(10원)을 부담하였고, 1910년 12월부터는 매월 70원으로 증액·보조하였다.[66] 이후 1914년 12월 27일에는 설립자를 박인호로 변경하여 경영하였다.[67] 박인호는 교단지《천도교회월보》를 통해 신학기 학생 모집 공고와 함께, 현재의 물가가 높기 때문에 당연히 지식의 대가도 높다는 점을 설득하면서 미래를 위해서 지식을 쌓는 행위를 주저하지 말

63 박래원, 위의 논문, 58~61쪽.
64 김정인, 「일제강점기 천도교단의 민족운동 연구」, 서울대학교 석사학위논문, 39~40쪽.
65 박래원, 「춘암상사의 행적(下)」, 38쪽; 박래원, 「춘암상사(3)」, 61~63쪽.
66 오익제, 『천도교요의』, 천도교중앙총부, 1986, 228쪽; 홍장화, 위의 책, 181쪽.
67 독립운동사편찬위원회, 『독립운동사』 9, 655쪽;「동덕70년사」, 동덕70년사편찬위원회, 1980, 66~67쪽.

라는 내용의 논설을 게재하는 등 교육의 중요성을 강조하였다.[68] 평소 여성 교육에 관심이 있던 박인호에게 동덕여학교의 인수와 경영은 여성교육에 이 바지할 수 있는 계기이자 매체가 되었다.

1911년 1월 천도교는 보성학교와 함께 보성사활판소(普成社活版所)와 창 신관활판소(昌新館活版所)를 인계하였다. 당시 대사동(大寺洞)에 설립한 사범 강습소가 보성학교와 교과과정이 비슷하였기 때문에, 보성학교 인계와 동 시에 사범강습소를 병합하였다. 또한 비슷한 시기에 용산의 양덕(養德)여자 학교와 마포의 삼호(三湖)보성소학교와 청파(靑坡)의 문창(汶昌)학교도 인계하 였다.[69] 동덕여학교와 보성학교의 인계는 당시 교주였던 박인호보다 손병희 의 지시에 의한 것이었으나,[70] 양덕여자학교와 삼호보성소학교, 문창학교 의 인수와 경영은 박인호의 독자적인 역할로 파악된다. 박인호는 교단의 학 교 인수 과정에 대한 경험을 바탕으로 독자적인 교육운동도 펼쳤다. 박인호 는 학교를 사회의 공기라고 생각하였다. 따라서 학교는 개인이 관리하는 것 보다는 공공의 재단을 세워 운영하는 것이 합리적이라는 신념을 갖고 있었 다.[71]

2) 3·1운동과 6.10만세운동 참여

전국 방방곡곡에서 전개된 3·1운동에 천도교도 적극적으로 참여하였다. 특히 이 시기 천도교 교주였던 박인호는 3·1운동을 위한 운동 자금 6만 5 천원을 3번에 걸쳐 제공하였다. 그는 2월 10일경 당시 금융관장인 노헌용

68 『天道教會月報』 제92호(1918년 3월 15일 발행). 55~56쪽.
69 『天道教會月報』 제6호(1911년 1월 15일 발행). 59~60쪽.
70 또한 손병희는 동덕여자학교, 보성학교 뿐 아니라 協成학교, 江華普昌학교, 淸州普成학교, 明川進成학교 등의 경영에 관계하고 있었다; 義菴孫秉熙先生記念事業會, 위의 책, 대한교과서주식회사, 1967, 279~299쪽.
71 『동아일보』1927년 7월 30일자.

(盧憲容)을 통해 김상규(金相奎)에게 3만원을 전달하였고, 2월 21일에는 기독교 측에게 운동자금으로 5천원을 제공하였다. 5천원의 전달 과정은 손병희의 지시→권동진이 박인호에게 지시 전달→박인호가 5천원을 노헌용에게 전달→노헌용이 최린에게 전달하였다.[72] 기독교측은 지방 사람들이 돈을 보내는데 시간이 걸리는 상황이라는 점을 감안하여 천도교가 먼저 융통해 준 것이었다.[73] 이후 박인호는 4월 15일경 손병희를 통해 김상규에게 3만원을 다시 전달하였다.[74] 먼저 제공한 3만원은 성미(誠米)로 모은 천도교의 자금이었고, 이후에 제공한 3만원은 교당건축비로 모은 돈이었다.[75]

박인호는 3·1운동의 전국적인 확산을 위해 2월 25일 평안도·황해도의 도사 7~8명, 교구장 10여명, 전도사 10여명 등 총 30여명을 서울로 불러 3·1운동 참여를 독려했다.[76] 이러한 준비작업이 끝나자, 천도교는 박인호를 포함해 15인의 대표를 선정하였다. 그러나 당시 교주였던 박인호가 3·1운동으로 체포된다면 천도교의 운영이 어려워질 것을 염려하여, 3·1운동 바로 직전 박인호를 대표 명단에서 제외하였다.[77] 대신 손병희는 2월 28일 훈유서를 통해 교단의 모든 일을 박인호에게 맡겼다.[78]

---

72 『동아일보』 1920년 7월 12일자, 「오천원 지출문제─천도교대도주 박인호의 심문」; 『동아일보』 1920년 7월 16일 2면, 「宣言動機의 眞實한 告白 朝鮮民族代表四十七人의 公判」; 『동아일보』 1920년 9월 22일 4면, 「獨立宣言事件의 控訴公判 運動費의 出處와 理由─突發한 六萬圓問題」; 『한민족독립운동사자료집』 12, 3·1독립선언 관계자 심문조서 朴寅浩 심문조서.
73 『한민족독립운동사자료집』 11, 3·1독립선언 관계자 심문조서 孫秉熙 심문조서 제2회.
74 『한민족독립운동사자료집』 9, 3·1독립선언 관계자 심문조서 金相奎 심문조서; 『동아일보』 1920년 9월 22일 4면, 「獨立宣言事件의 控訴公判 運動費의 出處와 理由─突發한 六萬圓問題」.
75 『한민족독립운동사자료집』 11, 3·1독립선언 관계자 심문조서 盧憲容 심문조서 제2회.
76 조규태, 「3·1운동과 천도교─계획과 전개에 나타난 천도교의 역할을 중심으로─」, 『유관순연구』 1, 유관순 연구소, 2002.
77 독립운동사편찬위원회, 위의 책, 663쪽; 『동아일보』 1920년 1월 12일자, 「오천원 지출문제─천도교대도주 박인호의 심문」; 『한민족독립운동사자료집』 11, 3·1독립선언 관계자 심문조서 權東鎭 심문조서.
78 『한민족독립운동사자료집』 11, 3·1독립선언 관계자 심문조서 孫秉熙 심문조서 제2회; 『한민족독립운동사자료집』 12, 3·1독립선언 관계자 심문조서 朴寅浩 심문조서.

박인호는 대표에서는 제외되었지만, 3·1운동의 준비 작업을 진행했다. 2월 28일 이종린(천도교월보 편집원)과 윤익선(보성 법률상업 전문학교장)은《조선독립신문》의 원고를 작성했다. 원고에는 독립선언의 전말을 기술하였으며, 독립선언서의 취지를 설명하면서 3·1운동이 절대적인 비폭력 운동이라는 점을 강조했다.[79] 이 원고는 이종린이 천도교가 경영하는 인쇄소(보성사)에서 공장감독 김홍규에게 지시하여 약 1만매를 인쇄하였다. 그리고 3월 1일 오후 2시경 서울 파고다공원에 모여 있던 민중들에게 배포하였다.[80]

결국 3·1운동으로 천도교의 지도자들은 대부분 체포되었고, 교단의 재산도 압수되었다. 교단을 책임져야 하는 박인호는 결국 '강계교구 모금운동'을 지시했다. 박인호는 3월 5일 아침 강계(江界)·자성(慈城)·후창(厚昌)·임강현(臨江縣)의 교무를 총괄하는 대교구장 이정화(李晶和)와 강계교구의 교훈 김명준(金明俊)을 불러 조선독립을 위해 프랑스 파리 강화회의와 상해에 위원을 파견하려는 계획을 설명하였고, 자금 모금을 지시하였다. 또한 교인들에게 모금한 교당건축비는 기부자에게 반환하는 것이 원칙이었으나, 동의를 얻어 독립운동자금으로 사용할 수 있도록 지시하였다.[81] 결국 박인호는 독립운동모금 혐의로 3월 10일에 체포되었고,[82] 박인호의 집에 있던 서류와 자

79 국사편찬위원회, 『韓國獨立運動史 資料』5(三·一運動篇 I), 정음문화사, 1986, 1쪽; 독립운동사편찬위원회, 「3·1운동 재판기록」, 『독립운동사 자료집』5, 26쪽; 국사편찬위원회, 「공판시말서」, 『한민족독립운동사자료집』19, 1994, 167~168쪽; 『한민족독립운동사자료집』13, 3·1독립선언 관계자 심문조서 尹益善 심문조서 제2회; 『한민족독립운동사자료집』18, 3·1독립선언 관계자 심문조서 공판시말서 제2회; 『한민족독립운동사자료집』12, 3·1독립선언 관계자 심문조서 공판시말서.
80 『한민족독립운동사자료집』16, 3·1독립시위 관계자 예심조서; 독립운동사편찬위원회, 『독립운동사자료집』5·12·13, 88, 162쪽; 『동아일보』1920년 1월 12일자, 「오천원 지출문제-천도교 대도주 박인호의 심문」.
81 『동아일보』1920년 5월 2일자.
82 박은식, 『韓國獨立運動之血史』上, 동양학연구소, 1999, 580쪽; 독립운동사편찬위원회, 「3·1운동 재판기록」, 13쪽; 『동아일보』1920년 7월 12일자 3면, 「今日이 大公判-만인의 시선이 모히는 곳에 당국의 처치는 엇더할지」; 『매일신보』1919년 4월 16일자.

금 70만원도 압수되었다. 그리고 박인호는 1년 8개월의 수감생활을 하였다.[83]

이정화와 김명준은 박인호의 체포에도 불구하고, 강계·자성·후창군의 교인들과 함께 독립운동모금운동을 전개하였다.[84] 이들은 이미 대교당 건축비로 받아두었던 성금을 모두 되돌려 준 것처럼 영수증을 받는 등 일제의 눈을 피해 치밀하게 계획하였다.[85] 당시 3월 13일부터 7월 16일까지의 모금 금액은 대교당 건축비를 포함하여 17,765원 60전이었다.[86] 그러나 이러한 움직임은 일제에게 발각되었고, 1919년 5월 중앙총부 간부 전원과 각 지방 교구의 교인 총 159명이 체포되었다.[87]

3·1운동에 이어 1926년의 6.10만세운동에서는 박래원의 활동이 두드러졌다. 1926년 4월 25일 순종의 승하를 계기로 박래원과 권오설 등은 3·1운동과 같은 대대적인 항일운동을 계획하였다. 먼저 박래원은 박인호와 최준모, 박래홍에게 독립운동을 제안하였으나, 자금문제에 부딪쳤다. 이후 박래원은 권오설에게 교단의 지도층이 계획에 동의하였다는 점을 강조하면서, 운동자금 조달을 위해 사회주의자측과 합작하자고 주장하였다.[88] 결국 운동자금과 격고문, 기타 삐라의 원고는 권오설이 책임지고, 천도교인의 동원과 지방연락, 격고문 십만장의 인쇄 작업은 박래원이 책임지기로 하였다. 박래원은 권오설에게 자금 6백원[89]을 받았고, 천도교 장로 권동진과 박래홍, 손재기 등에게도 협력을 약속받았다.[90] 6.10만세운동은 박래원과

83 『매일신보』 1919년 4월 16일자; 『매일신보』 1919년 6월 7일자.
84 『동아일보』 1920년 5월 2일자.
85 김정인, 「일제강점기 천도교단의 민족운동 연구」, 서울대학교 석사학위논문, 74쪽.
86 『동아일보』 1920년 5월 2일자.
87 김정인, 「일제강점기 천도교단의 민족운동 연구」, 서울대학교 석사학위논문, 74쪽.
88 박래원, 「6·10만세 관련 회고록」, 국사편찬위원회 소장.
89 박래원의 회고록에는 4백원으로 기록되어 있다.
90 홍장화, 『천도교운동사』, 천도교중앙총부, 1990, 156쪽; 이광식, 『일제침략사 65장면』 4, 친일

박래홍이 천도교를 대표하여 주도하였던 민족운동이라는 점에서 의미를 갖는다.

박래원은 1926년 5월 19일 수원인쇄소에서 대형 인쇄기 1대, 소형 인쇄기 1대를 구입했다. 3·1운동 이후 일제의 경계로 활자를 구하는 것이 쉽지 않았지만, 천도교가 운영하는 인쇄로를 핑계로 경계를 피할 수 있었다.[91] 구입한 인쇄기는 가마니로 결박하여 황금정입구(현재의 을지로)를 거쳐 안국동 36번지까지 릴레이식으로 실어 날랐다. 최종 목적지인 안국동 36번지는 박래원이 격고문을 인쇄하기 위해 빌린 집이었다.[92] 이곳에서 박래원은 청년동맹원 손재기·민창식 등과 함께 격고문과 함께 각종 삐라 총 10만매를 인쇄하였다.[93] 또한 박래원과 일행은 지방의 궐기 계획도 구체적으로 세웠다. 만세운동은 6월 10일 12시에 봉기하며, 천도교 구파 영농총동맹 산하 각 지방 소작인조합과 노동조합, 학생회, 청년회, 부녀회를 중심으로 계획되었다. 주도적으로 봉기할 지방도 선별하였다.[94] 만세운동에 박인호·권동진·이종린·박래홍 등 구파 지도자들은 전면에 나서지는 않았지만, 박래원을 통해 만세운동에 필요한 제반 지원을 아끼지 않았다.

박래원이 맡은 격문 인쇄와 배포는 천도교의 전국적인 조직망을 통해 가능했고, 특히 격문의 배포는 박인호 등의 지도자들의 협조가 있었기에 가능

문제연구회 엮음, 가람기획, 1996, 217쪽.

91 박래원, 「6·10만세 관련 회고록」, 국사편찬위원회 소장.

92 『동아일보』 1927년 9월 13일자; 『일제하 사회운동사 자료집』 2, 138쪽.

93 박래원, 「6·10만세 관련 회고록」, 국사편찬위원회 소장.

94 一. 六月十日十二時를 期하여 全國에 一齊히 蜂起하여 大韓獨立萬歲를 부를것. 二. 天道敎舊派 營農總同盟傘下 各地方 小作人組合 勞動組合 各級學生會 靑年會 婦女會 三. 主動的으로 蜂起할 地方 京畿道 仁川 水原 平澤 安城 忠淸道南北道 天安 禮山 鳥致院 淸州 大田 公州 全羅北道 全州 裡里 群山 金堤 井邑 淳昌 光州 松汀里 木浦 蒙山浦 嶺岩 海南 康津 莞島 長興 寶城 光陽 南原 慶尙道南北道 金泉 大邱 安東 晉州 馬山 密陽 金海 釜山 江原道 春川 原州 洪川 鐵原 江陵 襄陽 黃海道 海州 黃州 信川 沙里院 平安南北道 平壤 鎭南浦 安州 宣川 義州 咸鏡南北道 元山 咸興 端川 竝靑 吉州 明川 雄基 淸津 學生動員會任者 延禧專門學校 李炳立 京城帝大 李天鎭 中央高普 李先鎬; 박래원, 「6·10만세 관련 회고록」, 국사편찬위원회 소장.

했을 것이다. 박래홍도 만세운동의 표면에 드러나지는 않았지만 박래원의
배후에서 지원하였던 것으로 보인다.[95] 격문은 지방 교구와 단체를 통해 배
포하고, 동시에 전국을 4개 지역으로 나누어 지역마다 책임자를 파견한다
는 계획이었다.[96] 이 계획에 따라 박래원은 대전에 잠복하기도 하였다. 그러
나 치밀한 계획에도 불구하고 6.10만세운동은 사전에 발각되었다. 박래원
을 포함한 주도자들은 체포되었다.[97] 비록 실패로 끝났지만, 박래원이 이 시
기 천도교 신파의 친일 행각과는 다르게 독립운동을 주도하였다는 점은 의
의를 갖는다.

3) 계몽운동과 비밀결사운동 전개

박래홍[98]이 천도교에 입교한 시기는 1907년으로, 13살의 나이였다. 그
러나 박래홍이 천도교에서 두각을 나타내는 시기는 아버지인 박인호가 3·1
운동으로 검거되는 등 천도교의 최대 위기였던 1919년 이후였다. 박래홍
은 천도교의 정비를 위해 이돈화·박달성·정도준 등 청년 지도층과 함께 같
은 해 청년교리 강연부를 결성하였다. 창립 당시 박래홍은 강사를 맡았다.[99]

---

95 박의섭, 「나의 아버지 현파 박래홍」, 『신인간』 1995년 12월호(통권 제545호), 72~73쪽.
96 이광식, 『일제침략사 65장면』 4, 친일문제연구회 엮음, 가람기획, 1996, 217쪽. 참조.
97 박래원이 작성한 「6·10만세 관련 회고록」에는 박래원의 체포과정이 자세하게 기록되어 있다;
　박래원, 「6·10만세 관련 회고록」, 국사편찬위원회 소장; 『동아일보』 1926년 7월 13, 14일자;
　『일제침략하 36년사』 8, 198쪽.
98 충남 예산군 임성중학교 교장 이상재가 말하는 박래홍은 다음과 같다. 베이징대학을 나오고,
　홍명희와 신간회를 만들고, 민족운동 좌파격으로 분류되는 천도교청년동맹을 이끌고, 천도교
　의 친일파 최린과 맞서다가, 1928년 일제경찰 구보다의 사주를 받은 신도의 칼에 찔렸다고 한
　다. 현재 서울 종로구 수운회관 자리가 그곳이다. 신간회와 천도교에서 합동장례를 치렀다.
　"자료가 뭐 있었어. 둘이 부자지간인지도 몰랐어. 손자인 박의섭씨가 그렇다니까 알지. 박인
　호는 원래 아들이 없어. 양자였다고 그러대. 5살 때 서울 집에서 아버지가 홍명희 등과 만나
　던 기억이 있드만." "가풍이겠지. 아버지 아들 사촌 일가가 전부 했으니까. 반일 말이여. 박인
　호가 40년에 세상을 떳응께 아들을 먼저 보냈지. 가슴이 아펐겠지만 남아 있는 게 없지 뭐. 증
　손자들도 모다 일류대학을 나왔다는데. 하지만 조상에 무관심한 것 같아 아쉽긴 해."; 이이화,
　『발굴 동학농민전쟁 인물열전』, 1994, 233쪽.
99 『한민족독립운동사』 9.

강연부는 천도교리의 연구·보급과 함께 신문화를 개발하겠다는 목적을 갖고 있었다.[100] 따라서 박래홍과 박래원은 강연부를 중심으로 계몽운동을 전개하였다.

이듬해 박래홍은 북경대학에 입학하였으나 곧바로 3월에 귀국하였다.[101] 그리고 강연부를 청년회로 바꾸고, 체제를 정비하였다. 이후 개벽사를 설립하여 월간《개벽》을 발간하였다.《개벽》은 천도교의 사상을 사회개벽과 접목하는 등 민중계몽을 목적하였다.[102] 청년회는 순회강연을 실시하여 계몽운동을 펼쳤고,[103] 야구단을 조직하고 체조를 보급하는 등 국민체력 향상도 도모하였다. 1921년 4월에는 '천도교 소년회'를 조직하였으며, 이듬해에는 5월의 첫 일요일을 '어린이의 날'로 제정하는 등 민중 계몽사업을 전개했다.[104]

이후 박래홍은 1923년 9월 2일 이돈화·김기전·박사직 등과 함께 청년회의 활동 영역 확대를 위해 '천도교 청년당'을 창당하여 강연부를 통합하였다.[105] 청년당은 민주적 중앙집권제로 본부, 지방부, 접의 3층 형태로 지방과 중앙을 연결하는 구조였다. 9월 8일 제1차 당원총회에서 박래홍은 위원과 상임위원의 역할을 맡았다.[106]

이 시기 천도교 구파는 권동진과 이종린, 오세창을 포함하는 중진과 박래홍과 박래원 등 청년들이 중심을 잡았다. 구파 세력은 실력양성운동이 필요

---

100 김정인, 「1910~25년간 천도교 세력의 동향과 민족운동」, 『한국사론』 32, 1994, 152쪽; 황선희, 『한국근대사상과 민족운동』 I −동학·천도교편, 혜안, 1996, 289쪽.
101 『천도교회월보』 21, 72쪽.
102 천도교청년당발행, 『천도교청년당소사』, 1935, 16쪽; 김정인, 「1910~25년간 천도교 세력의 동향과 민족운동」, 『한국사론』 32, 1994, 153쪽.
103 박래홍은 네차례에 걸쳐 강연을 직접 하였고 그 내용이 모두 『천도교회월보』 21, 86~101쪽. 에 담겨있다.
104 천도교청년당발행, 『천도교청년당소사』, 1935, 16쪽.
105 황선희, 『한국근대사상과 민족운동 I』동학·천도교편, 혜안, 1996, 289쪽.
106 천도교청년당발행, 『천도교청년당소사』, 1935, 71쪽.

성을 갖고 있지만, 일제와의 비타협적 정치투쟁을 포기해서는 안된다는 인식을 갖고 있었다. 결국 신·구파의 사상과 이념 차이로 인한 분화는 청년당의 분화도 초래했다. 결국 박래홍을 비롯하여 손재기·조정호 등의 청년당 간부는 비타협적 노선을 표명하는 구파를 지지하면서, 1926년 4월 천도교 청년동맹을 조직하였다.[107]

청년동맹은 박래홍과 박래원의 주도로 운영되었다. 박래홍은 전형위원과 대표위원, 박래원은 전형위원을 맡아 함께 조직을 이끌었다.[108] 특히 박래홍은 천도교 내부에서 국제공산주의자로 지목될 정도로 활약하였다.[109] 1925년 12월 28일 이종만(천도교 서산 종리사)과 박래홍이 경성 안국동 4가에서 공산주의 선전문을 휴대한 죄로 종로경찰서에 체포되었다.[110] 박래원은 보성학교를 거쳐 종로기독교청년회에서 수학하였으며,[111] 대일인쇄기기회사에 근무할 무렵 사회주의운동에 투신하여 경성노동연맹, 인쇄직공조합연맹, 경성인쇄직공청년동맹 등의 인쇄직공 계통과 화요회 계열의 청년·사상단체에서 활발한 활동을 하였다. 또한 1925년 4월 고려공산청년회의 회원,[112] 2차 조선공산당에서는 경성야체이카의 언론기관 프랙션에서 활동했다. 이 과정을 통해 박래원과 권오설은 동지 관계를 형성하였고, 조선공산당과 천도교를 연결하는 매개 역할을 하였다.[113] 이와 같은 박래홍과 박래원의 사상적인 일치 뿐 아니라 친인척이라는 유대감은 천도교 청년동맹의 중심적인 역할을 가능하게 했다.

107 김정인, 「1910~25년간 천도교 세력의 동향과 민족운동」, 『한국사론』 32, 1994, 166쪽, 180쪽.
108 규약 기초위원에는 박래홍, 박래원, 조정호 3인이 피선되었다; 「천도교청년동맹발기회회록」, 『천도교회월보』 184호, 1926년 4월호, 39쪽.
109 장석흥, 「天道敎 舊派의 6·10만세운동」, 『北岳史論』 제4집, 1997, 296쪽.
110 「世界相」, 『개벽』 56호, 1925년 2월 1일.
111 박의섭, 「나의 아버지 현파 박래홍」, 『신인간』 1995년 12월호(통권 제545호), 72~73쪽.
112 「박래원 신문조서(1회)」 1926.10.14, 382~384쪽.
113 장석흥, 「天道敎 舊派의 6·10만세운동」, 『北岳史論』 제4집, 1997, 294쪽.

박래홍은 1920년대 중반 신간회 활동을 통해 민족운동을 전개하였다. 1927년 2월 신간회는 민족주의와 사회주의가 제휴하여 비타협적 운동을 전개하기 위한 대표단체로 발족되었다. 신간회 조직 구성 당시 박인호의 지시로 천도교에서는 박래홍을 포함하여 수백명이 참여하여 주도적인 역할을 하였다.[114] 특히 박래홍은 신간회 발기인,[115] 간사를 맡아 활발하게 활동하였다.[116] 이처럼 1920~30년대 독립운동을 다각도로 전개하던 박래홍은 1928년 10월 5일 서을봉(徐乙鳳)에 의해 피살당하였다.[117] 일제는 친일 노선을 갖고 있던 신파를 육성하려고 계획하였는데, 이러한 계획에 걸림돌이 되는 구파의 대표 박인호를 대신하여 아들 박래홍을 제거하기로 한 것이었다.[118] 박래홍의 장례식은 청년총동맹과 신간회본부에서 연합장(聯合葬)으로 거행되었고,[119] 천도교월보에는 박래홍의 죽음을 애도하는 추도문이 수십 건 게재되었다.

4. 맺음말

박인호와 친인척 관계를 맺고 있던 양자 박래홍, 조카 박래원, 사촌동생 박광호 등은 동학과 천도교가 전개한 민족운동에 적극적으로 앞장섰다. 이들은 박인호를 매개로 중앙교단과 유기적 관계를 형성하였고, 이를 토대로

---

114 『약사』 하권(초고본), 「신간회조직」 참조.
115 『한민족독립운동사』 8권; 朴明煥, 「新幹會回顧記」, 新東亞 제54호, 1936년 4월호 및 「韓洪史」 제3권, 35~36쪽.에 의하면 발기인은 27명으로 되어 있다; 통일촉진 범국민협의회 편저, 『꺼지지 않는 동방의 빛』, 백양, 1989, 64쪽. 참조.
116 「인사소식」, 『동아일보』 1927. 8. 26.
117 『동아일보』 1928년 10월 6일자; 『천도교회월보』 21, 「장자 박의섭 증언」, 72쪽, 75쪽.
118 『천도교회월보』 21, 「장자 박의섭 증언」, 75쪽; 그러나 『천도교회월보』 21, 82~85쪽, 『동아일보』 1928년 10월 6일자, 『동아일보』 1928년 10월 17일자에는 박래홍의 피살 원인을 알 수 없다고 표현하여 서술하고 있다.
119 『조선일보』 1928년 10월 8, 9일자.

천도교에서 중요한 위치를 점할 수 있었다. 박인호대(代)부터 4대에 걸쳐 모두 천도교인이었다는 점도 가족의 유대 관계가 깊이 작용했음을 시사한다.

박인호가 동학에 입도하게 된 계기는 귀천의 구별없는 만민평등의 사회를 건설한다는 동학의 가르침에 매료되어서였다. 박인호는 동지를 규합하기 위해 옹기장수를 가장하여 충남 일대를 중심으로 포덕활동을 펼쳤다. 특히 서산지역은 하루에도 몇 십명씩 입도할 정도로 성황을 이루었다. 박인호 이외에 집안의 다른 인물이 언제 동학에 입도하였는지 정확하지 않지만, 박인호의 동학 활동이 가족이라는 유대를 통해 전파되었을 것으로 판단된다.

박인호가 교단의 지도자로 부상한 시기는 1893년 광화문 복합상소때부터였다. 이때 소수는 박인호의 사촌동생 박광호가 맡았고, 박인호는 봉소를 맡았다. 이후 박인호는 덕의대접주에 임명되었다. 덕의대접주 임명은 박인호가 동학의 주요 인사로 부상하는 계기가 되었다. 또한 박인호의 포교활동과 활동기반이 되는 내포지역에 동학 교세가 광범위하게 형성되었음을 의미한다. 박인호는 보은 장내리 시위운동 이후 덕산을 중심으로 충청도 해안지대의 책임자가 되었다. 내포지역 전체가 박인호계열의 동학조직이었으며, 이들은 포덕활동을 활발하게 전개하였다.

충청도 충의포는 박인호의 덕포와 박덕칠의 예포를 중심으로 구성되었다. 손병희가 북접의 통령직을 맡으면서 충의포는 박인호가 맡았다. 박인호를 포함한 북접 동학군은 최시형의 총동원령을 통해 9월 18일 봉기했다. 이후 10월 15일을 전후하여 박인호와 동학군은 해미와 아산지역에서 전투를 하였고, 10월 18일 면천 승전곡에서 대승을 거두었다. 사기가 진작된 동학군은 이후 아산에서 군기를 몰수하였고, 25일에는 예산군 고덕면의 구만포까지 진출했다. 이후 동학군은 경성으로 진격할 계획을 수정하여 홍주의 관군세력을 전멸시킨 후 경성으로 가기로 결정했다. 그러나 박인호 휘하

동학군은 결국 홍주성전투에서 패배하였다. 이 전투로 희생된 3만 명의 동학군은 북접에게 치명적이었다. 이후 박인호는 새우젓 장사로 위장한 홍종식을 우연히 만나, 교인들을 독려하면서 동학재건활동을 시작하였다.

박인호는 손병희와 함께 동학 재건을 위해 충남지역을 선택하였다. 이윽고 1900년 손병희가 동학 대도주가 되면서 동학의 지도체계가 자리잡기 시작했다. 박인호는 손병희를 적극 지지하였고, 박인호는 경도주가 되어 교단의 조직 점검을 맡았다. 이에 따라 박인호는 전국을 돌면서 교인들의 상황을 살피고 격려하는 등 동학의 재건에 노력했다. 이후 동학은 1905년 12월 1일을 기하여 천도교라는 이름으로 재편하였다. 박인호는 1906년부터 교단의 여러 직책을 역임하면서 본격적인 교단 정비작업에 몰두하였다. 또한 자신이 맡은 충남지역의 포교활동도 게을리 하지 않았다. 대도주가 된 박인호는 본격적으로 교단을 개편하였고, 포교활동과 함께 교육·문화운동을 적극적으로 전개하였다. 지방에 교리강습소와 야합강습소를 설립하였고, 독자적으로 학교를 인계하여 운영하는 등 교육철학을 통해 교육사업에 적극적이었다.

또한 전국적으로 전개된 3·1운동에서 박인호는 운동 자금 6만 5천원을 3번에 걸쳐 제공하였다. 이뿐 아니라 독립사상을 고취하는 내용을 골자로 한 조선독립신문의 원고를 작성하였으며, 강계교구에 독립청원을 하기 위한 모금운동도 지시하였다. 결국 그는 1년 8개월의 수감생활을 겪게 되었다. 이후 1926년 6.10만세운동을 통해 박래원이 부각되었다. 순종의 승하를 계기로 박래원 등은 대대적인 항일운동을 계획하였다. 박래원은 천도교측의 동원, 지방연락과 격고문의 인쇄 작업을 책임졌다. 박래홍도 만세운동에 참여하기로 하는 등 박래원과 박래홍이 교단의 중요 역할을 했던 의미 있는 움직임이었다. 이때 박인호를 포함한 구파 지도자들도 전면에 나서지는 않았지만, 박래원을 통해 제반 지원을 아끼지 않았다.

박래홍이 교단에서 두각을 나타내는 시기는 박인호가 검거되는 등 교단이 최대의 위기를 맞는 1919년 이후였다. 박래홍은 교단 정비를 위해 청년교리강연부를 결성하여 민중계몽운동을 전개하였고, 청년동맹을 구성하여 주도적으로 문화운동에 앞장섰다. 이후 1920년대 중반 신간회 활동을 통해 신간회 발기인, 간사를 맡아 적극적으로 활약하였다. 이처럼 박인호 가문의 동학·천도교 활동과 민족운동에 대한 연구는 천도교단의 민족운동, 더 나아가 중앙과 지방 교구의 연계, 인적 연결 등을 밝힐 수 있는 단초로 중요성을 갖는다.

참고문헌

국사편찬위원회, 『한민족독립운동사 2: 국권수호운동 II 』, 1987.
국사편찬위원회, 『한민족독립운동사자료집』 10권.
국사편찬위원회, 『독립운동사』 하.
김광식 · 김동환 · 윤선자 · 윤정란 · 조규태, 『종교계의 민족운동』, 한국독립운동사편찬
　　위원회 · 독립기념관 한국독립운동사연구소, 2008.
김정인, 『천도교 근대 민족운동 연구』, 한울, 2009.
독립운동사편찬위원회, 『독립운동사』 1.
독립운동사편찬위원회, 『독립운동사』 3.
독립운동사편찬위원회, 『독립운동사』 5.
박상건, 『당진지역 항일독립운동사』, 당진문화원, 1991.
박성묵, 『예산동학혁명사』, 예산동학농민혁명기념사업회, 2007.
이동초, 『천도교회 종령존안』, 모시는 사람들, 2005.
이동초 주해, 『춘암상사댁일지–천도교제사세대도주』, 모시는사람들, 2007.
이동초, 『천도교 민족운동의 새로운 이해』, 모시는사람들, 2010.
이동초 저, 『동학천도교인명사전』, 도서출판 모시는 사람들, 2015.
정을경, 「일제강점기 박인호의 천도교활동과 민족운동」, 『한국독립운동사연구』 33호,
　　2009.
조규태, 『천도교의 문화운동론과 문화운동』, 국학자료원, 2006.
조규태, 『천도교의 민족운동 연구』, 선인, 2006.
조석헌, 『북접일기』, 태안군 · 충남역사문화연구원, 2006.
천도교청년회중앙본부, 『천도교청년회팔십년사』, 글나무, 2000.
한국민족운동사학회, 『일제강점기의 민족운동과 종교』, 국학자료원, 2002.
홍장화, 『천도교운동사』, 천도교중앙총부출판부, 1990.

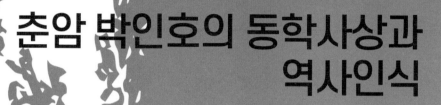

춘암 박인호의 동학사상과 역사인식

조극훈(경기대학교 교양학부 교수)

춘암 박인호의 동학사상과 역사인식

1. 서론

춘암 박인호(1855-1940)는 동학 천도교의 제4세 대도주로 최제우, 최시형 그리고 손병희의 전통을 계승하면서도 개방적인 태도로 신문화운동에도 적극적이었던 대표적인 민족운동가이며 계몽사상가였다. 그는 동학을 민중의 삶을 개선하고 외세의 침략에 저항하고 정치개혁을 추구하는 민족운동으로 발전시켰다. 특히 교육문화운동을 전개하면서 제시한 "공덕심"(公德心)의 규범과 "공기"(公器)로서의 교육 이념은 계몽사상가의 면모와 함께 세계시민윤리로서 보편화할 수 있는 박인호 동학사상의 특징을 보여주고 있다는 점에서 주목된다. 그의 동학사상은 오늘날 세계화라는 시대적 흐름 속에서도 한국의 자존감을 유지하면서 다양한 문화와 소통하고, 공동체 의식과 상생 정신을 확산시키는 데 기여할 수 있는 한국의 정신문화로 새롭게 평가되어야 한다.

1883년 동학 입도 후 10년 동안의 치열한 수행끝에 무극대도(無極大道)의 큰 길을 보여준 동학에 대한 확고한 믿음을 가질 수 있었고 광화문 복합상소와 보은의 교조신원운동에 참여하였다. 동학농민혁명 당시에는 덕산의 대접주로 활동하면서 면천의 승전곡 전투와 예산의 신례원 전투를 승리로 이끌었다. 혁명 이후에는 동학을 재건하기 위한 노력을 하였으며 갑진개화운동을 이끌면서 동학교도의 민족의식을 높이려고 하였다. 1908년 그는 의암으로부터 천도교 제4세 대도주로 승통을 이어받은 후 천도교를 근대적 종교로 정착시키는데 주도적인 역할을 하였다. 천도교 대헌 제정, 교단의 정비, 교당 이전이나 교구의 증편, 주문, 기념가, 법문, 오관종규 등의 의례를 체계화시켰다. 교리강습소를 설립하는 한편 보성학교와 동덕여학교를 인수 교육문화운동을 체계적으로 펼쳤다. 또한 박인호는 3·1운동, 6.10 만세 운동과 신간회에 참여하여 다양한 정치 이념과 분파를 넘어서려고 함으로써 사상의 포용성을 보여주었다. 멸왜기도운동은 비폭력 저항운동으로서 높은 정신적 가치를 지니고 있다.

생애사적으로 박인호는 동학 창도부터 동학혁명 그리고 민족 문화운동기에 걸쳐 삶을 살았다. 그는 해월을 만나 동학에 입도하고 절실한 수련을 하였으며 의암으로부터 도통을 이어받음으로써 동학의 시대와 천도교의 시대를 함께 살 수 있었던 생애가 주어졌다. 생애사의 연속성으로 그는 동학과 천도교의 사상을 흡수할 수 있었고 20년대 이후 민족문화운동을 통해서 동학사상을 현실 속에 구현했다는 점에서 동학의 이론과 실천을 겸비한 인물로 평가된다.

시천주와 사인여천, 그리고 인내천을 종합하여 한국의 민족문화 창달을 위한 사상의 체계를 세우고 이를 사회 현실 속에 실천하고 전달하고자 했다는 점에서 동학사상을 이해하고 그 실천적 면모와 특징을 전달하는데 적절한 조건을 갖추고 있다. 이러한 개인사의 바탕에서 그는 혁명가로서, 종교지도자로서, 교육자로서, 또는 문화인으로서 다양한 활동을 통해서 동학을 근대적 면모를 갖춘 사상과 실천으로 확대할 수 있었다. 이러한 박인호의 폭넓은 사상과 실천의 스펙트럼에서는 구파와 신파, 시천주와 인내천, 동학과 천도교, 교정쌍전 교정일치와 같은 동학을 둘러싼 논란은 합리적인 판단과 열린 토론을 통해서 화해되고 종합된다. 그만큼 그의 동학사상과 실천의 외연과 내포가 넓고 다채로울 뿐만 아니라 그 깊이가 깊기 때문이다. 화합과 통합의 정신은 박인호의 동학사상의 핵심이며 한국 정신문화의 세계화의 기반이 된다.

본 연구에서는 박인호의 삶과 행적을 통해 그의 인간적인 면모와 시대 정신을 정리하고 그동안 알려졌던 역사적 사실을 토대로 박인호의 삶과 사상이 한국 정신문화의 정수인 동학의 세계화를 위한 기반을 조성하는데 어떤 역할을 하고 어떤 노력이 필요한지 논의하고자 한다. 박인호의 삶에 영향을 끼친 요소들과 그의 사상 형성에 미친 환경적 역사적 요인들을 제시하고자 한다. 박인호의 동학사상을 철학적, 윤리적, 역사적 측면에서 정리하면서 한국의 정신문화의 정수가 동학에 있음을 살피고자 한다. 마지막으로 이를 기반으로 동학의 세계화를 위해 박인호 동학사상의 요소들을 일별하고 앞으로 동학 연구의 방향을 제시하고자 한다.

2. 춘암 박인호의 삶과 행적

1) 박인호 연구의 성과와 방향

박인호의 생애와 동학 천도교 활동은 단체 및 개인의 연구를 통해 많은 성과를 낳았다. 탄생에서부터 죽음에 이르기까지 그의 삶과 행적을 역사적 자료에 기초하여 전반적으로 조명하였다. 탄생과 가정 환경, 자라온 배경과 시대 상황, 동학 입도과정과 개인 수행, 대접주로서 동학혁명 참여기록, 혁명기 이후 4세 대도주 승통 후 교단 관련 활동과 교육문화활동, 그리고 무인멸왜기도에 이르까지 전 영역에 걸쳐 망라되어 있어 후속연구의 기반을 마련하였다.

박인호의 삶과 행적을 파악할 수 있는 자료로는 다음과 같은 것들이 있다. 『신인간』에 게재된 박래원 등의 글, 박래원의 『춘암상사의 생애와 사상』
(천도교중앙총부, 1970), 예산문화원에서 간행한 『춘암 박인호 연구』(예산문화원,
1997), 승통 100주년 기념학술대회 자료집 『춘암 박인호 선생의 삶과 민족
운동』(예산동학농민혁명기념사업회, 2008), 그리고 박인호의 행적을 일기 형식으
로 서술한 『춘암상사댁일지』(이동초 주해, 모시는 사람들, 2007) 등이다. 또한 정
을경의 「일제 강점기 박인호의 천도교 활동과 민족운동」, 성주현의 「박인호
계의 동학혁명과 그 이후 동향」, 임형진의 「1920년대 민족운동과 박인호」
등의 개인 연구도 주목할만하다.

　후속연구는 이러한 연구 성과를 바탕으로 박인호의 사상과 철학을 널리
알리고 선양하기 위한 방법을 모색하는 방향으로 진행하는 것이 바람직해
보인다. E.H.카가 말했듯이 역사란 "현재와 과거 사이의 끊임없는 대화"이
기 때문이다.[1] 과거란 현재와 동떨어져 있는 것이 아니라 현재의 역사가들
이 가지고 있는 현실사회에 대한 문제의식에 따라 구성되며, 과거의 사실들
이 어떠했는가보다는 역사 지식을 생산하는 역사가가 현재의 사회와 현실에
대해 어떤 "문제의식과 가치관"을 가지고 있었는지가 더 중요하다.[2] 역사를

---

[1] "역사가와 역사의 사실은 서로에게 필수적이다. 자신의 사실을 가지지 못한 역사가는 뿌리
가 없는 쓸모없는존재이다. 자신의 역사를 가지지 못한 사실은 죽은 것이며 무의미하다. 따
라서 '역사란 무엇인가?'라는 질문에 대한 나의 첫번째 대답은, 역사란 역사가와 그의 사실
들의 끊임없는 상호작용 과정, 현재와 과거 사이의 끊임없는 대화(a continuous process of
interaction between the historian and his facts, and unending dialogue between the
present and the past)라는 것이다."(E.H.카 지음, 김택현 옮김, 『역사란 무엇인가』, 까치,
2022, 46쪽.

[2] E.H.카 지음, 김택현 옮김, 『역사란 무엇인가』, 까치, 2022, 251쪽. 〈개역판 역자 후기〉. "역
사가와 그의 사실 사이의 상호작용의 과정, 즉 내가 현재와 과거 사이의 대화라고 불렀던 그
과정은 추상적이고 고립적인 개인들 사이의 대화가 아니라 오늘의 사회와 어제의 사회 사이의
대화이다. 부르크하르트의 말을 빌리면, 역사란 '한 시대가 다른 시대 속에서 찾아내는 주목할
만한 것에 관한 기록'이다. 과거는 현재에 비추어질 때에만 이해될 수 있다 ; 또한 현재도 과거
에 비추어질 때에만 완전히 이해될 수 있다. 인간이 과거의 사회를 이해할 수 있도록 해주는
것, 그리고 현재의 사회에 대한 인간의 지배력을 증대시키는 것, 이것이 역사의 이중적인 기능
이다."(E.H.카 지음, 김택현 옮김, 『역사란 무엇인가』, 까치, 2022, 79쪽.).

공부하는 목적은 과거를 통해 현재를 이해하고 현재를 통해서 과거를 이해
함으로써 역사의 진보에 대한 희망을 제시하는 데 있다. 본 연구에서는 선
행 연구의 성과를 기반으로 박인호의 삶과 사상을 정리하고 이를 세계적인
지적 자산으로 활용하기 위한 이론과 실천을 제시하고자 한다.

2) 춘암 박인호의 삶과 역사의식

위인이란 자신의 시대가 무엇을 요구하고 있고 필요한 것이 무엇인지 인
식하여 자신의 시대정신을 실현하는 사람이다. 위인은 기존 세력의 대변자
이거나, 아니면 현존하는 권위에 도전하는 세력의 대변자이다. 하지만 보다
높은 수준의 위인은 어느 특정 세력에 속해 있는 사람들에서가 아니라 어느
편에서도 속해 있지 않으면서도 스스로를 창조할 줄 아는 사람들에게서 찾
을 수 있다.

> "그 시대의 위인이란 자기 시대의 의지를 표현할 수 있고, 그 의지가 무엇인지를 그
> 시대에 전달할 수 있고, 또한 그것을 완성할 수 있는 사람이다. 그가 행하는 것은
> 그의 시대의 정수이자 본질이다. 그는 자신의 시대를 실현한다."[3]

독일의 역사철학자 헤겔은 위인은 시대를 이끌어가는 시대정신을 파악하
고 그것을 자신이 처한 사회 역사적 공간에서 실천하는 사람이라고 했다.
박인호는 민본의 원리에 따라 시대의 모순을 타파하려고 하였으며, 난세에
빠지기 쉬운 정감록류의 신비주의에 빠지지 않고 이성적이고 합리적인 사고
능력을 갖추고 있으며, 이러한 사고능력 뿐만 아니라 타자의 차이를 인정하
고 받아들이는 인격을 갖추고 있었으며, 논리보다는 생명을 중시한 생명살

---

3 G.W.F.Hegel, *Vorlesungen ueber die Philsophie der Geschichte*, Frankfurt am Main:
   Suhrkamp Verlag. 1970, S. 58.

림의 실천력을 보여주었다. 무엇보다 자신의 시대가 무엇을 요구하는지를 알고 그것을 실현하고자 하는 인물이었다는 점에서 박인호는 위인이다.

1883년 29살에 동학을 만난 후 그의 삶은 일대 전환기를 맞이 했다. 안개처럼 보이던 삶의 길이 뚜렷해 보이고 모순된 사회 역사적 현실에서 해야 할 일을 찾게 되었다. 삶이 전망이 흔들리고 사회가 혼탁할수록 도참 사상과 같은 신비주의가 만연되기 마련이다. 그러한 시대의 혼탁한 조류에 휩쓸려갈 수도 있었지만 동학과 만남으로써 새로운 빛을 보게 된 것이다. 동학은 그에게 삶의 나침반이 되었고 현실의 모순과 난제를 타파할 수 있는 시대정신이 되었다.

박인호는 1855년 2월 1일 충청남도 예산군 삽교읍 하포리에서 태어났는데, 이곳은 포리로 국방과 교통의 요충지였다고 한다.[4] 관련 문헌에 따르면, 그의 집안은 상인 집안으로 풍수서와 의서 등을 읽을 수준이었다고 하며, 특히 아버지의 엄격한 훈육은 참외 서리 훈육 에피소드에서 보이듯 박인호로 하여금 정직함을 평생 인생 모토로 삼게 만들었다.[5] 또한 그의 일상사는 그의 인간성이 이웃에 대한 배려심과 대인관계의 친화력과 문제해결능력을 갖춘 리더임을 확인해준다.[6] 이러한 인간성은 후일 민족문화운동을 전개하는 데 지대한 영향을 미쳐 평등 정신과 포용력을 발휘하게 하였을 것이다.

인문지리적 환경 또한 박인호의 성격과 인성 형성에 영향을 끼쳤다. 부친

---

4 예산문화원, 『춘암 박인호 연구』, 1997, 11쪽.
5 박인호의 교육관련 내용으로는 정을경, 「일제 강점기 박인호의 천도교 활동과 민족운동」, 『한국독립운동사연구』 제33집, 독립기념관 한국독립운동사연구소, 2009, 348쪽, 참조. 예산문화원, 『춘암 박인호 연구』, 1997, 12쪽, 참조.
6 그의 일상사는 일상 노동과 함께 이웃과의 소통과 배려의 연속임을 보여준다. ①생업이 농사일이니 농사일을 하였고, ② 한문을 배웠으니 동네의 기제사에 지방, 축문을 지어 주기. ③이웃 사람들의 문안 편지 써주기, 읽어주기. ④병들지 말라고 방여해 주기. ⑤병든 사람이 나타나면 방문(方文)을 외워 악귀를 몰아내기. ▫큰일 나면 택일 봐주기. ▫병든 사람 시술해주기. ▫동네일이 일어나면 해결사 구실하기. 예산문화원, 『춘암 박인호 연구』, 1997, 12-13쪽.

의 인성교육이 정직한 인품을 갖게 했다면, 예당평야라는 풍요로운 자연환경은 그를 포용력을 갖춘 인격체로 성장시켰다. 어린 시절 받은 자연교육과 인성교육으로 형성된 정직함과 포용력 안에는 이미 그의 미래의 씨앗이 싹트고 있었다. 그의 인생의 중후반 그 씨앗은 발아되어 꽃이 되었다. 일제의 탄압과 유혹에도 흔들리지 않고 천도교 교단을 지킬 수 있었고 6.10만세운동이나 신간회 활동에서 보여준 이념을 초월한 포용력과 천도교를 신파와 구파로 갈라놓고자 한 일제의 분열책에서도 통합의 정신으로 교단을 유지할 수 있었다.[7] 그 꽃은 이제 열매를 맺어 동학의 세계화의 기반이 되었다.

3) 춘암 박인호의 주요 행적

먼저 그의 성장환경과 성격 그리고 사상에 영향을 미친 요인들을 정리하면서 논의를 시작해보자. 서당공부, 지리적 환경적 요인, 신비주의 사조 유행, 동학과의 만남, 입도 후 해월과 의암과의 만남과 10년 동안의 독공 수련, 교조신원운동을 거쳐, 1894년의 신례원 전투의 승리, 혁명 후 승통, 3·1운동, 잡지편찬, 갑진개혁운동, 신간회활동과 1936년 멸왜기도운운동을 끝으로 1940년 환원하기까지 그의 86년 동안의 삶은 한 문장으로 표현하기 어려울 정도로 너무 많은 활동과 파란의 연속이었다.

〈춘암 박인호 약력〉[8]

- 1855-2월 1일 충남 덕산군 막동리(예산군 삽교읍 하포리)에서 출생
- 1883(29)-3월 18일 동학 입도. 해월신사와 의암성사와의 첫 만남. 가섭사 49일 기도식. 10년 독공과 연성 수련

---

7 조극훈, 「춘암 박인호의 동학이해와 근대성」, 『동학학보』 제29호, 동학학회, 2013, 181쪽. 참조.
8 『신인간』 제145호(1940.5.15.) 〈천도교 제4세 교주 법종 춘암상사 약력〉. 이동초 주해, 『춘암상사댁일지』, 모시는 사람들, 2007, 259-265쪽.의 내용을 정리한 것임.

- 1893(39)—복합상소 신원운동에 참가
- 1894(40)—덕의대접주로서 전봉준과 호응하여 호서지방의 해미 덕산, 서산, 당진, 예산, 홍주, 남포 등지에서 기포한 5만 동학군을 진두 지휘. 11월 21일 면천 승전곡 전투 승리.
- 1900(46)—4월 23일 입도식 거행. 입도문: "일찍이 해월 선생 말씀에 인시천(人是天)이요, 도시 대선생주(大先生主) 무극대도(無極大道)라 하신 명교에 의하여 우리들이 마땅히 양선생 전에 다시 입도식을 거행함이 가하다."
- 1901(47)—민회 조직. 7월 진보회 조직 16만명의 교도로 하여금 단발 흑의를 단행하는 갑진개혁운동을 주도.
- 1905(51)—의암과 함께 천도교 대헌 제정과 총부 설립 준비.
- 1908(54)—1월 18일 의암성사로부터 도통 전수 제4세 대도주가 됨. 교리강습소와 사범강습소 개설 교역자 양성
- 1910(56)—중앙총부 송현동에 신축. 기관지 『천도교회월보』창간. 출판사 보성사 운영. 교육사업 전개(보성전문학교, 보성중학, 보성초등학교, 동덕여학교, 용산 문창학교, 마포 보창학교, 대구 교남학교, 일신여학교 인수 운영. 청주에 종합학교 설립. 용산 양영학교, 양덕학교, 전주 창동학교에 보조)
- 1911(57)—성경신법(成敬信法)의 사과(四科)와 주문·청수·시일·성미·기도의 오관 제정
- 1912(58)—종학강습소 설립. 6월에는 우이동에 봉황각 건축
- 1914(60)—보성학교 신축교사 완공
- 1915(61)—동대문밖 상춘원 2만원에 매입 상사의 거처 마련
- 1919(65)—2월 보성사에서 독립선언문과 조선독립신문 인쇄 배포. 3·1독립만세운동 지원. 민족대표 48인중 1인으로 피체되어 옥고. 이듬해 10.31일 출옥.
- 1921(67)—2월 28일 중앙대교당 준공. 9월 태평양회의 독립청원
- 1922(68)—1월 18일 교주 취임식 거행. 5월 의암성사 환원. 신,구파로 교회분열
- 1926(72)—6.10 만세운동 가담
- 1927(73)—신간회 운동 참여. 10월 청년총동맹 대표이던 아들 박래홍 피살
- 1936(82)—8월 4일 멸왜기도운동 지시
- 1940(86)—4월 3일 내수동 자택에서 환원
- 1990. 8.18—건국훈장 독립장 추서

그의 86년간의 생애는 크게 세 시기로 구분된다. 제1기는 동합 입도와 동학혁명에 참가한 1894년(40세)까지의 초기, 제2기는 동학혁명 이후 교육문화운동과 교회법 제정과 3·1운동에 참가한 1919년(65세) 까지의 중기, 제3기는 6.10만세운동, 신간회 활동, 멸왜기도 운동을 펼치며 환원한 1940년(86세)까지의 말기로 구분할 수 있을 것이다. 각 시기마다 어려운 과정이 뒤따랐지만 무극대도 수련의 힘, 공덕심을 강조한 사회윤리, 개방적인 소통의 자세, 생명을 살리는 타자 존중의 태도로 그는 이러한 난관을 극복하고 종단의 안정을 도모하였으며 3·1운동에 적극 가담 그 이후에도 멸왜기도운동까지 조국의 독립을 위해 일생을 바쳤다. 1990년 건국훈장 독립장을 추서받음으로써 춘암 박인호는 민족독립운동가로서 애국자로서 공인되었다.

제1기에 해당하는 동학과의 만남은 박인호의 삶을 송두리째 바꾸어놓았다. 만남 이전의 그의 삶과 만남 이후 삶은 천지가 개벽할 정도로 달라 그는 다시 태어난 것과 같았다. 그가 동학을 알고 입도하게 된 것은 29세인 1883년이었다. 해월과 의암과의 만남을 통해서 가섭사 49일 기도, 그 후 10년 동안의 독공과 연성 수련으로 이어지는 무극대도의 길은 새로운 인생의 길로 그를 인도했다.[9] 당시에는 각종 신비주의 서적이 난무했고 새로운 세상을 갈망하는 사람들에겐 이러한 비의가 곧 인생의 등불로 비칠 수가 있었다. 정감록, 도선비록, 북창비결, 남사고비결 등에서 제시된 정씨 800년의 계룡산 시대 비전이 난국을 타개하는 비책이 되었다.

만일 박인호가 이러한 신비주의에 빠졌다면 어떻게 되었을까? 아마 현실을 팽개치고 계룡산 등지에 입산수도하여 도인이 되었거나, 이성적인 판단

---

9 천도교중앙총부, 『천도교약사』, 2006. 116-117쪽. 참조. 이동초, 『천도교 민족운동의 새로운 이해』, 모시는 사람들, 2010. 47쪽.

력을 잃고 이상만을 추구한 나머지 미래를 예언하는 신비주의자가 되었을 것이다. 하지만 하늘은 위인을 이러한 잡설과 유혹에 빠지도록 하지 않는다. 위인에게는 더 큰 과업이 기다리고 있기 때문이다. 동학과의 만남은 그에게 신비주의가 아니라 이성과 현실을 인식하는 기회를 주었다.

그가 처음 동학을 접하게 된 것은 단골 주막 주인 월화의 전언이었다고 한다. 수심정기, 보국안민, 사인여천, 포덕천하와 같은 동학사상은 전통적인 유교적 세계관이나 비서의 신비주의에서 벗어나 깊은 철학적 안목을 제시하면서도 개인과 사회 그리고 세계를 인식하고 변화시킬 수 있는 근거를 제시하고 있기 때문이다.[10] 해월로부터 "우리 도에 들어오는 자가 많으나 도를 아는 자가 없는 것을 한하노라. 도를 안다는 것은 자기가 자기를 아는 것이니라. 제군들이 이렇게 입도하니 우리 도가 장차 크게 흥융하리니 지극히 수련하여 도의 근본을 깨달으라."라는 가르침을 받았다. 스승에 대한 절대적인 믿음으로 그는 어육주초를 먹지 않고 의관을 갖추고 10년 독공과 연성을 하였다고 한다. 특히 잠을 잘 때에도 낫자루를 베고 잘 정도로 수련에 열중하였다는 일화를 통해서 훗날 교단 정비, 민족독립과 문화운동, 신간회, 멸왜기도 운동 등 쉬지 않고 활동할 수 있는 그의 강한 정신력과 카리스마의 원천이 어디에 있는지 추정해 볼 수 있다.[11] 이러한 강한 정신력과 리더십은 1894년 동학농민혁명기에 면천 승전곡 전투에서 승리할 수 있었던 원동력이 되었다.

제2기는 교육문화활동이 중심이 되는 시기를 말한다. 잡지 발간과 학교 인수를 통한 교육 보급은 국민계몽가로서의 그의 면목과 공기라는 그의 교

10 조극훈, 「춘암 박인호의 동학이해와 근대성」, 『동학학보』 제29호, 동학학회, 2013, 186쪽.
11 이동초, 위의 책. 48쪽. 예산문화원, 『동학의 발원』, 2002. 8쪽. 예산문화원, 『춘암 박인호 연구』, 1997. 14쪽.

육관을 보여준다. 『만세보』(1906년)는 국권의 회복을 위한 국민의 자각과 개화사상 보급을 위한 국민계몽의 역할을 하였으며,[12] 『천도교회월보』(1910년)는 일반 교양 관련 논설과 교육 지리 역사 물리 경제 농업 물가와 외국과의 무역수출입가격을 다루고 있어 신지식을 보급하려는 데 그 목적이 있음을 알 수 있다.[13] 특히 주목할 부분은 보성학교의 인수(1910년)와 동덕여학교의 인수(1911년) 등을 통해서 근대적인 교육을 체계적으로 보급했다는 점이다. 그는 교육의 목적을 "공기"로 규정했다. 교육의 공공성을 강조한 그의 교육철학은 3·1운동의 주역들을 배출하게 된 바탕이 되었다.

"20년 전부터 천도교의 대표자인 관계로 교내학교를 관리케 된 것을 비롯하여 경영 곤란에 빠진 사립학교를 10여 개를 건져 낸 건져 낸 것밖에는 별다른 사업이 없다. 앞으로 포부를 말한다면 학교는 사회의 公器인 만큼 개인의 독단적 관리를 떠나서 공공의 재단을 세우는 것이 가장 좋은 것으로 생각하여 이것을 실행하고 또 남에게 권하고 싶다."[14]

교단의 체제 정비도 이 시기에 해당한다. 수운, 해월, 의암을 각각 대신사, 신사, 성사로 명칭하였고, 아울러 이를 기념하는 각종 기념일을 제정하였다. 천일기념일(수운 득도일. 4월 5일), 지일기념일(해월 승통일. 8월 14일), 인일기념일(의암 승통일. 12월 24일), 대신사 순도일(3월 10일), 해월신사 순도일(6월 2일), 교일기념일(천도교공포일. 12월 1일) 등이다.[15] 1911년 4월에는 四科(誠, 敬, 信, 法)와 五款(呪文, 淸水, 侍日, 誠米, 祈禱)을 제정 반포하였다.[16]

12 이동초, 『천도교 민족운동의 새로운 이해』, 모시는 사람들, 2010, 107-111쪽. 참조.
13 이동초, 『천도교 민족운동의 새로운 이해』, 모시는 사람들, 2010, 112-114쪽. 참조. 임형진, 「1920년대 천도교의 민족운동과 박인호」, 『춘암 박인호 선생의 삶과 민족운동』, 승통 100주년 기념 학술대회 논문집, 2008. 49-50쪽. 참조.
14 『동아일보』, 1927년 7월 30일자.
15 예산문화원, 『춘암 박인호 연구』, 1997, 43-44쪽.
16 정을경, 「일제 강점기 박인호의 천도교 활동과 민족운동」, 『한국독립운동사연구』 제33집, 독립

제3기는 3·1독립운동, 6.10만세 운동과 신간회 활동, 멸왜기도운동 등 민족운동 시기이다. 3·1운동은 기독교와 불교측 인사의 참여가 많았으나 거액의 운동자금을 조달하거나 독립운동 방식을 둘러싼 견해차를 조정하는 등 결정적인 역할은 천도교측에서 맡았고 그 중심에 박인호가 있었다.[17] 6.10 만세운동에도 박인호는 자금 지원 등 중요한 역할을 하였다. 1927년 결성한 신간회는 민족주의자와 사회주의자를 망라하여 다양한 정치 이념과 분파를 넘어서 하나의 단일 정당을 추구하였다. 파벌주의와 족벌주의를 배격하고 재만, 재일 동포의 문제와 국제주의도 표방하면서 민족적 정체성의 형성을 강조한 것도 신간회의 특성으로 이해되어야 한다.[18] 박인호는 준비작업에 참여했고 준비자금을 부담하는 등의 역할을 하였다. 신간회는 사상과 파벌을 초월한 정치결사체로서 포용성과 세계시민성의 규범을 보여주었다.

6.10만세 운동과 신간회 결성은 천도교 교단 밖에서 이루어진 것이었다면 멸왜기도운동은 교단 내에서 이루어진 것이다. 모두 인간주의와 평등주의라는 동학사상의 구현이었다. 멸왜기도운동은 환원하기 4년전인 그의 나이 82세에 지시한 것이다. 고령과 병환으로 몸은 쇠약했지만 그의 정신은 세상의 시간을 초월하였다. 안심가중 멸왜 심고를 중심으로 펼친 그 운동은 반외세 저항운동을 기도라는 종교행위로 내면화함으로써 사회적 차원을 정신적인 차원으로 승화시켜 정신적 저항을 보여준 사례라는 데서 그 중요한 의미가 있다. 이는 한국 민족종교의 사회 비판과 구원의 특성을 보여준 것

기념관 한국독립운동사연구소, 2009, 354-355쪽. 특히 오관의 제정 반포에 관해서는 박래원, 「춘암상사의 행적(하)」, 『신인간』 304-306, 1973, 39쪽.과 홍장화, 『천도교운동사』, 천도교중앙총부 출판부, 1990. 92쪽.을 참고.
17 정을경, 「일제 강점기 박인호의 천도교 활동과 민족운동」, 『한국독립운동사연구』 제33집, 독립기념관 한국독립운동사연구소, 2009. 365쪽. 참조.
18 임형진, 「1920년대 천도교 민족운동과 박인호」, 『춘암 박인호 선생의 삶과 민족운동』, 승통 100주년 기념 학술대회, 2008, 61쪽.

이기도 하다.

박인호는 동학에 대한 확고한 믿음과 인간애와 평등을 시대정신으로 인식하고 이를 종교적 차원뿐만 아니라 정치, 경제, 문화, 역사적 차원에서 실천한 한국이 낳은 위인이다. 그만큼 그의 삶은 품격과 격조가 높았다. 천도교의 신파와 구파의 합동대회 개최 소식을 접하고서, 교단이 합동된다니 죽어도 여한이 없다는 말을 남기고 1940년 4월 30일 86세의 일기로 환원하였다.[19]

3. 춘암 박인호의 동학사상

우리는 일련의 자료를 통해서 박인호가 당시의 시대정신을 예리하게 파악했고 그것을 종교적 신앙이나 철학적 사색에 머무르지 않고 정치, 경제, 사회, 문화, 종교 영역에서 실현하였다는 점에서 이론과 실천을 모두 겸비한 사상가이며 실천가이며 위인임을 확인할 수 있었다.

일이관지하는 강한 의지력은 일제에 굴하지 않고 꿋꿋하게 교단을 지키게 했고, 그의 지도력은 타자의 차이도 인정하는 포용력으로 발전하였고, 독공 수련을 통한 튼실한 신앙은 멸왜기도와 같은 독특한 정신적인 저항운동으로 발전하였다. 이러한 박인호의 활동의 이면에는 누구도 따라올 수 없는 강인한 의지력뿐만 아니라 동학의 시천주 수련에 의한 신앙심, 그리고 시대를 읽는 그의 역사인식이 자리잡고 있다.[20] 그의 생애사와 행적을 통해서 추론해 볼 수 있는 박인호의 동학사상을 몇 가지로 정리하고자 한다.

첫째, 박인호는 만인평등이라는 보편적인 인간관과 가치관을 제시하였

---

19 홍장화, 『천도교 교리와 사상』, 천도교중앙총부출판부, 1991, 97쪽.
20 조극훈, 「춘암 박인호의 동학이해와 근대성」, 『동학학보』 제29호, 2013, 189쪽.

다. 평등은 인간과 하늘과의 평등에서 출발하여 인간과 인간의 평등, 인간과 동물과의 평등, 인간과 사물과의 평등, 더 나아가 가치관과 문화의 차이와 공존으로서의 평등까지 포함한다. 수운의 시천주, 해월의 사인여천에서 이미 만인평등 사상이 들어 있지만 박인호는 인간과 하늘과의 관계나 물을 비유로 들어 스승들이 갖고 있었던 평등사상을 새롭게 해석하였다. 나와 하늘의 이분법을 지양하고 나의 동일성과 하늘의 동일성을 비판하면서 나와 하늘의 변증법적 긴장관계로 해석한 것이다. 동일성의 명제를 비판하면서 나와 하늘의 상호관계에 주목한 점은 '불연기연'의 논리 못지 않게 박인호의 현대적인 논리와 사유를 보여준다.

평등사상에는 인간과 자연, 개체와 보편간의 상호적인 통일관계가 포함된다. 나와 한울과의 관계에서 이러한 통일관계는 나타난다. 나는 개인으로서가 아니라 개인을 지양함으로써 더 이상 개인이 아니라 지양된 개인이 되므로 하늘과 동등한 성격을 갖는다. 한울 또한 자기 지양을 통해 특수화된 개인이 된다. 이 두 작용은 동시에 일어나므로 결국 나와 하늘은 같으면서 다른 존재관계를 유지한다. 개인과 하늘의 상호변증법적 운동을 통해서 개인은 한울과 같은 보편적인 존재가 되고, 한울 또한 개인과 매개되는 것이다. 따라서 사람과 한울은 다르면서 같은 관계에 있다.

> "나는 내가 아니고 한울이며, 한울은 한울이 아니고 나이니, 이같은 것을 닦아 알면, 모든 이치가 내 가슴에 있는 것이다."(我非我也我是天, 天非天也天是我, 如斯知而修去, 萬理都在一胸中)[21]

동일성의 명제는 타자를 배제하는 논리였다. 나는 나이고 타자는 타자일 뿐이라면 나와 타자 사이의 교류와 소통은 불가능하다. 내가 내가 아니고

---

21 이동초 주해, 『춘암상사댁일지』, 모시는 사람들, 2007, 97쪽.

타자가 되고 타자 또한 타자가 아니라 내가 될 때 비로소 자타 사이의 교류와 소통이 가능하다. 박인호는 인간과 하늘의 관계를 현대적으로 해석함으로써 인간과 인간사와 그 고통과 무관한 하늘에만 존재하는 하늘을 비판한 것이다.

인간과 하늘이 배타적이지 않고 부정의 부정에 의해 서로 어울려 생명을 주는 관계로 본 것은 그의 만민평등의 보편적 세계관과 가치관이 유기체적 생명처럼 살아 숨쉬는 것임을 보여준다. 서로를 살려 생명을 불어넣는 이와 같은 능동적인 어울림은 갈등과 혐오로 점철된 세계시민사회에 필요한 보편적인 규범이 될 것이다.

> "한울은 天壽로써 사람을 수하게 하고 사람은 人壽로써 한울을 수하게 하니 한울과 사람이 함께 어울려 수하는 것이다. 실로 이것이 우리 천도교의 취지인 것이다."[22]

동일성의 명제를 전제로 한 이성의 원리는 이분법적이다. 서구적 이성관의 한계는 무엇보다 이성과 비이성을 구분하여 과학과 비과학, 진보와 비진보의 이분적인 세계관의 역사관으로 세계를 이해한다는 것이다. 이 논리는 결국 타자를 배제하는 논리로 이어진다. 김용옥은 서구적 이성의 한계를 여섯 가지로 지적했다. 첫째, 신과 인간의 대립을 전제한다는 점, 둘째, 서구 역사가 추구한 이성이란 배제를 전제로 한 것이라는 점, 셋째, 이성의 기능 중에서 감정과 대립하는 성격을 지니고 있다는 점, 넷째, 이성이란 ratio의 의미로 수학적 계산능력을 가리킨다는 점, 양적인 것으로 질적인 사태의 배제를 전제로 한다는 점, 다섯째, 희랍인들의 nous로부터 전승되어 내려온 것이며, 선천성을 그 특성으로 삼아 후천성을 배제하는 경향이 있다는

22 이동초, 『천도교 민족운동의 새로운 이해』, 서울: 모시는 사람들, 2010, 342쪽.

점, 그리고 여섯 째, 연역적이며 귀납적인 것과 대립적이라는 점이다.[23]

하지만 박인호의 세계관은 배제의 논리가 아니라 포용의 논리에 근거하고 있다. 『壽時集』의 서문과 발문에서 만인 평등 사상으로 해석할 수 있는 부분이 있다. 수시집은 박인호의 시문 중에서 370여편을 아들 박래홍과 양한묵이 각각 편집하고 서문을 써 발간된 시집이다.

> "한울의 법칙은 無爲로써 壽를 삼고 천지의 운행은 쉬지 않으므로 수하니, 사람은 진실로 한울을 몸삼아 수를 운용하는 것이니 壽 또한 天道일 따름이다. 우리 천도교의 대도주이신 춘암 선생께서는 한울의 영감을 이어받으시어 몸소 大道의 중임을 도맡으시었다. … 나에게 말미에 跋記하기를 권하니 내 생각건대 한울은 天壽로써 사람을 壽하게 하고 사람은 人壽로써 한울을 壽하게 하니 한울과 사람이 함께 아울러 壽하는 것이다. 실로 이것이 우리 천도교의 취지인 것이다. 이제 선생께서는 無爲의 德으로 不息의 工을 행하고 천인일체의 壽를 이루시어 그 시초를 窮究하시니 실로 이것은 선생께서 스스로 초치하신 경사이시다. 오호라! 선생님이시어! 우리 어찌 勉勵하여 선생님의 경사로써 자신의 경사를 삼지 아니 하리오. 대략 느낀 바의 뜻이 이와 같으니 詩의 어느 것이 낫고 어느 것이 拙하다라는 것은 내가 먼저 할 바가 아니다."[24]

천인관계를 생명 관계로 풀이한 점이 가장 주목할 만하다. 보통은 천인합일처럼 양자의 일치로 해석되지만 박인호는 이를 서로를 살리는 능동적 생명관계로 이해한 것이다. 다만 그 존재양상이 다를 뿐이다. 다른 양상을 매개하는 역할이 바로 수이다.

둘째, 세계시민윤리로서의 공덕심(公德心)을 바탕으로 하는 협력관계의 중요성을 강조한 점이다. 공덕심이란 용어는 중국의 유학자 양계초에 의해 도

23 김용옥, 『동경대전1』, 서울: 통나무, 2021, 254쪽.
24 『壽詩』, 영인본, 翠雲會, 1985, 이동초, 『천도교 민족운동의 새로운 이해』, 모시는 사람들, 2010, 342쪽.

입된 용어로 1906년 장지연에 의해 번역된 그의 책을 통해 조선에 처음으로 소개되었고, 그 이후 개신 유림에 의해 본격적으로 공론화되었다.[25] 공덕심(public morality)이란 "자신을 죽이고 분파적 이익을 희생하며 전체를 생각하는 정신인데, 조선 사람들은 상하를 막론하고 전적으로 공덕심을 결여하고 있는 것"[26]이라고 할 정도로 20세기 초에 주요 담론으로 일반화된 용어로 보인다.

『동아일보』(1936.1.1)에 게재된 박인호의 말은 천도교의 시민윤리적 성격을 보여준다. 사회, 민족, 더 나아가 국제 활동에서 필요할 뿐만 아니라 민족의 쇠퇴를 막고 인류사회에서 존속하기 위한 가장 중요한 덕목이 바로 공덕심이다.

"어느 민족이든지 그 사회를 구성하는 도덕률이 있거늘 우리에게 가장 빈약한 것이 이 공덕심이다. 현재와 같이 광범위한 사회, 민족, 다시 국제적 생활을 영위함에 있어서 더 한층 복잡한 사회에 있어서는 공덕심(公德心)이야말로 실로 중요한 생활 요소이다. 이조 5백년간의 조선은 정치적으로 한 개의 국가를 형성하고 있으면서도 이상스럽게도 국가의 기초를 짓는 사회 도덕에 대해서는 너무나 등한시하였다. 원래 조선에서는 가족주의가 발달되어 효를 중심으로 한 사덕(私德)만은 최고로 진정되었으나 민족사회를 본위로 하는 공덕(功德)에는 조금도 관심을 갖지 못하였으니 우리 민족으로 하여금 쇠퇴하는 가장 중대한 원인이 여기에 있는 것으로 생각한다. 우리가 앞으로 한 개의 민족을 인류 사회에 그 존재를 지속하려면 무엇보다도 먼저 이 공덕의 보급과 실행에 힘써야 할 것이다."[27]

공덕심은 개인보다는 전체를 생각하는 마음을 말한다. 변화된 시대에 적합한 도덕률은 공덕심이라는 것이다. 공덕심을 등한시한 것을 민족쇠퇴의

25 정욱재, 「한말 유림의 공사 인식-공덕을 중심으로」, 『역사와현실』 93권, 한국역사연구회, 2014, 103쪽.
26 박지향, 「꽃과 칼을 동시에 사랑하는 민족」, 『일본비평』 3호, 서울대학교 일본연구소, 2010, 61쪽.
27 『동아일보』, 1936-01-01. 이동초 주해, 『춘암상사댁일지』, 모시는 사람들, 2007, 50-51쪽.

원인이라고 볼 정도로 박인호는 공덕심을 강조했다. 이조5백년 국가를 형성했던 기간에도 공덕심이 일어나지 못한 것을 의아하게 생각하면서 그는 공덕심이 사회, 민족, 더 나아가 국제 활동에도 중요한 요소로 보았다. 한 민족을 인류 사회에 존속시키기 위해서는 무엇보다 공덕의 보급과 실행에 힘쓸 것을 강조하였다.

공덕심은 사회도덕이다. 사회도덕을 다른 측면에서는 시민 도덕, 더 나아가서 국제 도덕, 세계 시민 도덕으로 확대하여 이해해도 무리가 없을 것이다. 칸트(I. Kant)는 인류의 역사를 진보의 과정으로 보았다. 역사는 개인에게는 어리석음이나 허영심, 사악함이나 파괴욕과 같은 우연적인 것으로 보이지만, 인류 전체라는 긴 안목으로 보면 그 속에는 어떤 규칙적인 진행이 있고 자연의 소질이 발휘되는 보편적인 과정이다.

"인간 행위의 원인이 아무리 깊숙하게 검추어져 있다 하더라도, 우리가 역사에서 인간 의지의 발휘를 긴 안목으로 고찰해 보면, 우리는 그 속에 어떤 규칙적인 진행이 있음을 발견할 수 있다고 기대할 수 있다. 그리고... 각 개인에게서는 얽혀 있고 불규칙한 것처럼 보이는 것도 인류 전체라는 관점에서 보면 비록 느리긴 하지만 지속하고 있는, 근원적인 소질의 발현이라는 점을 인식할 수 있으리라는 것도 기대할 수 있다."[28]

인류 전체라는 보편성은 세계 시민으로 언어화된다. 시민 개인이 갖고 있는 사덕으로는 개인간의 이해관계를 조정하기 어렵다. 그 이유는 사덕만을 주장해서는 공공성을 확보하기 어렵기 때문이다. 칸트는 국제 질서 유지를 위해서 국제연합 창설의 필요성을 주장했고 계몽이 되기 위해서는 이성의 공적 사용이라는 비판적 사고 능력을 중시했다. 이는 박인호가 공덕심의 필

28 I. 칸트 지음, 이한구 편역, 『칸트의 역사철학』, 서광사, 2020, 23-24쪽.

요성을 강조했던 근거와 상통한다. 공덕심을 육성해야 민족의 쇠퇴를 막을 수 있고 국제 사회에 진입하여 인류사에 존속할 수 있다는 박인호의 시대 진단은 칸트의 역사 철학과 다르지 않다.

셋째, 인간관계의 친밀성을 강조한 점이다.

그의 일지에는 사람의 마음을 물의 이치에 비유하여 대인관계의 친밀성을 강조하였다.

> "물은 틈이 없다. 사람의 마음도 그와 같이 사이가 없다. 사람끼리 원수가 어디에 있느냐? 돌연히 말로만 떠들고 행하지 않는 관계니라. 그러기에 대신사의 말씀에 '남의 작은 잘못을 내 마음에서 논하지 말라(他人細過勿論我心)'라는 말씀을 하셨다."[29]

특히 인간관계를 물에 비유한 것은 오관종규 중 청수봉전과 관련이 깊다. 물은 정화수의 기능이 있지만 틈이 없는 친밀함을 상징한다. 틈은 사이에 간극이 있어 소통이 되지 않고 갈등을 생기게 한다. 서로 자신을 인정받기 위한 욕구는 인정투쟁을 낳는다. 동귀일체의 공동체적인 마음이 그러한 틈을 메꿀 수 있다. 공덕심은 결국 수련과 사회적 실천을 통해 무극대도를 깨달을 때 형성되는 것이다. 물이 빈틈이 없듯이 공덕심은 평화로운 인간관계를 형성한다.

넷째, 무극대도의 깨달음에 입각한 정직하고 성실한 삶의 태도이다.

박인호는 정직하라는 말을 가장 많이 했다고 한다. 그만큼 정직이 교단을 유지할 수 있고 무극대도를 깨달을 수 있는 바탕이 되기 때문이다. "사람을 속이지 말고 거짓말 하지 말라." "거짓말을 한번 하면 10년 공부가 무효

---

29 이동초 주해, 『춘암상사댁일지』, 모시는 사람들, 2007, 96쪽.

가 된다." "교인은 거짓말을 말아야 하네..."[30] 보통 거짓말을 말아야 한다는 것은 도덕적 당위성으로 쓰인다. 하지만 박인호의 거짓말과 정직의 개념은 선하다, 악하다와 같은 도덕 판단보다는 하늘에 대한 절대적 인식을 뜻한다. 이 점이 박인호의 정직하라는 말의 특징이다. 지극한 정성으로 수심정기하여 무극대도에 이르는 왕도가 바로 정직이다.

> "교인은 거짓말을 말아야 하네. ... 한울이 없으면 나도 없고 세상도 없을 것일세. 내가 아무리 용렬하지마는 나는 물질에 절대 욕심이 없네. 참으로 나는 혼자 기쁘고 좋은 생각이 끊이지 않네. 참으로 때좋은 생각을 하면 여간 기쁘지 아니하네. 물질과 과학, 사회에 끌리지 말고 지성으로 수도하라."[31]

박인호 삶의 규범을 "한결같은 기도", "가식없는 성실함", 그리고 "솔선수범하는 실천력"[32]으로, 그의 성품을 "포용력", "지조정신", "비폭력"으로 규정한 것은 무극대도의 깨달음과 하늘에 대한 인식에 근거한 정직성의 원칙과 상통한다. 특히 그의 포용력있는 넉넉한 성품은 1910년 이후 일본의 무단정치에 항거하면서 사회 각 계층을 포용하려고 하였고, 1919년 3월 1일 운동에서도 민족대표 48인 중 1인으로 기독교. 불교 등 종교계 대표들을 규합하여 거족적인 만세운동을 시도하였으며, 6.10만세 운동이나 신간회 사건에서도 사회주의계열까지 포함하는 민족적 단결을 도모하였다.[33] 한 인간의 성품이 민족 문화 역사에 미치는 영향이 이렇게 큰 경우는 드물 것이다.

---

30 이동초 주해, 『춘암상사댁일지』, 모시는 사람들, 2007, 95쪽. 95-96쪽. 117쪽.
31 이동초 주해, 『춘암상사댁일지』, 모시는 사람들, 2007, 155쪽.
32 예산문화원, 『동학의 발원』, 2002. 78-79쪽.
33 승통 100주년 기념 학술대회 발표집, 『춘암 박인호 선생의 삶과 민족운동』, 2008. 90쪽.

4. 춘암 박인호의 역사인식

춘암 박인호의 동학사상과 역사인식은 당시의 새대적 모순과 위기를 해결하기 위한 각고의 이론적 실천적 투쟁에서 형성된 것이었다. 특히 그의 역사에 대한 냉철한 분석과 정확한 인식은 동학의 정신과 문화를 세계적 담론으로 알리는데 시금석이었다. 독일의 철학자 헤겔은 철학을 사상으로 파악한 그의 시대라는 말을 했다. 박인호는 한국 근대사회의 위기를 동학사상을 통해서 이해하고 이를 해결하기 위한 실천방법을 모색했다. 물론 동학의 세계화 담론에는 세계화와 한국화의 관계를 어떻게 이해할 것인가의 문제가 있다. 한국적인 것의 의미와 외연의 문제, 세계적인 것의 의미와 외연의 문제, 그리고 양자의 관계의 문제는 글로컬 담론(glocalization discourses)에서 중요한 이슈이다. 하지만 이 논의는 시대의 변화에 따라 다양하게 생산되고 변형되어 새로운 이슈를 만드는 과정이 반복되기 때문에 하나의 이론으로 귀결되기 어렵다. 따라서 본 연구에서는 이러한 문제가 있음을 염두에 두고 박인호 사상을 정리하는 수준에서 동학의 세계화 담론에 접근하고자 한다.

춘암 박인호의 삶과 사상은 한국 정신문화의 정수인 동학의 세계화를 위한 기반을 조성하는데 기여할 수 있다. 동학의 평등과 포용, 혁신과 개화, 자주와 독립의 가치를 실천하고 확장하려고 하였으며 다양한 정치 이념과 분파를 넘어서 하나의 단일 정당을 추구함으로써 통합과 화해의 가치를 널리 알렸고, 일본의 침략에 대항하는 기도운동을 전개함으로써 내면적인 정신적 저항을 보여주었다.

춘암 박인호는 동학의 가치를 세계적인 평화와 인권, 문화의 다양성과 상호작용에 적용하고, 더 나아가 인류 공동체의 구현을 실천하는 데까지 확장하고자 하였다. 그의 마음 속에는 동학의 세계화에 대한 의지가 확고하

게 자리잡고 있었다. 3장에서 언급했던 4가지 내용은 세계화 담론에 활용
할 수 있는 것이다. 만인평등이라는 보편적인 인간관, 세계시민윤리로서의
공덕심(公德心), 인간관계의 친밀성, 정직하고 성실한 삶의 태도는 철학적으
로는 존재론과 인식론 그리고 가치론의 체계를 갖추고 있다. 존재를 생명의
문제로 접근하는 유기체적 존재론, 존재를 자타의 상호관계로 인식하려는
세계관, 그리고 정직하고 바르게 살려는 가치론으로 그의 사상을 체계화할
수 있을 것이다. 물론 박인호의 사상이 개념과 언어를 통해 추상적인 수준
에서 전개된 것은 아니다. 하지만 정직한 그의 언어와 흩어져 있는 단편들
은 그의 사상을 체계화하는데 부족하지 않다.

다음은 오늘날 그의 동학사상과 역사인식을 현재화하고 새로운 세계화 담
론으르 확장하는 데 검토해볼만한 사항이다.

첫째, 그는 동학을 통해 인내천(人乃天)과 인간평등이라는 보편적인 인간
관과 가치관을 정립하고 실천하였다. 이는 모든 인류가 하늘과 같은 존재이
므로 서로 평등하고 유대 관계를 맺어야 한다는 것을 의미한다. 이러한 이
념은 동서양 문화와 종교에 공통적으로 존재하는 인간의 존엄성과 인간애의
원리와 일치한다.

둘째, 춘암 박인호는 동학을 통해 민족의 독립과 평등을 위해 헌신하였
다. 그는 동학농민혁명에서 농민군을 이끌었을 뿐만 아니라 갑진개화운동
을 주도하였다. 또한 3·1운동에서 자금과 인력을 지원하고, 일제의 탄압에
저항한 멸왜기도 운동을 전개하였다. 이러한 활동은 일제의 식민지 지배에
저항하고, 민족의 자주성과 자긍심을 고취하는데 기여하였음을 의미한다.

셋째, 춘암 박인호는 천도교를 통해 교육문화운동을 진행하였다. 그는 교
리강습소와 사범강습소를 설립하여 수천 명의 교역자와 교사를 양성하였으
며, 부인전교사와 부인순회교사를 선정하여 여성포덕과 교육에도 힘썼다.

이와 함께 천도교단이 인수한 여러 학교들을 운영하고, 교리서와 기관지를 발간하기도 하였다. 이러한 활동은 민중의 문맹과 무지를 해소하고, 문화적 수준을 향상시키는 데 기여하였다.

넷째, 춘암 박인호는 계몽과 탈계몽을 동시에 추진했다는 점이다. 그의 교육문화 활동에서는 계몽 운동가로서의 그의 면모를 확인하는 것은 어렵지 않다. 교육을 통해 의식을 각성시키고 새로운 세계를 인식하게 함으로써 교양인을 양성하였다. 이들은 동시에 3·1운동의 주체가 되기도 하였다. 하지만 교육문화활동을 통해서 그의 사상의 계몽적 측면을 발견할 수 있지만 동시에 거짓말 하지 말라와 같은 그의 정직성의 규범을 통해서는 탈계몽적인 측면도 발견할 수 있다. 계몽은 이성적 활동이지만 유용성의 원리만을 강조한다면 독단에 빠지기 쉽다. 자기를 합리화하기 위하여 다른 것을 수단으로 삼기도 한다. 아마도 그는 이러한 사태를 염려하면서 정직을 강조했을 것이다. 그가 교육의 문제를 공기의 관점에서 접근하는 것도 이러한 맥락에서 이해할 수 있을 것이다.

춘암 박인호를 계몽주의자로 볼 근거는 무엇인가. 그는 철저하게 봉건질서를 타파하고 새로운 문명건설의 꿈을 실현하고자 하였다. 그의 교육문화운동은 이러한 문명건설에 교육의 역할이 그만큼 중요하다는 것을 보여준 것이다. 하지만 그가 염두에 둔 교육은 사교육이 아니라 공교육이었다. 사인여천의 평등주의에 근거하여 교육을 공기로서 본 것이다. 공덕심의 윤리는 그의 교육관의 토대가 되었다.

독일의 계몽주의 철학자 칸트(I. Kant)는 인간이 미몽에서 깨어나 자기를 계발하고 발전시키기 위해서는 자신의 지성을 스스로 사용할 용기를 갖는 것이 중요하다고 하였다.

"계몽이란 우리가 마땅히 스스로 책임져야 할 미성년 상태로부터 벗어나는 것이다. 미성년 상태란 다른 사람의 지도 없이는 자신의 지성을 사용할 수 없는 상태이다. 이 미성년 상태의 책임을 마땅히 스스로 져야 하는 것은 이 미성년의 원인이 다른 사람의 지도 없이도 지성을 사용할 수 없는 결단과 용기의 결핍에 있을 경우이다."[34]

이러한 계몽된 사유와 실천이 인류의 진보를 가능하게 한다는 것이다. 그럼에도 불구하고 당시의 시대가 계몽의 시대이지만 계몽이 되지 않은 이유는 게으름과 비겁함 때문이다. 이미 나를 대신하여 지성을 가지고 있는 책이 있고, 나는 대신하여 양심을 가지고 있는 목사가 있고, 음식을 만드는 요리사가 있다면 책과 양심과 음식을 만들기 위해서 수고를 할 필요가 없다는 것이다. 오히려 그들에게 다 맡기는 것이 편하게 되어 결국 미성년 상태에 머무르게 된다는 것이다.

그는 계몽을 위해서 가장 필요한 것은 바로 자유라고 보았다. 자유란 공적 자유와 사적 자유가 있다. 이성의 공적 자유란 "어떤 사람이 한 사람의 지식인으로서 독자 대중 앞에서 이성을 사용하는 경우"를 말하고, 이성의 사적 자유란 "그에게 맡겨진 어떤 시민적 지위나 공직에서 이성을 사용하는 경우"를 말한다.[35] 가령 똑같은 사람이 한 사람의 지식인으로서 과세의 부당함이나 부정에 대해 자신의 생각을 발표하여 비판하는 태도가 이성의 공적인 자유를 의미한다. 그렇지만 세무원으로서 공직에 충실한 태도가 이성의 사적인 자유를 의미한다. 비판의 자유가 바로 계몽된 시대를 앞당길 수 있는 방법이다. 칸트는 이러한 비판적 이성의 기능이 인류의 권리이며 인류를 더 나은 단계로 진보하는 힘으로 본 것이다. 하지만 그는 비판의 자유를 무한하게 허용하지 않고 공직과 일에 있어서는 복종을 강조하였다.

---

34 I. 칸트 지음, 이한구 편역, 『칸트의 역사철학』, 서광사, 2020, 13쪽.
35 I. 칸트 지음, 이한구 편역, 『칸트의 역사철학』, 서광사, 2020, 16쪽.

칸트의 계몽철학이 이성의 공적 기능인 비판 활동을 장려하여 합리적 인간을 형성하는 데 기여하였지만 동시에 지나친 합리주의는 계산적 인간을 낳았다. 탈계몽주의들의 주장은 이러한 측면을 비판한 것이다. 춘암 박인호는 교육이 공기가 되어야 하고 정직이 따라야 한다는 점을 강조하였다. 그 이유는 바로 이러한 계몽주의 문제점을 간파했기 때문이다. 계몽을 추구하면서도 계몽의 문제점을 간파했고 그래서 정직과 공기를 주장했다는 점에서, 그의 동학사상은 계몽과 탈계몽의 변증논리로 이해하는 것이 타당해 보인다.

5. 결론

춘암 박인호의 동학사상과 역사인식은 현대사회의 문제를 분석하고 해결할 수 있는 실마리를 제공한다. 그는 동학과 천도교의 전 시기에 걸려 활동했다. 은도의 시대, 현도의 시대, 문화의 시대로 이어지는 동학의 역사는 춘암 박인호의 생애사와 겹친다. 그만큼 그는 다른 동학 지도자들과 달리 외연이 넓다. 1905년 동학의 천도교 개칭은 동학의 역사에 분기점이 된다. 춘암은 해월로부터 받은 동학과 의암으로부터 받은 동학을 종합하고 새롭게 해석하여 현실 사회에서 실천했다. 혁명가로서 교육자로서 문화운동가로서 정치가로서 종교지도자로서 그의 다채로운 면모는 우연하게 나타난 것이 아니었다. 동학의 정신과 동학의 역사가 그러한 일을 하도록 한 것이다. 민족정신과 개인의 열정이 직조되어 역사는 진행된다. 춘암이 위대한 이유는 이러한 민족정신을 인식하고 강한 의지로 실현하려고 했기 때문이다.

춘암 박인호의 삶과 그 성격 형성에는 아버지의 교육과 지리적 영향이 컸다. 하지만 동학과의 만남은 그의 일생의 전환점이 되었고 새로운 인생이 시작된 계기가 되었다. 인간과 사물과 하늘을 둘로 보지 않고 생명관계로 이해하는 평등사상, 공덕심과 공기로서의 세계시민윤리와 교육사상, 인간관계의 친밀성, 그리고 정직함을 무극대도의 각성으로 접근하는 태도는 춘암 박인호의 동학사상의 정수를 보여준다. 또한 정치이념이나 분파를 초월한 포용력은 전쟁과 폭력이 난무하는 세계에 적용할 수 있고 계몽과 탈계몽의 변증법적 사유는 배제와 혐오의 문화를 극복하는 데 도움을 줄 것이다.

역사는 과거의 사실과 역사가의 해석 사이의 끊임없는 대화라고 했다. 그만큼 역사가의 문제의식과 가치관이 중요하며 다양한 해석이 존재할 수 있다. 동학의 세계화 담론도 역사가의 문제의식과 가치관에 따라 다양하게 생성될 것이다. 춘암 박인호의 동학사상을 정리할 때 두 가지 점을 주목하고 싶다. 하나는 위인의 모습이고 다른 하나는 계몽과 탈계몽의 사유이다. 역사적 위인이란 역사를 창조한 인물을 말한다. 그에게서 창조자의 모습을 볼 수 있었다. 존재의 문제를 목숨과 생명, 물로 해석하거나 공덕심과 공기로서 교육문화운동을 해석하고 다양한 분파와 정치이념을 수용하는 포용력이 그 예이다. 창조는 변화를 만들어낸다. 창조자로서의 그의 위인적 면모 때문에 근대 한국사회를 변화시켰다. 또한 계몽과 탈계몽의 사유도 춘암 박인호의 동학사상으로 강조되어야 한다. 교육문화활동을 통해 계몽운동을 추진하였지만 동시에 정직과 공덕심을 강조하면서 계몽의 폐단을 극복하고자 하였다.

참고문헌

『개벽』
『동경대전』
『용담유사』
『신인간』
『천도교월보』
『천도교서』

고건호, 「천도교 개신기 "종교"로서의 자기 인식」, 『종교연구』 38권. 한국종교학회,
    2005.
고건호, 「비교의 시선으로 본 동학과 천도교: 종교와 정치 관계에 대한 언술을 중심으
    로」, 『동학학보』 제19호, 동학학회, 2010.
김경재, 「종교적 입장에서 본 현도 100년의 천도교」, 천도교 현도 100년 기념 학술대회
    발표 논문, 2005.
김경재, 「종교적 입장에서 본 현도 100년의 천도교」, 『동학학보』 10권, 동학학회, 2006.
김용옥, 『동경대전1』, 서울: 통나무, 2021.
김용휘, 「한말 동학(東學)의 천도교 개편과 인내천(人乃天) 교리화의 성격」, 『한국사상사
    학』 25권, 한국사상사학회, 2005.
김정인, 「1920년대 전반기 천도교의 노선갈등과 분화」, 『의암 손병희와 3·1운동』, 오문
    환 외, 모시는 사람들. 2008.
동학천도교사전연구회/개벽라키비움 기획, 『동학천도교인명사전』(제II판), 모시는사람들,
    2019.
박래원, 「朴來源 日記」, 『동학학보』 제12권, 동학학회. 2008.
박성묵, 「내포지역 동학농민혁명과 춘암 박인호」, 『춘암 박인호 선생의 삶과 민족운동』,
    승통 100주년 기념 학술대회, 2008.
성주현, 「박인호계의 동학혁명과 그 이후 동향」, 『동학학보』 17권, 동학학회, 2009.
성주현, 「무인멸왜기도운동과 박인호」, 『춘암 박인호 선생의 삶과 민족운동』, 승통 100
    주년 기념 학술대회, 2008.
예산문화원, 『춘암 박인호 연구』, 1997.
예산문화원, 『동학의 발원』, 2002.
오문환 외, 『의암 손병희와 3·1운동』, 모시는사람들, 2008.
오문환, 「천도교의 이상정치론. 교정쌍전을 중심으로」, 『동학학보』 제16호, 동학학회,
    2006.
오지영, 『동학사』, 대광문화사, 1984.
유준기, 「내포지역 동학농민운동의 전개과정과 그 결과」, 『한국근대사논총』, 전국문화연

합회, 1997.

윤석산, 「교단사적 입장에서 본 천도교 100년」, 『동학학보』 10권, 동학학회, 2006.

이동초, 『천도교 민족운동의 새로운 이해』, 모시는 사람들, 2010.

이동초 주해, 『춘암상사댁일지』, 모시는 사람들, 2007.

이상재, 『춘암 박인호 연구』, 예산문화원, 1997.

이진구, 「천도교 교단조직의 변천과정에 관한 연구—연원제를 (淵源制) 중심으로—」, 『종교학연구』 10권, 서울대학교 종교학연구회, 1991.

이진영, 「충청도 내포지역의 동학농민전쟁 전개양상과 특성」, 『근대이행기 지역엘리트 연구』 I, 경인문화사, 2006.

이현희, 「동학의 근대성」, 한국민족사상학회, 『민족사상』 제12권 제2호, 2008.

임형진, 「천도교의 성립과 동학의 근대화」, 『동학학보』 제16권, 동학학회, 2008.

임형진, 「1920년대 민족운동과 박인호」, 『춘암 박인호 선생의 삶과 민족운동』, 승통 100주년 기념 학술대회, 2008.

정을경, 「일제 강점기 박인호의 천도교 활동과 민족운동」, 『한국독립운동사연구』 제33집, 독립기념관 한국독립운동사연구소, 2009.

조규태, 『천도교의 문화운동론과 문화운동』, 국학자료원, 2006.

조극훈, 「춘암 박인호의 동학이해와 근대성」, 『동학학보』 제29호, 동학학회, 2013.

조기주, 『동학의 원류』, 보성사, 1979.

천도교중앙총부, 『춘암상사의 생애와 사상』, 1970.

천도교중앙총부 교서편찬위원회, 『천도교약사』, 천도교중앙총부출판부, 2006.

최기영, 「한말 (韓末) 동학의 천도교로의 개편에 관한 검토」, 『한국학보』 20권 3호, 일지사(한국학보), 1994.

최민자, 「동학의 정치철학적 원형과 리더십론」, 『동학학보』 10권, 동학학회, 2006.

충남대학교 내포지역연구단, 『근대이행기 지역엘리트 연구』 I, II, 경인문화사, 2006.

카, E.H. 지음, 김택현 옮김, 『역사란 무엇인가』, 까치, 2022.

칸트, I. 지음, 이한구 편역, 『칸트의 역사철학』, 서광사, 2020.

표영삼, 「6,10만세와 천도교」(상), 『新人間』 510호, 1992, 11.1.

홍장화, 『천도교 교리와 사상』, 천도교중앙총부출판부, 1991.

홍장화, 『천도교운동사』, 천도교중앙총부출판부, 1990.

Beirne, Paul, *Su-un and His World of Symbols: The Founder of Korea's First Indigenous Religion*, Farnham, Surrey: Ashgate Publishing, 2009.

Hegel, G.W.F., *Vorlesungen ueber die Philsophie der Geschichte*, Frankfurt am Main: Suhrkamp Verlag, 1970.

Kallander, George, "Finding the Heavenly Way: Ch'oe Che-u, Tonghak, and

Religion in late Chosŏn Korea," PhD diss., Columbia University, 2006.

Young, Carl F., *Eastern Learning and the Heavenly Way: The Tonghak and Ch'ŏndogyo Movements and the Twilight of Korean Independence*, University of Hawai'i Press, 2014.

내포동학혁명 지도자의 활약상과 역사 문화적 의의

박성묵(예산동학농민혁명기념사업회 회장)

내포동학혁명 지도자의 활약상과 역사 문화적 의의

1. 머리글

동학은 1860년 수운 최제우의 창도 이래 기존 유교질서체제를 위협하는 사상무리로 규정해 동학금단(禁斷)을 구실로 동학교도에 대한 탄압은 40여 년간 지속되었다. 동학에서 말하는 '은둔시대(隱遁時代)'이다. 그러나 조선 후 기 피지배 민중 층의 삶은 뿌리째 흔드는 심각한 위기의 시대를 극복하고 서 양 열강의 동아시아 침략에 대한 '보국안민(輔國安民)의 계책', 즉 서양의 도 전에 창조적으로 응전하고자 했던 조선 민중들의 '자기 확립'의 사상, 또는 학문을 제시하고자 절치부심했던 위기의식의 배경속에 창도한 동학은[1] 들불 처럼 번지듯 교도 숫자는 늘어났고 지역마다 선지자들이 일반 민중들을 결 속시키면서 포(包).접(接) 조직체계를 형성해 갔다. 또한 동학을 수용한 지역 지도자들은 동학의 지도이념을 확립하고 사상적 제요소를 깊은 성찰을 통해 사회의 상층지배구조를 개혁하고 근원적인 시대변화를 꿈꾸며 동학의 참 가 르침을 펴 나아갔다. 구한말 서양인 브라운이 생각한 것 처럼 '동학은 먼저 왕조에 충실했지만, 지배층의 동학에 대한 적대심과 압박으로 인해 동학도 들은, 태평천국의 신봉자와 마찬가지로 혁명자로 발전할 수 밖에 없었다'[2]고

---

1 박맹수 논문「동학의 창도와 개벽사상」, 『동학농민혁명의 기억과 역사적 의의』(전북사학회 編 2011년) 44쪽.
2 비온티노 유리안(Juljan Biontino) 논문「한말 시기 조선에서 서양인이 본 동학운동」, 『동학학 보』 27호 401쪽.

강조한 것처럼 '민란(民亂)의 시대'라 일컬을 만큼 수많은 민중봉기라는 시대적 조건을 타고 마침내 1894년 갑오동학혁명으로 분출되었다.

동학혁명의 도화선이 된 고부봉기의 여파는 해월로부터 꾸준히 직. 간접적인 지도를 받고 조직기반을 넓혀가던 내포동학[3] 지도자급 인물들에게 큰 영향을 미쳐 내포 각 지역에 봉기를 주도하는 핵심인물로 활약하면서 민중과 생사고락을 함께 했다.

그간 동학연구에 대한 학계의 관심이 많았음에도 불구하고 연구와 선양사업이 지역적, 또는 단체별 역량에 따라 너무 특정지역에 집중된 점이 없지 않았다.

특히, 충청 서북부지역인 내포동학혁명에 대한 관심과 '동학혁명의 전국화'라는 큰 시야를 가져보려는 노력이 크지 않았던 점을 본고를 통해 성찰의 의미를 되새겨본다. 이렇게 된 연유는 이 지역 동학혁명운동의 역사적 가치에 대한 이해 부족과 역사사료발굴 노력이 미비한 것이 가장 큰 원인이라 본다. 내포지역 전체적인 동학인물에 대한 깊이 는 조사와 연구가 선행과제라 본다.

내포동학혁명은 10월 초에 기포하여 삼남지역에서 다소 늦게 봉기했지만 동학교조 수운 최제우의 억울한 죽음에 대한 신원伸寃을 최초로 공식적인 동학의 집단적 시위형태를 펼친 '공주취회(1892)'가 말해주듯 내포동학의 연원은 깊은 역사가 있음을 말해준다. 동학혁명이 발발하자 사기승천하여 면천승전곡 전투처럼 최대의 전과를 올린 곳도 있으나 최대의 희생자를 낸 곳

---

3 '內浦'의 지칭은 이중환의 〈擇里志〉에서 언급한 가야산(678m) 주변의 10개 고을 의미하며 삽교천과 무한천에 내륙 깊숙이 뱃길이 형성된 특이한 지역에서 동질성의 생활문화와 인문지리학적 상징적 의미가 내포된 이지역 고유의 향토용어이다. 동학혁명 당시는 내포지역 보다 확장된 타지역까지 단일한 조직체로 활동한 양상이 나타나 2007년 부터'내포동학'이란 용어가 등장한다.

도 있다. 홍주성 전투 후 패퇴 과정에서 일본군과 관군, 지역유림세력이 규합된 유회군의 무차별 체포와 처형은 내포동학혁명의 빠른 쇠퇴를 가져왔다. 본고에서는 그동안 내포동학혁명에 관한 연구가 없지는 않았으나 일본 측 기록과『동학농민혁명 국역총서』등 새로운 자료가 발굴 보급됨에 따라 내포동학혁명의 종합적 연구가 필요함을 느끼고 우선 주요지도자의 활약상과 역사문화적 의의를 고찰하고자 한다.

2. 내포동학혁명의 주요지도자 활약상

18세기를 풍미하며 새로운 개혁사상으로 등장했던 실학은 지배체제의 개혁을 이루어 내지 못한 채 급변하는 19세기의 시대상황 속에서 조선왕조가 나아갈 방향을 성공적으로 제시하지 못하고 있었다. 조선왕조는 정치적으로는 세도정치와 과거제도의 문란으로 사회. 경제적으로는 전정(田政). 군정(軍政). 환곡(還穀)이라는 삼정(三政)을 중심으로 하는 수취제도의 문란과 봉건적 지배층의 일반 민중에 대한 가혹한 수탈이 가중되는 가운데, 민중들의 빈번한 봉기로 인한 지배체제의 모순이 날로 격화되어 가고 있었다. 이러한 위기의 시대, 세기말적인 혼란한 시대상황 속에서도 새로운 시대의 도래를 예감한 내포지역 동학지도자들은 타지역 공통적으로 나타나는 이른바 안으로는 '반봉건(半封建)' 근대사회의 건설과 밖으로는 동점해 오는 서구문명권, 즉 서양 제국주의 열강으로부터 체제를 수호해야 하는 '반침략(反侵略)' 국권 수호라는 이중의 과제를 짊어진 채 고난의 길을 걷지 않으면 안 되었다.

내포지역 동학은 창도 이후 1880년대 까지 조직적인 집단화 되지 못하고 경주최씨 문중중심 그리고 시대개혁의 강한 욕구의식을 가진 인물 중심으로 세력이 확장되어갔고 그나마 일부 지역에 국한되어 교세가 미약했다.

그러나 임진년 공주취휘(1892)와 광화문복합상소(1893)를 계기로 일반민중들은 다투어 동학교단에 입도하기 시작한다. 체제변혁의지는 날로 높아갔다. 또한, 예포대접주 박희인의 서산. 태안지역 포교활동에 힘입어 원북면 방갈리 등 북부지역에 거점조직을 확보하고 탐관오리를 제거하고 폐정개혁을 향한 목표의식을 분명하게 인식시켜줬다.[4]

보은취회를 통해 최대조직 덕포의 중심인물 박인호가 해월 최시형으로부터 '덕의대접주'라는 포직과 포명을 받아 명실상부한 내포동학조직체로 위상이 정립되었다고 볼수 있다.

대흥유회군 면정(面正) 안희중은 그의 『임성경란기(任城經亂記)』에 "동비(東匪)들이 더욱 치열하여 감히 눈뜨고 볼 수 없는 지경에 이르렀다"고 한탄했고 지역사료인 『대교김씨가갑오피란록(大橋金氏家甲午避亂錄)』에서도 "소위 동학은 보은도회 이후에 그 치열한 모습은 달이 다르고 때가 다르게 마을마다 접이 만들어져 사람마다 주문 읽는 기세가 타오르는 불길과 같았고 물결치는 조수와 같았다." 당시 내포동학의 위세를 말해준다.

합덕제와 관계한 전 병사 이정규(李廷珪)수탈과 탐학에 격분한 나성로와 이영탁 등이 주도한 '합덕봉기'[5]가 1894년 2월 6일 일어나 고부봉기 보다 선행하며 발발 원인 등에 있어서 유사성을 지닌다. 4월엔 서산의 거점지인 원평봉기로 이어져 동학혁명 1차봉기를 장식했으며 내포 10월 봉기의 전사이자 서곡이었다.

동학교세가 날로 강성해지자 7월 하순에는 예산을 비롯한 내포지역 지도자들은 전라도와 마찬가지로 척양척왜의 기치를 걸고 항일전을 펼치자

---

4 수암 이용우의 증언에 따르면 상암 박덕칠은 염주를 가지고 승려행사 차림으로 태안접주 좌대장 윤세원(尹世元)의 집에 자주들렀다고 한다.
5 박걸순 논문, 「1894년 합덕 농민항쟁의 동인과 양상」, 『한국독립운동사연구』 제28집 참조.

는 주장이 높아갔다. 사태의 심각성을 느낀 선무사 정경원은 8월 6일 홍주로 와서 인근의 동학접주들을 소집하여 타일러 설득했는데 이에 참여한 인물은 홍주의 김영필, 정대철, 이한규, 정원갑, 나성로, 덕산 이춘보, 예산 박덕칠, 박도일, 대흥의 유치교, 보령의 이원백, 남포의 추용성, 정산의 김기창, 면천의 이창구 등이었다. 이 중 이창구가 거느린 무리가 가장 많아 5~6만명을 칭하였고, 덕산의 한명보(韓明甫), 한응고(韓應古) 형제는 가장 완강하여 몇 차례의 효유에 한 번도 나타나지 않았다.[6]

2차봉기에 해당되는 10월 봉기에 주요지도자들은 전면전 대비에 가장 필요한 것은 무기확보였다. 덕포동학농민군은 10월 3일 해미,덕산, 예산,온양관아를 습격했다. 탈취한 무기는 고덕 한내(구장터)에 설치된 무기고에 넣어두고 본격적인 무장투쟁을 전개하기 위해 진을 편성했다.

태안관아 점령, 삽교성리 '예포대도소'설치, 대흥관아점령, 등 나름대로 투쟁성과를 올렸으나 홍주초토영의 토벌공격으로 동학지휘부가 큰 타격을 받고 계속되는 탄압과 색출로 위기에 몰리자 여미벌에서 3만여 농민군이 재기포의 깃발을 올렸다. 면천승전목에서 아까마즈 소위가 이끄는 일본군1개 지대(1개 소대 2개 분대)와 경군 34명을 패퇴시켰다. 면천성 무혈입성과 그간 움추렸던 농민군은 본대 행렬에 가세하면서 대오는 크게 늘어났다. 27일 관작리 전투에서 대승을 거두고 북상을 접고 예산관아를 점령하고 곧바로 홍주성 점령을 위해 역리송산에 주둔하였다. 다음날 수운대신사 탄신제를 올린 후 홍주성으로 진격하였으나 막강한 화력 앞에 수많은 농민군이 희생되었다. 이후 패퇴를 거듭하면서 해미읍성에 주둔했지만 이두황 부대의 기습을 받아 많은 농민군이 체포되어 처형되었다. 매현전투 후 잔여 동학농민

6 이진형 논문, 「동학농민전쟁기 충청도 내포지역의 반농민군 조직과 활동」5쪽.

군은 각 접 단위별로 산중 혹은 해안가로 색출을 피해 도피했지만 관군과 일본군은 지역민을 앞세운 민보군을 이용해 동학농민군 색출 처형에 열을 올렸다. 주요지도자들은 향촌에 머무를 수 없는 상황이라 대부분 죽음을 무릅쓰고 탈출하여 고난의 도피생활로 생명을 보전했다.

1) 내포 최대조직체 덕포(德包)를 이끈 박인호

박인호는 충청도 덕산 막동(지금의 예산군 삽교읍 하포리)에서 1855년 2월 1일 밀양인 朴明九와 온양방씨 사이에 큰 아들로 태어났다. 아명은 龍浩라 하였고 자는 道一이고 나중의 도호는 春菴이다.

그의 아버지 명구는 찢어지게 가난한 살림을 꾸리는 전형적인 평민이며 소작농이었다. 동리에서 근엄과 행동거지가 분명하여 인망을 얻었고 자식 교육에도 소홀하지 않았다. 박인호는 어릴적 동네 글방에 다니며 농사일을 거들어야 했다. 박인호의 성격은 온순했으나 기골이 장대하여 힘이 장사여서 덕산읍내장에서 씨름판에서 이겨 송아지를 어깨 밑에 안고 왔다고 한다

그는 씨름뿐 아니라 술도 말로 마셨고 걸음도 빨라 "용호도사"라는 별명을 얻기도 했다. 빈농인 처지라 그는 蒙學을 마치고 경서를 읽으며 醫書를 읽고 方文을 익히고 풍수지리에도 취미를 가졌다. 이상재의 구술에 의하면 『춘암은 정의감도 대단하여 동네 사람들이 일을 당하면 이를 도맡아 처리하는 시체말로 해결사 노릇을 했지.』라고 전한다.

그는 예산읍 오리정 주막집 주인 박첨지와 주모 월화에게서 하늘님을 믿는 동학이라는 것

이 영남에서 생겼는데 기름에 불을 붙인 것 같아 영남, 호남에 크게 번지는데 그들의 주장은 사람을 하늘 같이 섬기고 바른 마음으로 하느님을 믿어 이 세상은 평화로운 세상이 된다는 동학 이야기를 듣고 이때부터 그의 삶이

전혀 다른 길을 걷게 된다.

1883년 3월 18일 29살의 나이로 孫秉熙와 함께 동학에 입도하였다 해월 최시형이 무척 기뻐 "吾道에 새 運이 트는구나"라 외쳤다고 한다

입교 후 10년 동안 六任制의 접 조직 방식으로 내포지방의 여러 고을을 돌아 다니며 동학 포덕에 많은 노력을 기울였다. 그의 노력으로 德包는 전국에서 가장 큰 교단이 되었으며 내포는 물론 진위, 죽산, 연천,까지 이어졌다.

> 其 動亂의 최초 火蓋를 開한 지방은 물론 全羅道 古阜郡이나 당시 東學黨의 제일 세력이 강대한 곳은 忠淸南道요. 動亂도 또한 此地가 중심이 되얏다. 환언하면 甲午 東學亂은 忠淸南道로 인하야 대세력을 得하얏고 忠淸南道로 인하야 또한 大失敗를 하얏다. 당시 忠南의 東學黨은 德胞 禮胞 淸胞 忠慶胞 山川胞 洪胞 등이 잇섯스니 德胞는 朴寅浩(今天道敎春菴先生)을 중심으로 한 德山, 禮山, 新昌, 溫陽, 洪州, 結城, 沔川, 唐津, 瑞山, 泰安, 天安, 木川, 등 忠南 일대와 京畿의 漣川, 楊州 일대를 통합한 교단이오. 禮胞는 朴德七, 淸胞는 孫天民 외 文天釗, 李永範, (起兵洪州葛山) 忠慶胞는 申澤雨, 李鎭龜, (起兵結城) 山川胞는 韓明淳, 李昌九 (起兵沔川) 洪胞는 韓某 李某(姓名未詳起兵洪州)를 중심으로 한 교단이니 其中 세력이 강대한 자는 德胞다.[7]

춘암이 동학교단의 지도자로 부상한 것은 1892년 광화문 복합상소 때 부터이다. 그도 교조신원을 요구하는 상소에 奉疏을 올렸지만 무엇보다 그의 사촌동생 光浩를 疏首로 내세운 것이다. 교단의 최고 지도자들이 疏首를 하지 않고 光浩를 내세운 것은 이로 인한 정부의 탄압을 고려한 것으로 여겨진다.

1893년 3월 11일 보은집회 때 그 동안의 接조직에서 包로 개칭하고 이

---

7 『개벽』지 제46호(1924년 4월 1일자)에 실린 예산동학농민전쟁 관련 내용기사제목: 歷史上으로 본 忠淸南道

때 德義大接主로 임명되어 덕산포를 중심으로 한 충청도 내포지역의 책임자
가 되었고 1894년 9월 이후의 내포동학농민혁명 당시 농민군을 이끌고 홍
주성 전투까지 지휘 주도했다. 홍주성 전투에서 대패 후 오리정 월화의 도
움으로 금오산 덤불속에 움을 파고 삼동을 지냈다. 그후 定山 칠갑산으로
옮겨 짚신 삼는 일을 하였다. 이곳에서 어물장사로 구명도생하던 도인 서산
인 홍종식을 만나 다시 포덕의 길에 나섰다. 1898년 1월에 박인호는 해월
에게 의암과 같이 신년무후를 가서 백치일치겸상에서 6살 연하인 의암한테
큰절을 하고 필생 스승으로 모시겠다고 선서했다.

1898년 4월 5일 해월이 宋敬仁에게 체포되어 경성감옥으로 압송되었을
때 박인호는 김명배로 하여금 내포 접중에 가서 비용을 마련하게 하니 홍주
군 홍주면에 사는 김주열이 모심은 논 열마지기를 팔아 구명비용에 썼으나
해월은 5월 그믐날 左道亂正律로 교수형에 처해졌다. 동학지도자들이 대거
체포되어 안전한 곳을 찾던 박인호는 그해 8월 의암을 당진 저동으로 옮겨
모시고 여기서 의암은 사돈까지 맺는 경사를 가졌다. 이때 의암은 박인호에
게 春菴이라는 법호를 내렸다. 그러나 의암은 이곳의 기밀 누설이 염려되어
춘암이 있는 정산 斗峙로 옮겼다.

의암의 妹氏인 해월의 부인 손씨가 이곳에서 환원하였고 1900년 5월 1
일 춘암이 주관하여 해월의 묘소을 송파에서 광주 원적산으로 이장하였다.

두티에서 1년이 채못되어 경상도 풍기로 옮겨서 설법식을 갖고 의암은 大
宗主에 취임하고 信道主에 김연국, 誠道主에 손천민, 敬道主에 박인호를 임
명하여 조직체계를 갖춰 동학의 복원 틀을 마련하였다. 1914년 12월 17
일 의암 성사로부터 도통을 이어받아 제4세 천도교주가 되었으며 19세기말
~20세기초에 근세 개화문명의 선도와 독립사상고취를 위해 활동하시다가
3·1독립만세운동 가담하면서 천도교에서 운영하는 보성사에서 독립선언문

과 조선독립신문을 인쇄하여 지원하는 등 민족대표48인중 1인으로 체포되어 1년9개월 간 옥고를 당하였다.그 후 1921년 9월 태평양회의 독립청원과 1926년 6.10만세운동에 가담하고 1927년 신간회운동에 적극 참여했으며 1936년 8월 멸왜기도를 창안하여 천도교인의 행사 때마다 일본의 멸망을 기원케 하다가 전국에 걸쳐 대 옥사를 일으키는등 공적이 인정이되어 건국훈장 독립장을 추서되었다.

2) 전위대 역할을 펼친 예포(禮包)지도자 박덕칠(朴德七)

박희인으로 불리기도 하며 호는 상암(湘菴) 또는 경암장(慶菴丈)으로 불린다. 박희인이란 본명 외에 박덕칠(朴德七)로도 불린다. 갑오동학혁명 당시 예포대접주로 맹활약을 했으며 조석헌과 함께 피신생활을 하며 최시형과 구암 김연국 등을 수행한 동학의 지도자였다.

본은 밀양이고 형 강암장과 동생 덕화(德化) 모두 동학에 참여했다. 하지만 다른 동학의 대접주급 인물에 비해 박희인에 대해서는 알려진 바가 거의 없다.

다만, 박희인은 밀양박씨 세거지인 간양리 초암공파(草菴公派)의 소파인 통례원파(通禮院派) 일명 원당파(元堂派)로 1982년 간행된 족보에 의하면 "응칠(應七)"이란 이름과 자(字)는 "一名 德萬"이란 기록과 그의 장자 문규(文圭)라는 이름이 기록되어 있고 1854년 정월 29일생이며 부인은 광산김씨 성현(成鉉)의 딸이다. 초암 박인우의 18세손이며 부친은 병화(昞和)이시다. "응칠"이 본명인데 "희인"이나 "덕칠"은 활동기에 관(官)의 지목을 피하기의 위한 가명일 수도 있다. 박희인이 박응칠과 동일한 인물로 본다면 초암공파의 항렬자와 일치한다는 점과 조석헌을 비롯한 문장준등의 예포 접주급 인물들이 피신했다가 관군의 지목이 느슨할 때인 1905년경 간양리를 중심으로 정착한 것을 보면 박희인의 출신지가 간양리와 원당(도고 저수지 주변 석당리) 지역일 가능성이 매우 높다.

예포동학농민군을 이끈 박덕칠 부대의 활동과정 중 가장 눈에 띄는 투쟁은 단연 '대흥관아점령'이다.

일찍부터 동학농민군에 대응태세를 갖춘 대흥유림은 8월 7일, 내포 최초로 유회군를 조직하고 초토영군의 지원을 받아 반농민군진압에 앞장섰던 대흥관아였다. 내포지역 대부분 관아가 농민군에 의해 기습당하고 위축된 상황인데 대흥 만큼은 유림들의 저항은 높았다. 박덕칠의 연합기습전략 하에 대흥관아를 10월 7일 밤에 기습 점령하였다. 군수 이창세의 농민군 토벌계획을 미리 차단하고 군량미와 무기를 확보하여 장차 전면전에 대비하기 위해 목천의 유진수(兪鎭壽), 홍주 박성순(朴成順), 대흥 차경천(車敬天) 등을 앞세워 횃불을 들고 사방에서 모인 동학농민군과 함께 징을 치며 포를 쏘며 군량창고와 무기고를 부수고 관아를 점령했다. 탈취한 군물은 신속리로 운반하였다. 예포의 대흥관아 점령은 내포동학혁명의 새로운 전환을 의미하며 초토영 홍주목의 동학농민군에 대한 강도 높은 진압을 모색케하는 계기도 작용했다.

관작리 전투 후 10월 28일 홍주성 공격을 감행하지만 관군과 일본군의 우세한 화력을 뚫고 석성을 점령하기엔 수많은 동학농민군의 희생이 따랐다. 이에 예포 박덕칠은 정예부대「결사대」를 조직해 동문(東門) 공격을 감행했다.

> 東軍은 수삼일을 或攻或威하되 여하치 못하고 不得己 수만의 결사대를 조직하야 朴德七은 동문을 파쇄하기로 하고 일반 결사대는 인가에서 屢萬束의 藁艸를 持하야 城外에 적치하고 성을 越하야 擊하랴고 결의하얏다. 이것은 東軍의 대실책이오 전승 후 驕計다. 즉시 고함하며 성으로 육박하니 비록 의기와 용기가 잇스나 적나라의 군중이 엇지 성에 의하야 난사하는 관군의 총포를 당하리오. 일시에 사상자가 수천

에 달하고 行伍 점차 문란할 際에 관군이 乘勝追擊하니 尸가 野에 遍하고 血이 川을 成하야 其 참상이 목도키 難하얏다(其時 死者 룸 3만여명) 겸하야 雨가 降함매 東軍은 萬端의 고초를 喫하고 瑞山 방면으로 퇴각하얏다. 此 洪州의 참패는 東學黨의 치명상이오 또한 무모의 소치다. 만일 洪州성을 急攻치 말고 성외에 4, 5일만 더 留陣하야 官軍의 糧道를 斷하고 外援兵을 拒하얏스면 성중에 내란이〈124〉起하야 자연 함락되얏슬 것이다. 이것은 역사상 일대 遺恨이다. 此 洪州의 패보가 世에 전하매 관군은 점차 勢를 得하야 軍聲이 大振하고 尹英烈, 趙重錫은 各郡 儒生을 糾합하야 의용병을 조직하고 加之精銳한 日兵이 가담하야 東軍의 各郡 근거지를 추격하니 東軍은 遂히 孤城落日의 비운을 당하얏다.[8]

박희인은 박인호와 함께 내포동학혁명을 이끌어 현상금까지 걸릴 정도로 매우 큰 인물이었다.

〈조석헌 역사〉에 의하면 박희인은 1906년 5월 1일 천도교 예산 42대 교구의 고문에 임명했다는 기록이 있다.

3) 방갈리 접주 낙암(樂菴) 문장로(文章魯)

문장로(文章魯1846~1919)는 태안원북면 방갈리에서 1893년 2월 초 상암 박희인을 통해 같은 동네 조운삼과 아들 구석(龜錫)과 함께 동학에 입도하여 적극적인 포덕활동을 펼쳐 방갈리 접주가 되었다. 북접 내포지역 동학혁명의 횃불을 밝혔던 방갈리 기포의 주역이었다. 예포의 기포령에 의해 30여인의 동학 두목을 구출하기 위한 비밀 회의를 방갈리 자택에서 모의한 후 태안관아로 직결하여 동학 두목30여인을 구출하고 태안관아를 점령하였다. 여세를 몰아 면천 승전곡전투, 신례원 관작리 전투 , 홍주성전투에 많은 태안지역 농민군을 이끌고 참여했다.

---

8 『개벽』지 제46호(1924년 4월 1일자)에 실린 예산동학농민전쟁 관련 내용. 기사제목: 歷史上으로 본 忠淸南道.

1894년 10월 29일 홍주성 패퇴 후 천신만고로 태안군 원북면 방갈리에 당도하였으나 이미 관군의 지목 인물이 되어 체포령이 내려져 전 가족이 뿔뿔히 흩어져 태안 반도 일대 해안 토굴과 야산에 은신하였다 계속되는 추격에 점점 포위망이 좁혀지자 아들인 태안접사 구석(龜錫)은 부친을 위해 대신 죽기로 작정하고 대도발전(大道發展)과 충효를 생각하여 "내가 대신 죽겠으니 아버니를 살려 달라"고 애원하면서 자진체포되어 11월 16일 태안에서 총살당했다.

문장로는 재산을 처분할 시간조차 없이 구호물만 간신히 챙겨 1895년 태안군 이원면 만대 정씨 집으로 피신하고 가족들은 소원면 의항리 막골 조모 친가로 피신시키고 이후 소원면 소근리 철마산 산중에 토굴을 파고 8년여를 태안지역 산중일대를 피신생활 하면서 예포동학조직 재건을 위해 노력하였다.

1900년 경자년 동학지도부들이 내린 조직강화 밀명을 받고 태안 수접주로 봉임되어 조석헌, 곽기풍, 이광우등과 함께 비밀리에 조직재건에 활약 했다.

1902년 1월 공주 부의 이민직은 "동학도인은 물론 태안 문장로와 가족을 체포하면 천상금을 포상한다"는 방을 붙이고 대대적인 색출작전을 실시하자. 2월 7일 밤에 이원면 만대 산중에 해안토굴에 가족들을 모아놓고 "최후의 생사를 하늘님께 의지한다. 대도(大道)를 위하여 꼭살아야 한다. 세업가산탕진(世業家産蕩盡)하는 것을 근심하지 말자. 이 밤으로 사지(死地)를 벗어나야 산다."고 말하고 목선을 구하여 천우신조로 안면도-원산도를 거쳐 2월 9일 광천에 도착하였다.

2월 10일 홍성군 홍동면 화신리 "홍거미" 마을 김명수(金明洙)의 안내로 산중에 토굴에서 변성명(變姓名)하고 은거하다가 신분이 노출이 될 위험이 있어 다시 1904년 2월 공주군 사곡면 "연진동" 인적없는 산중으로 피신하였다. 관의 지목이 있자 1908년 정월 공주군 신상면 장천리 산중으로 숯장수로 변신하고 토굴에 은거했다.

1910년 경술국치로 동학관련자에 대한 지목이 느슨하자 예산군 신암면 탄중리 무한천변 갈대밭으로 이주하여 불모지를 개간하고 천도교 포덕활동 및 독립사상을 고취시키다 1919년 9월 환원했다.

4) 신창(新昌) 봉기를 주도한 이신교(李信敎)

동학에 입도하여 신창을 중심으로 아산 지방에 포교활동을 적극펼친 인물이다.

1894년 1월에 북접대도주(北接大道主)인 해월 최시형으로부터 집강(執綱)에 임명되고 같은해 7월에 접사(接司)로 임명되었다. 탐관오리의 횡포가 날로 심해 비참한 현실을 극복하기 위한 여러 가지 서정개혁(庶政改革)을 펼치는데 진력하다가 호서지방 대두목인 춘암 박인호선생의 기포명령에 따라 이곳 신창에서 10월 초 김경삼(金敬三), 곽완(郭玩), 정태영(丁泰榮 일명 정수길)과 함께 기포했다. 이미 태안, 서산, 당진, 면천, 고덕 등지의 농민군이 북상을 위해 신례원 관작리로 이동 중이여서 이신교가 이끄는 신창지역 농민군은 관작리에 주둔한 농민군과 합류하여 조석헌의 〈북접일기〉기록이 말해주듯 '백여만명 가량이나 되는 거대한 대중'이 되었다.

이신교의 아산,신창지역 농민군이 합류하여 기세충천한 농민군의 사기는 27일 아침 진압군인 홍주유회.관군과 치열하게 격전하여 관작리 전투를 충청최대 승전으로 이끌었다.

이신교는 내포 각 포를 대표한 동학농민군 주도자로 활약하며 지도부의 홍주성 점령 계획에 따라 포 진중을 이끌고 오가를 거쳐 삽교 송산, 역리로 이동했다. 28일 오후부터 홍주성 공격을 감행했지만 관군의 포공격과 우세한 일본군의 기관총에 3만여 농민군이 전사하고 패퇴했다. 손자 이한구(李

漢求)의 증언에 따르면 홍주성에서 부상을 당하여 후퇴 도중 관군의 추격 작전에 체포되어 홍주성에서 참살(斬殺)되었다고 한다. 당시 시신을 찾을 엄두를 못내 홍주의총(洪州義塚)이라고 하지만 동학농민군 유골이 묻힌 이곳에 제향(祭享)하고 있다.

이신교의 사망 기록은 『천도교회사 초고』에 동년11월에 호서도인 최동신(崔東臣), 정원갑(丁元甲), 정보여(丁甫如), 김영범(金永範), 이창구(李昌九), 방성옥(方成玉), 박우성(朴佑成), 이성삼(李成三), 이신교(李信敎), 박순칠(朴淳七), 박남수(朴南壽)는 홍주 초토사 이승우에게 포살(砲殺) 또는 참살을 당했다'고 기록하고 있다.

이신교의 아들 종선(鍾宣1889~1943)은 5살 때 동학혁명전쟁에서 부친의 사망으로 관의 지목이 심한 틈 속에서 생계를 위해 힘든 노역을 견디며 살아가시는 어머니의 품 속에서 성장하며 동학을 신봉하면서 의암 손병희, 춘암 박인호등이 주도하는 갑진개혁운동에 참여했다. 도호를 성암(誠菴)이라 불렀다. 기미년 독립만세운동에 참여했다.

1938년 무인멸왜운동으로 인하여 근무하던 경남철도회사(京南鐵道會社)에서 1939년 권고사직 당하고 독립운동의 뜻을 품고 만주 길림성으로 옮겨 임시정부 요인의 한사람인 신숙(申肅)선생의 수하에서 구국운동을 펼치다가 8.15해방 전에 귀국하여 해방의 감격을 보지 못하시고 1943년(포덕83) 6월 26일 환원했다.

선장면 군덕리에 세워진 기미독립만세 및 무인멸왜운동기념탑에 유공자로 등재 기록되어 있다.

5) 경상도 서북부전투에도 참여한 함한석(咸漢錫)

태안군 소원면 송현리에서 1870년 10월 26일 출생했다. 어려서 기골이 장대했으며 용맹스런 기질을 가졌다. 동학혁명 발발 바로 직전인 1893년 24세 때 상암 박덕칠에 의해 동학에 입도하였다. 박인호선생의 10월 1일 기포명령이 전해지자 송현리 동학농민군을 결집시켜 태안관아 점령봉기에 적극 참여하였다. 관군의 예포대도소 습격 이후 관군의 계속되는 탄압과 체포 학살을 일삼아 급기야 서산 태안지역의 농민군이 혁명전쟁의 본격화를 위해 해미군 여미벌에 총집결하였다. 이때 열열한 기상과 패기가 충천했던 함한석은 무장을 갖춰 농민군을 이끌고 여미벌에 집결하고 이후 벌어지는 24일 승전곡전투, 26일 신례원관작리 전투, 28일 홍주성전투 까지 대오에서 이탈없이 항상 맹열히 공격하며 선봉에 섰다.

홍주성 전투에서 함한석은 예포대접주 박덕칠의 홍주성 동문폭파공격을 위해 결사대200여명을 구성하는데 참여했다. 일본군의 기관총을 난사를 뚫고 성문 공격을 감행하다 좌측팔에 총상을 입고 패퇴할 때도 마지막까지 남았던 부대였으며 갈산방향으로 후퇴하다가 총상이 심해 어떤 농가집 할머니의 도움으로 응급조치를 받고 해미성에 잠시 주둔했다가 심한 부상으로 인해 고향 집으로 돌아와 치료했다. 소원면 일대에 토벌군인 관군이 유회군을 앞세워 색출하여 무고한 참살이 도처에서 일어나자 함한석은 원북면 방갈리로 피신하여 조석현, 문장준과 함께 목선을 타고 안면도 앞바다를 지나 보령지역 어느 해안에 당도하였다. 보부상 행상 차림으로 산길을 타고 천안 광덕산 만복골에 정착 움막을 짓고 은신하였다.

함한석의 손자 선길의 증언에 따르면 "조부께서 경상북도 고성산 밑 소야마을에서 농민군 지도자 최맹순, 장복극 어른을 만나 장군 휘하에서 전투를 벌였다"는 내용을 선길씨 25세 때 조모로부터 이야기를 들어 지금까지 생생하게 기억하고 있었다.

최맹순(崔孟淳1853~1894)은 강원도 춘천 출생이고 동학의 관동대접주로 경북 예천군 동로면 소야리에 대도소(大都所)를 두고 1894년 6월에는 교도가 수만명에 이르고, 그 세력은 충청북부와 강원도 일부에 까지 미칠 정도였다. 이 해 가을에 일본군의 출동으로 세력이 크게 무너져 강원도 평창까지 밀려가 11월 민보군의 싸움에서 패하여 체포되어 아들과 함께 처형되었다

장복극(張卜極1840~1894)은 대도소가 설치되었던 소야리에서 출생, 동학에 입교하여 접사가 되어 최맹순과 함께 농민군을 이끌다 체포되어 함께 처형된 인물이다.

11월 4일 평창전투에서 패퇴한 농민군은 사실상 와해된 점으로 보아 함한석은 홍주성 패퇴 이후평창전투일과의 사이인 5일은 긴박한 상황 속에서 생사가 걸린 도피과정 중인 점으로 보아 이때 최맹순 휘하에서 전투에 참여하기란 시일적으로 너무 촉박하므로 이 때 참여한 것이 아니고 내포동학혁명이 전면전으로 치닫기 전인 8월 28일 예천지역 향리로 구성된 민보군의 기습 공격으로 벌어진 예천전투에 참여한 것으로 보여지며, .예천전투에서 농민군은 크게 패하여 최맹순, 장복극 강원도 남부 평창쪽으로 이동 주둔하였다. 함한석은 9월 18일 해월의 기포명령에 따라 서산.태안지역에서 기포명령이 내리자 고향 송현리로 돌아와 농민군을 이끌고 내포동학혁명에 참여한 것으로 보여진다.

을사늑약과 의병전쟁으로 동학농민군 수색과 지목이 줄어들자 1910년경 조석헌, 문장준 등과 함께 간양리로 정착하여 천도교 예산교구에서 활동하다 1911년 시천교로 분리되어 초창기 예산의 시천교에서 많은 활동을 하였다. 시천교 교당은 산성리 무한산성이 있는 산성산 중턱에 한때 동학농민군 김지태의 동생 김인태가 운영했던 산성리 강습소 옆에 8.15해방 전후시기까지 있었다.

6) 북포(北包)접주 이광우(李廣宇)

본관은 전주이며 1854년 9월 29일 태안군 원북면 방갈리에서 출생하여 1893년 예포 박희인에 의해 동학에 입도하였다. 나라가 위태롭고 탐관오리의 수탈과 동학교도에 대한 침학행위가 갈수록 심하자 내포 덕의대접주 박인호의 기포령에 따라 10월 1일 방갈리 기포에 참여했다. 이광우는 태안 관아점령, 승전곡전투, 신례원 관작리 전투, 홍주성 전투까지 참여했다. 해미읍성 머물다 토벌군 이두황의 공격을 받고 태안군 원북면 황촌리 고향 집으로 돌아와 색출을 피해 가솔을 이끌고 천안 원일면 중방골에 은신하다 다시 서산지방에 잠입해 활동을 폈다.

1897년 3월 23일 상암 박희인이 예포 충남 각포에 포중 규모를 다시 세워 정할 때 북포접주로 임명되었다. 이광우와 함께 새로 임명된 각처 접주는 시국의 정세동향을 파악하면서 동학혁명 후 침잠된 기운을 다시 불어넣어 주고 포중의 결속력을 다지기 위해 비밀리 활동을 펼쳤다. 그러나 관군이 지역상황을 잘 아는 민보군을 앞세워 계속된 색출로 인해 목숨을 보전키 어려워 다시 대술면 궐곡리 263번지에 정착하여 1922년 11월 17일 이곳에서 환원했다.

1927년 신간회 창립 후 그의 손자 이기철(李起哲)은 궐곡리 오호준, 오필준과 함께 천도교청년동맹예산지부에 가입해 애국독립운동을 전개하였다.

7) 신창봉기 주도한 정태영(丁泰榮)

정태영(丁泰榮1859~1922 일명 건섭)은 당진군 우강면 신흥리에서 출생했다. 삽교천 건너마을인 선장면 대정리로 이사하여 동학에 입도한 후 온양군 신창현 아산현 지역에서 포교활동을 펼쳤다. 1894년 1월에 북접대도주인 해월 최시형으로부터 집강에 임명되고 같은해 7월 위접사로 임명받았다. 청

일전쟁에서 패한 청군의 아산주둔으로 인한 막대한 경비조달을 온양군 일
대 백성들에게 부담지게 해서 큰 고통을 당하게 되자 이에 대한 부당함을 호
소하고 폐정개혁에 진력하다가 호서 대접주 춘암 박인호의 기포명령에 따라
신창현에서 리신교, 김경삼, 곽완 등과 함께 기포했다. 수천의 농민군을 신
창현에 집결시켜 감밭지역의 농민군과 합세하여 10월 26일 신례원 관작리
로 이동하여 내포지역 총집결한 농민군과 합류하니 그 수가 6만이었다. 28
일 홍주성전투에서 정태영은 큰 부상을 당해 이후 일가족을 데리고 예산군
어느곳에 은신 도피하여 구사일생으로 살아남았다. 이때 그의 부인 김태화
는 만삭의 몸인지라 이듬해 1월 3일 장남 규희를 낳았다. 정태영은 부상의
후유증으로 평생을 고생하다가 국가 잃은 한을 품고 1922년 8월 26일 환
원했다.

그의 아들 규암 정규희(1895생)는 1907년 3월 10일 동학에 입도하여 동
학재건 활동을 했으며 천도교예산교구를 설립하는데 많은 노력을 기울였
다. 3·1운동 때는 서몽조, 임천근, 오상근 등과 함께 기미년 4월 4일 선장
군덕리 시장에서 독립만세운동을 주도하였다. 일제 헌병주재소가 파괴되
고 격렬하게 펼쳤던 만세운동 사건으로 정규희는 일경에 체포되어 고등법원
에서 2년6개월 징역형을 언도받아 옥고를 치렀다. 1938년 무인멸왜기도
사건에 체포되어 정환석, 문병석 등과 함께 피검되어 13일동안 경찰서에서
고문을 받았다.

정태영은 아들과 함께 동학정신을 근간으로 삼고 일제 강점기시대 민족의
독립과 애국운동을 일 평생 펼쳐 나간 인물이다.

8) 북접일지를 남긴 조석헌(曺錫憲)

본은 창녕 계은(繼殷)의 10세손이며 태안군 원북면 신두리에서 1862년

11월 14일 사남(四男)으로 출생하였다.

그의 부친 응진(應振)은 종 2품인 가선대부(嘉善大夫) 동지중추부사(同知中樞府事)의 직을 지냈으며 그의 조부는 윤복(允復)이며 호조참판을 증직 받았다. 석헌은 동학혁명 발발이전에 경주 최씨 인수(仁秀)의 딸 최헌자(崔憲子)와 결혼하여 딸 셋을 두어 셋째 형 석훈(錫勳)의 이남(二男) 명승(明承) 을 양자로 삼아 후사를 이었다.

석헌의 장녀는 박희인의 장남 문규와 결혼했으며 삼녀인 열승은 서면 접주 변봉호의 차자 변판국(삽교 송산리)과 혼인하였다.

1893년 계사년에 예포 대접주 상암 박희인으로부터 동학에 입교하여 파도접주로 활약했다. 방갈리 기포에 참여하여 태안 서산 관아 점령을 적극 주도했으며 면천 승전곡 전투 관작리 전투. 홍주성전투 까지 참여했다. 홍주성 전투 패퇴 과정에서 진중에서 떨어져 나와 홀로 방황하다가 우연히 상암 박희인을 만나 함께 도피생활을 하게 된다. 조석헌은 그의 동학혁명 참여와 활동및 도피등에 대한 기록을 생생하게 회고체 일지로 남겼는데 제1권은1894년~1908년 이전 까지의 기록이고 제2권, 3권은 1909년~1931년까지의 기록이다.

조석헌 북접일지는 내포동학농민혁명의 전개과정과 참여인물의 동향등을 파악하는데 매우 중요한 자료로 평가된다. 아울러 내포 동학혁명사의 복원과 이해에 많은 도움을 줄 수 있는 실증적인 자료가 내포되어 있다. 그의 형 주암 조석훈씨도 김기태(金基泰)와 함께 경성감옥에서 3년 옥고만에 1903년 3월 2일 석방되었다.

조석헌은 관의 지목이 심해 도피 생활중에 1903년 1월 27일 처남 사망, 동년 2월 2일 장인 사망,닷새 후인 2월 7일 작은 처남이 사망하는 줄초상을 겪었다.

9) 「역사일지」를 남긴 문장준

　태안군 원북면 방갈리에서 1861년 10월 14일 남평문씨 성길(成吉)의 장남으로 태어났다. 1894년 2월 상암 박희인으로 부터 동학을 전수받아 활동했다. 방갈리 접주 문장로와 8촌간이며 조석헌의 아들 명승(明承)이 사위이며 육임의 직임 중에 도집(都執)을 맡아 활약 중 갑오년 9월 그믐날 방갈리 기포 모의를 문장로와 함께 주도하였다.

　홍주성 대패 후 농민군을 이끌고 목욕리(沐浴里)에 퇴거했다가 민보군과 일본군의 추격이 다가오자 천신만고 끝에 농민군을 이끌고 고향으로 와 해산하였다. 이후 11월 15일, 관군의 색출에 체포되어 서산으로 압송되었다가 해미성으로 잡혀가 10여일 동안 추위와 기갈로 고생하다 관군 지휘관인 이범서(李範緖)에 의해 천우신조로 문장권과 함께 풀려나 3일동안 유리걸식하며 본가로 돌아왔다.

　그러나 민보군의 색출처형이 심해 가족을 이끌고 김선여(金善汝), 김성칠(金成七), 강운재(姜雲在), 김명필(金明弼), 김황운(金黃雲) 등의 식솔과 함께배를 타고 도피하였다. 그는 1895년에 숙부 댁에 몰래 잠입하여 흩어진 동학교도를 파악하고 비밀 첩지 연락망을 구축하였다. 박희인의 밀지를 전달하던 조석헌과 함께 동학도인의 규합을 위해 여러 포중을 돌며 도리강론을 했으며 정세소식과 향후 대책을 모색하였다.

　보은 갈목리에 피신중인 상암 박희인의 집안물품과 먹거리를 조달해주었다. 1897년 박희인의 공문과 2백여 통의 교첩을 가지고 각 지역 두목이 모인 동해리 조석훈 집에서 교수(敎授)에 피임되었다. 1909년 11월부터 태안 대교장 조석헌 씨 대신 관내 대소사를 총괄하였다. 1911년 1월에 온양 동변리에서 11명이 모여 49일 참성(參聖)수련을 하였다. 1913년 중앙시천교에서 활동하다 1915년 중앙시천교가 흩어지자 천도교로 돌아왔다.

10) 탄중리 애국운동가 농민군 이영규(李榮圭)

이영규(李榮圭1863~1915 변성명 聖天. 족보명 天凡. 도호는 靈庵)는 1863년(계해) 12월 14일에 태안군 이원면 당산리에서 출생하였다. 체구가 장대하고 성품이 청렴했으며 용기가 있어 타인의 시비에 명변하고 중인의 집회와 설득에 능하여 동학 당산포(堂山包)로 활약하였다. 원북면 방갈리 동학도우 김상배의 매씨와 결혼 후 함께 동학혁명에 참여했다. 관작전투에서 대승하고 홍주성전투에 참여 빙고치 부근에서 왜군과 전투를 벌여 성 공격을 감행했으나 왜군의 신무기에 당할 수 없어 수많은 동료를 잃고 구사일생으로 겨우 살아났다. 당산리 생가인 배나무안집에 돌아왔으나 곳곳에 설치된 유회소에서 동학군을 체포하여 대창과 작두로 무참하게 살육하니 가솔을 이끌고 목선을 타고 여러 도인들과 함께 바다로 급히 도피했다. 풍랑이 심해 항해할 수 없어 안면도 해안가에 대피했다가 새벽에 광천나룻배 턱에 상륙하여 보부상으로 위장하고 호구지책하며 천안 광덕산 만복굴에 움막집을 짓고 정착하였다. 이곳에서 철점을 설치하고 솥 장사로 연명 하면서 목천 일대를 다니면서 동학비밀 연락망을 구축하였다. 이후 동학농민군 지목이 뜸한 1905년경 함께 피신했던 교인들과 예산 무한천변인 탄중리로 옮겨 중앙본부 의암 손병희, 춘암 박인호 등의 명을 받들어 동학포덕사업과 갑진개화운동을 펼쳐나갔다. 농민군의 집단 정착지 탄중리가 동학재건 및 항일 애국독립운동의 단초를 연 본거지가 되었다.

왜경의 지목이 날로 심해지는 탄중리에서 왜경은 총으로 무장한 일인 괴한을 보내 애국운동의 핵심인물인 이영규를 무한천 모래 둔치로 끌고가 1915년 12월 24일 무참히 살해했다. 이때 영암 이영규의 나이 52세 이니 슬하에 2남을 두었는데 장자가 10세의 나이로 동춘(同春)이요 자는 회환(會還)이며 도호는 동암(同庵)이다. 차자는 동선(同仙)이오 자는 회문(會文)이며 도호는 선암(仙庵)이다. 동춘은 부친의 피습광경을 직접 보았다고 한다. 총 명이 남달리 영리한 동춘은 후일 어렸을 때 사건을 후손들에게 전해주었다. 후손들은 동학정신과 애국운동의 뜻을 펼치다 돌아가신 영규할아버지의 유지를 받들어 민족사상의 정립과 세계인류의 평화 실현과 후천개벽을 발현시키 위해 동학의 맥을 잇고 있다.

영규할아버지에 대한 증거자료 유물은 탄중리 99번지에 살 때 주택이 낮아 장마에 침수되어 귀중한 가보자료인 도첩(道帖)기록 및 가계 등이 유실되어 매우 안타까운 일이다.

후일 가계는 태안 만대까지 더듬어 족보편집인 회인(會仁)을 찾아가 확인하여 가계를 잇고 있다.

3. 내포동학혁명의 역사문화적 의의

1870년경 예산에 동학사상이 들어와 관의 감시와 탄압, 유림세력의 배척에도 불구하고 박인호와 박덕칠 등 동학 지도급 인물의 꾸준한 포덕활동으로 많은 동학교인이 입교하여 1890~2년경 서산. 태안 지역 농민들이 대거 동학에 입도해 내포동학조직력은 급속히 확대되어 조직활동을 펼칠 수 있는 교단으로 성장하였다. 이것은 낡은 봉건체제의 폐정으로 인해 도탄에 빠진 농민들이 신분해방과 새로운 사회질서를 요구하는 동학사상을 수용했기에 가능한 것이다. 교세의 역량이 강화된 내포지역 동학교단은 임진,계사 교조신원운동을 적극 펼쳐 실천적 경험을 쌓으며[9] 결집력을 더욱 높여나갔다.

---

9 동학최초의 취회 '공주취회'에 내포 지도자들의 참여와 1893년 2월 11일 '광화문복합상소'에 예산출신 박광호(朴光浩)가 소수(疏首)를 맡았고 박인호의 주도적 참여 등이다. 이후 보은취휘의 대거 참여도 내포동학세력의 역량강화 및 확장을 의미한다.

내포동학교단의 역량은 전라도에서 농민혁명이 발발하자 내포 각 지역에서 크고 작은 봉기를 일으켜 해당지역 백성들에게 원성이 컸던 관료출신 및 양반사족들을 응징하는 사건으로 표출되었다.[10] 이는 내포동학혁명을 알리는 전초전이었으며 준전시상황이었다고 말 할 수 있다.

해월 최시형의 기포명령 초유문이 9월 30일 예산에 당도하여 곧바로 박인호의 기포명령을 알리는 철성소리에 10월1일 구만리 기포를 시작으로 혁명 지휘본부인 〈예포대도소〉가 설치되었다.[11]

이후 예산지역 농민군의 대흥관아점령으로 혁명 전투가 더욱 본격화되었고 내포동학농민군을 하나로 결집시키며 내포 일원에서 6만여 북접농민군은 유회관군과 일본군이 합세한 진압군과의 치열한 전투를 펼치며 농민전쟁을 이끌어 나간다.

특히, 서산.태안,면천등의 농민군의 맹활약은 내포동학농민혁명의 주력부대였으며 예포의 지도자와 함께 그 중심이었다.

청일전쟁을 목도하고 억압과 탐학의 굴레를 벗고 불평등한 사회를 타파하고자 준 전시상황을 거쳐 10월 1일 내포 전지역에서 기포해 비록 한달 여간 펼쳤던 예산지역 동학혁명은 조선사회의 내외적 모순을 해결하려는 농민군의 반봉건적이고. 외세의 침략에 대한 극복을 위한 전쟁이었다. 당시 조선정부는 현재의 기득권을 유지하면서 외세 의존적 개혁을 추진하려 하였고, 억압과 착취로 도탄에 빠진 민중들은 새로운 사회질서를 요구하였으며 나아

---

10 예산군 봉산면 효교리 출신 계은(溪隱) 이정태(李鼎泰)가 쓴 『溪隱一生歷事』1920년 8월 간행.이정태는 본이 완산이며 명문가 집안으로 부친이 중무과에 합격했다. 이정태 나이 11살에 동학혁명이 발발하자 농민군의 습격으로 재물을 빼앗기고 가옥이 불탔다. 농민군의 양반사족에 대한 응징사건으로 밝혀주는 사료이다. 이와 유사한 사건이 오가면 오촌리 홍주목사를 지낸 김춘서 일가 20여채가 동학농민군에 의해 전소되었다. 김춘서는 평소 선정광시(善政廣施)하여 칭송이 높아 화를 피했다.

11 조석헌(曺錫憲), 『북접일기』, 태안군/충청남도역사문화원, 2006년, 107쪽

가 자본주의세력의 조선 침탈을 저지하고 조선이 전근대의 껍질을 깨고 근대화의 길을 자주적으로 개척하고 자 했다. 농민적 권력을 창출하면서 폐정개혁을 실시하기 위해 설치된 집강소 까지는 설치하지 못했지만 집강이란 지위로 일정부분 참여와 조직 역량을 강화시켰다.

면천 승전곡에서 일본군을 패퇴한 3만여 농민군은 사기가 충천되어 신례원 관작전투에서도 유회관군을 격파하여 대승을 거두었지만 홍주성 전투에서 일본군의 우세한 화력을 감당 못하고 수많은 농민군의 희생된 채 패배하여 농민군의 의도는 마침내 무산되고 말았다.

조선 민중의 절박한 요구를 무시하고 외세를 끌어들여 농민군을 철저하게 도륙하여 진압한 개화파 정권은 일본의 조선침탈 음모에 제휴하여 근대적 개혁을 추진함으로써 민족사의 불행을 불러 일으켰다.

그러나 동학혁명은 실패한 혁명이 될 수 없다. 우리 예산지역 근대사의 큰 맥락에서 보았을 때 내포동학혁명은 일제가 한국의 주권을 빼앗는 황무지개척권, 을사늑약, 정미7조약 등 일련의 조치에 저항의 동력을 제공하는 지속성을 갖는다. 동학혁명 직후 산중에 숨었던 동학농민군 잔여세력은

국권침탈위기에 맞서 일어선 유림세력과 합류해 내포의병전투를 1910년 국권강탈 직후 까지 맹렬히 활동했다.[12] 주요지도자들은 동학의 재건활동[13]을 통해 독립운동을 꾸준히 전개하였으며 3·1운동 때는 예산. 덕산읍 시장만세운동, 4.3고덕, 4.4신례원시장만세운동, 6.10만세 운동, 신간회운동, 무인멸왜기도운동 등 동학혁명 이후, 지속적으로 애국독립운동을 펼쳐나갔다.

---

12 신창봉기 주도한 이신교의 손자 이한구 선생 증언. 대한매일신보 1907년 8월 27일 자 義兵氣勢 참조.
13 상암 박희인에 의해 포덕47년(1906丙午) 3월 16일, 내포지역 최초로 천도교 예산교구가 설립되었다. 당시 72대 교구로 교령(敎領)은 박희인(朴熙寅)이다.

예산을 비롯한 내포동학농민혁명은 갑오농민혁명사 전체를 이해하는데
빠져서는 안될 중요한 혁명전투이다. 일제 강점기시대 수많은 항일독립애
국지사를 배출하여 충절의 고장 예산을 더욱 발현시켰던 숨겨진 동력이었음
을 부인할 수 없으며, 오늘날 민주주의 실현에 있어 정신적 진원지였다.

내포동학혁명의 발자취를 찾고자하는 노력이 1960년 대 말부터 태안지
역 중심으로 시작되었다.[14] 그 뜻을 되살리는 선양노력은 내포동학혁명의
역사적 실체를 밝히고 계승사업으로 이어져 '동학혁명'이 지역의 역사문화
교육 콘텐츠로 자리잡게 된 배경이 되었다.

4. 맺음말

억압과 탐학의 굴레를 벗고 불평등한 사회를 타파하여 개벽세상을 열고자
들불처럼 일어선 6만여 내포동학농민군 주요지도자의 활약상을 살펴보고
전개과정, 양상 등을 연계해 역사적 의의를 추론했다. 본고가 내포동학혁
명을 선양계승하는 입장에 서있다 보니 우월적 편견을 지니고 접근한 한계
는 분명 있을 것이다. 하지만 전봉준이 '동학에서 협동일치와 결당하는 것
의 중요함을 보고 그를 통해 보국안민의 업을 이루기 위해 동학에 들어갔다
고 하였다.'[15]는 심문 의지를 밝혔듯이 내포동학혁명을 주도한 지도자들 또
한 교조 최제우의 억울한 죽음, 신원운동인 공주취회, 광화문복합상소, 보

---

14 태안 동학혁명 선양사업을 최초로 발굴 추진한 인물은 원암 문원덕(1915~1986) 선생이다. 그
는 예산군 신암면 탄중리에서 출생했지만 조부와 부친이 태안에서 동학혁명을 주도한 인물이
기에 행적을 찾아 본격적인 조사발굴에 힘썼다.

15 "단지 마음을 바로잡는다는 것 뿐이라면 물론 동학당에 들어갈 필요가 없지만, 동학당의 소위
'경천수심'이라는 主義에서 생각할 때 정심 외에 '협동일치'의 뜻을 포함하고 있기 때문에 결당
하는 것의 중요성을 본다. 마음을 바로한 자의 일치는 간악한 관리를 없애고 보국안민의 업을
이룰 수 있기 때문이라고 생각한 탓이다"(「동학대거괴심문속문」, 『東京朝日新聞』,1895. 3. 6
『동학농민혁명의 기억과 역사적의의』 183쪽.

은취휘에 직접 참여하면서 동학이 지향하는 후천개벽(後天開闢)의 세상, 동 귀일체(同歸一體)의 세상을 염원하며 덕포, 예포의 조직체계를 형성하고 실천의지를 높여갔다. 완강한 관의 탄압과 기존질서를 지키려는 유림들의 저항에 맞서 새로운 시대변혁의 주체임을 자각하고 내포동학농민군의 대오는 더욱 굳건한 세력으로 발전했다.

특히, 유회군대를 조직하여 반농민군 탄압이 유독강한 지역인 '대흥관아 점령'은 내포동학농민혁명의 일차적 목표인 탐관오리를 물리치고 폐정개혁, 불합리한 제도에 대한 정당한 응징의 실천이자, 창의의 궁극적인 기치인 보국안민의 실천이라 볼 수 있다.

그러나 내포동학혁명의 전술의 부족은 지적되어야 할 것이다. '예포대도 소'가 제대로 된 군율을 세우지 못하고[16] 무방비 상태에서 홍주초토영이 기습을 가하자 대응을 못하고 혼비백산한 동학농민군은 전면전에 필요한 막대한 물자를 빼앗겼다. 도소를 잃었다는 좌절감은 일시적이지만 동학지도부에겐 큰 충격이자 각 접 중심의 연합부대로 형성된 내포동학농민군의 전략 및 전투력이 저하되었다. 이로인해 홍주초토영의 가혹한 탄압과 색출이 연일 계속되자 내포주요지도자들은 여미벌에 재기포의 깃발을 들자 구름처럼 다시 모여든 내포동학농민군은 새로운 적 일본군을 면천 승전목에서 패퇴시키고 면천성을 무혈입성하자 농민군의 사기는 하늘을 찌르듯 충천하였다. 남접의 북상전략에 맞춰 박인호가 이끄는 내포동학농민군은 고덕을 거쳐 구만리, 오가역촌, 신례원 관작리에 주둔하고 다음날 관군과 유회군을 대파시

---

16 조석헌『북접일기』108쪽-"각 포에서 도회소(都會所)를 설정하였으나 목소리 대도소에서는 10여일 사무(事務)에 우리 도(道)의 운수(運數)가 이미 열린 때였다. 그러므로 이 세상의 운세는 세상과 더불어 동귀(同歸)하여 물외지인(物外之人)과 모산지배(募散之輩) 수천만인(數千萬人)이 우리 도(吾道)에 새로 들어왔으나 도를 닦는 마음은 만에 하나도 없고 다만 불법행위만....(중략)...그러고 오합지졸(烏合之卒)을 이와같이 다수 모집하면 법률(法律)이 특별히 있는 것이 무리를 이그는 근본이거늘......(생략)".

켜 최대승전지를 일궈냈다. 그러나 한양진격에서 기수를 돌려 홍주성 공격을 감행하지만 1차적으로 빙고치에서 많은 희생자가 발생했고 일본군의 근대적 무기와 그 화력으로 인해 동학농민군의 주력부대가 큰 피해를 입는 상황에 처하자 패퇴의 결단을 내리게 된다. 이후 내포동학혁명은 후천개벽, 지상낙원, 광제창생, 척양척왜, 보국안민의 원대한 포부를 실현못한 채 일본군과 이두황 토벌군에 패퇴를 거듭하며 쫓기고 흩어졌다. 이두황 토벌군은 체포된 농민군을 가혹하게 도륙(屠戮)했다.

내포동학혁명은 무수한 주검과 좌절을 남긴채 종결되었지만 사람다운 사람이 새로운 세상을 열고자 싸운 내포 역사최대 대중운동이자 동학혁명의 전국적 투쟁사에서 차지하는 위상 또한 중요하다. 내포정신의 근간이자 그 정신은 천도교 제4세교주의 등장 배경이 되었고 일제치하 내포지역 많은 독립운동가 배출에 영향을 주었다. 나아가 민족의 미래발전을 위한 중요하고 가치있는 지침이 될 수 있다.

내포동학혁명 주요 인물, 특히 관에서 거괴로 지목된 지도자급 인물에 대하여 사료부족으로 미처 밝히지 못한 부분은 앞으로 남겨진 과제이다. 관심을 갖고 심층적인 연구와 철저한 고증이 더 필요하다.

1920년대 천도교의
민족운동과 박인호

임형진(경희대 후마니타스칼리지 교수)

1920년대 천도교의 민족운동과 박인호

1. 서언

춘암 박인호는 동학 천도교의 제 4대 대도주로 수운, 해월 그리고 의암의 뒤를 이은 천도교 최고의 지도자이자 민족의 큰 스승이었다. 그는 이전 선배들의 뒤를 이어 민족종교 천도교의 전통을 계승하고 도법을 수호하며 일제시대 국내 항일운동에 있어서 민족 지도자의 위치에서 그 역할을 다했었다. 특히 동학을 계승해 천도교가 근대적 종교로 성장할 수 있도록 교단정비와 천도교 민족운동의 기반을 다졌다. 그리고 박인호는 의암 손병희의 사망이후 분열되는 교단을 수습하면서 1920년대와 30년에 걸쳐 6.10만세운동과 신간회 운동 그리고 멸왜기도운동을 주도적으로 추진하여 민족독립운동사에 커다란 족적을 남겼다고 할 수 있다.

그러나 이전의 교주들이 우리 근대사에서 수많은 민족운동의 중심에 서서 난관을 극복하며 민족진보에 기여한 바가 정직하게 기록되어 있는데 비해 상대적으로 춘암 박인호에 대한 기록과 평가는 매우 빈약하고 인색한 형편이다. 이는 박인호 이전 천도교 지도자들의 업적이 한국 근대사에서 워낙 큰 영향력을 미쳤기에 박인호의 활동이 가리워져 독자적인 활동상이 제대로 드러나지 못했다는 외적요인에 원인한다고 할 수 있다. 그리고 내부적으로도 3·1혁명 이후 천도교단의 신구파 분열과 교단의 주도권이 신파 쪽에 의해 장악되면서 상대적으로 구파 쪽을 대표했던 박인호에 대한 역할이 축소

되거나 기록소실 등에 기인했다고 보여 진다.

3·1혁명으로 일제의 대대적인 탄압을 받았던 천도교였지만 이후에도 여전히 민족운동의 중심에 있었고 최전위의 역할을 했었다. 당시 천도교는 종교단체라기 보다는 하나의 민족주의 운동세력의 정점이었다.[1] 천도교의 활동은 시대변혁과 민족진보의 전위로서의 역할을 마다하지 않았다. 어찌 보면 그 과정은 한민족에게 비로소 한국민족주의의 자의식을 심어 주는 통과례였다고도 할 수 있다. 이것의 실현을 위해 동학 천도교는 온몸으로 시대와 부딪치며 역동적인 삶을 살아왔다. 그랬기에 그들의 삶의 과정이 바로 한국민족주의의 실천 과정이라고 해도 무방할 것이다. 천도교 제 4대 대도주인 춘암 박인호는 그런 민족운동의 최정점에 있었던 인물이다. 박인호에 대한 새로운 접근과 재평가 작업이 요구되는 이유도 민족종교인 천도교의 올바른 자리매김은 물론 그를 중심으로 한 천도교 구파들의 활동상황들이 제대로 밝혀져 역사에 기록되어야 한다는 당위에 입각한다고 할 수 있다.

2. 천도교단 정비와 민족문화운동

박인호는 1855년 2월 1일 충청도 덕산군(현 예산)에서 박명구(朴命九)와 온양 방씨 사이에 큰 아들로 태어났다. 그는 아명을 용호(龍浩)라 하였고 자는 도일(道一)이고 나중의 도호는 춘암(春菴)이다. 그의 집안은 전형적인 상민집안이었으며 빈농으로 매우 가난하였다.[2] 그런 연유로 그는 11세에 돼서야 비로소 한학공부를 할 수 있었다고 한다. 아버지 명구공은 근엄하고 행동거

---

1 이러한 내막을 알고 있었기에 일제는 천도교가 분명 종교단체임에도 총독부 학무국 관할이 아닌 유사종교로 취급해 총독부 경무국 관할로 두어 언제나 감시의 대상으로 삼았다.
2 홍장화, 『천도교운동사』, 천도교중앙총부, 1990, 89쪽.

지가 분명하였고 경우가 엄격하였으니 아들의 훈육에도 남다른 데가 있었다고 전해진다.

박인호가 천도교와 인연을 맺는 계기는 그가 단골로 다니던 예산읍내의 주막 주모를 통해서였다. 주모로부터 하느님을 믿는 동학이라는 것이 영남에서 생겼는데 기름에 불을 붙인 것 같이 영남, 호남에 크게 번지는데 그들의 주장은 사람을 하늘 같이 섬기고 바른 마음으로 하느님을 믿어 이 세상은 평화로운 새 세상이 된다는 내용을 들은 것이다. 19세기 중반 탐관오리의 가렴주구가 기승을 부리고 서학의 유습으로 가치관이 혼란스러워진 그즈음 대부분의 조선 백성을 희망을 잃고 정도령적 메시아의 출현을 기다리는 상황이었다.

박인호에게 수심정기, 보국안민, 사인여천, 포덕천하의 개념들은 이제까지 그가 가지고 있던 생각과 크게 벗어나는 것이 없었다. 특히 그의 마음에 든 것은 인의예지는 선성(先聖)의 소정(所定)이요 수심정기는 유아갱정(唯我更正)이라 한 대목이다. 시천주조화정 영세불망만사지는 전혀 새로운 철학이었다. 1883년 3월 이러한 궁금증을 가지고 박인호는 동학의 최고 지도자인 해월을 만나 입도를 하게 된다.[3]

동학에 입도한 이후 박인호는 광화문 복합상소와 보은 장내리 교조신원운동의 참여로 교단의 중진 지도자로 부상하였다. 그리고 동학혁명에서는 덕산의 대접주로서 승전곡전투와 신례원전투를 승리로 이끌었다. 동학혁명 이후에는 교주인 의암이 도일하면서 국내 교단의 실질적 책임자로 교주의 빈자리를 메우는 역할을 충실히 했었다. 1905년 동학을 천도교로 개칭한 이후 이용구와 송병준 등의 배신과 출교 그리고 그에 따른 재정적 압박 등으

---

3 박인호가 입도할 때 의암 손병희도 함께 입도했다. 기골이 장대하고 재치가 발랄한 청년들이 불원천리하고 찾아와 입도하니 해월은 크게 반가워하며 "오도에 새 운이 트는 구나"하고 외쳤다고 한다. 이상재, 『춘암 박인호 연구』, 예산문화원, 1997, 13쪽. 참조

로 출범과 함께 매우 어려운 지경에 처해 있었다. 당시 박인호는 교단에서 교장, 고문, 금융관장, 경도사라는 여러 직책을 맡아 활발한 활동을 한 것이 인정받아 1907년 차도주에 이어 1908년 제 4대 대도주가 되었다.

박인호는 대중적이고 서민적인 사람이었으나 일을 처리함에 있어서는 거시적인 안목과 뛰어난 상황판단으로 고비 때 마다 큰일을 해냈으며 교계의 큰 희망적 인물이었다. 춘암이 첫 번째 시도한 것이 교의 체제정비였다. 한울님 밑에 교역자를 체계화하여 구체적 신앙체계를 세우는 것이 급선무였던 것이다. 그는 우선 중앙총부의 공의에 부처

(가) 계층구조의 확립을 위하여

① 수운을 대신사로 ② 해월을 신사로 ③ 의암을 성사로 추존하여 하이어라키(Hierarchy)을 세웠다.

(나) 교회를 중앙총부라 하여 남부 홍문동으로 이전하여 무거운 공기를 일신하였다가 3월에 대사동으로 이전하였다.

(다) 장실을 만들어 의암을 모시고 좌봉도에 김명배를 임명하였다.

(라) 중앙총부 고문에 오세창을

(마) 전제관장에 김완규를

(바) 금융관장에 윤구영을

(사) 신도사에 라용환을

(아) 법도사에 양한묵을

(자) 전제관장에 이병호를 임염하였으며

(차) 천지인 삼통대계를 세워 종문 삼대 기념일로 삼으니

① 4월 5일은 천일 ② 8월 14일은 지일 ③ 12월 24일은 인일로 정하고 ④

3월 10일과 6월 2일은 기념일로 ⑤ 12월 1일을 교일 기념일로 정하였다.[4]

또한 박인호는 이후 10여년 에 걸쳐서 규칙 개편을 단행하여 교단의 주문, 기념가, 축문, 법문, 각종 규칙과 제도, 교단의 체제, 대헌, 인사규정 등을 개편하였다. 1909년 8월에는 전국의 24개의 대교구를 설치하여 해당구역의 모든 교무를 관장하게 하였다. 이를 통해 천도교는 비로소 근대적인 종교의 모습을 갖추어 나가고 나아가 3·1혁명 당시 어느 종단보다도 강력한 결속력을 가질 수 있는 계기가 되었던 것이다.

박인호는 교단 정비가 어느 정도 성과를 이루자 이를 본격적인 민족문화운동으로 연결시켰다. 그것이 언론출판 사업과 각종 학교운영이었다. 그가 민족계도를 위한 문화사업에 적극성을 띠기 시작한 이유는 망국의 원인이 낙후된 민도에 기인한다고 판단, 범국민적 민중교육을 통한 민도의 고양만이 자주독립의 첩경이라고 내다보았기 때문이다. 그리고 이러한 범국민적 민중교육은 교육사업과 출판문화를 통한 대중계몽만이 가장 실효성 있는 지름길이라고 생각했다. 박인호는 1910년 7월에는 교리선전과 학술보급을 위해 중앙총부 내에 월보과를 창설하고 월보과에서는 다음 달 15일『천도교월보』를 창간하였다. 『천도교월보』(이하『월보』라 지칭함)는 비록 천도교의 기관지로 발행되었으나 그 의의를 결코 과소평가 할 수 없는 대중계몽적 성격을 강하게 지니고 있다.

즉, 『월보』가 천도교의 기관지로서 발행되었기에 때문에 천도교의 포교라든가 이념선양이 일차적인 목적임에는 틀림없으나 이념구현이 목표하는 바가 현실적으로 보국안민을 우선하고 있기 때문에 단순히 기관지로서가 아니라 자주독립을 지향하는 민족 계도적 사명의식의 차원에서 출발하고 있었

---

4 위의 책, 43-44쪽.

다. 따라서 『월보』는 처음부터 한글 전용을 원칙으로 하였다. 또한 창간호를 비롯한 초기 『월보』의 편집 방향을 보더라도 교리부·학술부·기예부·물가부·중장총부휘보 등으로 짜여져, 특히 학술부에는 지리·역사·물리·경제 등에 대한 강의안이 중심을 이루면서 국제동향은 물론 당시 국민 대다수가 농민인 점을 고려하여 근대적 영농법도 아울러 다루고 있다. 더욱이 통권 제12호부터는 언문부편을 따로 두어 한문에 소양이 없는 대중을 상대로 대중교화를 본격적으로 전개해 나갔다.

이와 같이 『월보』는 이전에 만들어진 『만세보』처럼 범국민적 교육을 목적, 배일자주의식 고취를 위한 대중계몽지로서의 역할을 아울러 수행한 것이다. 그러나 신문지법에 의해 발행되는 『월보』는 예상했던 대로 순탄할 수가 없었다. 압수, 삭제, 발매중지, 발행중지 등 일제에 의한 탄압이 계속되다가 결국 통권 315호(1938년 3월호)를 끝으로 강제폐간 되고 말았다. 그것은 당시 천도교에서 극비리에 실시하고 있던 멸왜기도운동이 1938년 2월 17일에 일경에 발각됨으로 해서 중앙 간부진이 강제 교체되고 천도교대헌이 폐기되는 강압 속에서 『월보』역시 폐간되지 않을 수 없었던 것이다.[5]

한편 성미제와 오관제(五款制)[6] 등으로 천도교의 재정형편이 호전되었을 때 우리 나라의 사학운영은 더욱 어렵게 되어 있었다. 왜냐하면 1906년 2월에 이미 일제는 국내에 통감부를 설치, 한일합병을 위한 준비공작을 진행시키는 가운데 1908년 8월 8일에는 사립학교령이 선포되고 10월 1일부터

---

5 김응조, 「천도교기관지의 변천과정」『신인간』통권 400호, 1982년 8월호, 신인간사, 112쪽.

6 성미제는 1907년 5월 17일 宗令 67호로 실시되어 교단의 재정난을 극복하고, 나아가 1911년 12월에 종령 91호로 오관제를 정하여 이를 교인들의 의무실천의식으로 확대 실시케 했다. 특히 성미제는 매일 아침, 저녁밥쌀을 낼 때마다 내수도되는 분(부인)이 식구별로 한 숟가락씩 생쌀을 떠서 성미그릇에 모았다가 매월말 소속교구에 바치는 것으로 뒤에는 현금으로 환산해 바치기도 했다. 이것이 뒤에 교단의 물적 토대를 확보하는 계기가 되었고 나중의 3·1운동에서도 천도교가 자금을 댈 수 있었던 원천이 되었다. 홍장화, 『천도교교리와 사상』천도교중앙총부, 1990, 206~209쪽. 참조.

이를 시행[7]하게 되었기 때문이다. 당시 대한매일신보(1908년 12월 6일자)에서
간악한 무리가 일 국민 지혜의 개발됨을 장해코자 하여 이 불리한 법령을 제
정했다고 논박하고 있는 점만 보아도 이 교육령이 한국인의 교육기회를 박
탈하려는 악법임을 충분히 짐작할 수 있는 것이다. 사학의 경영난은 1910
년의 한일합병 이후 더욱 가중되어 갔다. 이에 천도교는 학교의 신규설립보
다 경영난에 허덕이는 기설 학교를 인수경영하기로 교육사업의 방향을 돌리
지 않을 수 없었다.

당시 천도교가 인수 경영한 보성학원과 동덕여학교의 경우가 대표적인 사
례이다. 보성학원의 경우 이미 천도교에서 매월 보조금을 지급하고 있었으
나 가중되는 경영압박으로 폐쇄 위기에 처하게 되자 학교측의 요구에 따라
1910년 12월 21일 경영인수계약을 체결, 보성학원이 안고 있던 3만원의
부채를 정리하고[8] 정식으로 경영권을 인수했다. 그 후 일제는 사립학교에
대한 탄압을 가중시켜 이듬해인 1911년 8월에 조선교육령을 발포하고, 동
년 10월 사립학교령을 개정했으며, 다시 1915년에는 개정사립학교규칙을
만들어 민족사학에 대한 탄압을 강화해 갔다.[9] 그러나 천도교에 의해 운영
되는 보성학원은 이러한 강압에도 불구하고 착실히 성장하여 한국사학의 명
문으로 육성되어 갔다.[10]

동덕여학교(당시는 동덕여자의숙)의 경우를 보면 1908년에 조동식에 의해
설립된 후 역시 경영난에 부딪치게 되자 처음에 천도교는 1909년 11월부
터 매월 10원씩의 보조금을 지급했다. 당시 동교의 1개월 경상비와 학용

7 노영택, 『일제하민중교육운동사』, 탐구당, 1979, 38쪽.
8 교려대학교70년지편찬실, 『교려대학교70년지』, 고려대학교70년사편찬위원회, 1975, 93~94쪽.
9 노영택, 앞의 책, 40쪽.
10 그러나 천도교는 보성전문학교를 인수한 뒤에도 천도교의 종교적 색채를 학교에 강요하지 않
   았다. 다만 중학과정의 修身시간에 천도교 교리를 강의하려 하였다 한다. 앞의 책, 『교려대학
   교70년지』, 59~60쪽.

품비가 18원이고 보면 10원은 적지 않은 액수였다.[11] 뿐만 아니라 첫 달인 11월에는 특별기부금 100원을 희사하기도 했다.[12] 1910년 12월에는 다시 동교에 매월 70원씩을 증액보조하기로 하는 한편 관훈동에 있는 천도교 소유의 대지 209평과 32간 와옥까지 기부하여 셋방살이 신세를 면하게 했다.[13] 그래도 가중되는 경영난을 면할 길 없던 동교는 1914년 12월 27일 천도교대도주 박인호 명의로 설립자를 선임, 동년 3월 30일에 변경인가를 받음으로써 천도교가 정식으로 인수경영케 된 것이다.[14] 그 후 사학에 대한 일제의 탄압으로 1910년 1,227개교였던 사립학교가 1918년에는 461개교로 격감[15]하는 가운데서도 동덕여학교는 168평의 2층 양옥교사를 신축(1915년 9월)하고 1918년에 개교 10주년기념식을 갖는 등 꾸준한 발전을 보여왔다.[16]

그러나 1919년 천도교가 3·1혁명을 주도함으로 해서 손병희를 비롯한 고위간부 대부분이 투옥되고 재정상태 역시 악화됨에 따라 자연히 학교경영에 타격을 받게 됐다. 그런 상황에서도 3·1혁명이후 학교경영비가 계속 지급되어 오다가 1920년 3월 1일에 개정된 신사립학교규칙 제4조의 『사립의 전문학교, 중학교, 또는 고등보통학교의 설립자는 그 학교를 설립유지하기에 족한 재산을 가진 재단법인이어야 한다』는 조항의 규제 때문에 재단법인의 설립을 서두르지 않을 수 없게 되었다. 이에 재단법인보성전문학교의 구성을 위해 천도교 측에서 10만원, 진주부호 김기태가 15만원을 출연한 것

---

11 『의암손병희선생전기』, 의암손병희선생기념사업회, 1967, 287-289쪽.과 김응조, 「천도교의 문화운동」, 『인문과학연구』, 제2집, 성신여대, 1982년, 참조.
12 『대한매일신보』, 융희3년 11월 24일자.
13 『전기』, 289-290쪽.
14 동덕 70년사편찬위원회, 『동덕 70년사』, 동덕학원, 1980, 66-67쪽.
15 조선총독부학무국, 『조선교육요람』, 1928, 152쪽.
16 주13) 참조.

외에 민족사학의 장래를 염려하는 58인의 유지인사가 출연한 총 433,000
원을 기본재산으로 12월 28일자로 인가를 받게 되었다.[17] 이로써 천도교는
재단에 경영권을 넘겨주고 보성학원에서 손을 떼었다. 이로써 천도교는 12
여년간 총 35만여원의 막대한 교단재정을 투자하면서 희생적으로 경영했던
보성학원에서 물러나게 된 것이다.

그러나 천도교는 물러나면서도 재단 구성시 중앙총부로 사용하던 송현동
소재 건물과 대지 615평 5합을 5만원에 평가 기증하기로 하고, 그 외 현금
5만원을 출연키로 되어 있었으나 처음 1만원을 지불한 것 외에 나머지는 재
정 악화로 내지 못하다가 숭인동 소재 천도교 소유의 상춘원 대지 10,165
평과 동지상 건물로 대물 변제했다.[18]

동덕여학교 역시 3·1혁명이후의 재정악화로 더 이상 경영을 감당할 수
없게 되어 1923년 12월 25일 경영권을 조동식 교장에게 넘겨주었다.[19]

그 외에도 1910년 이후 천도교에서 직간접으로 관여했던 사립학교 중
에 지금까지 알려진 것만 해도 용산에 양영학교와 양덕여학교, 마포에 보
창학교와, 삼호보성소학교, 청파동에 문창보통학교, 전주에 창동학교, 대
구에 교남학교와 명신여학교, 청주에 종학학교, 안동에 봉양의숙, 선천
에 보명학교 등 수십개교에 이른다.[20] 그리고 천도교는 박인호의 주도 하에
대외적인 육영사업뿐 아니라 대내적인 교육운동 역시 적극적으로 전개했
다. 1908년 6월 10일 종령 10호에 의한 강습소규정을 공포, 전국 시군에
800여개소의 교리강습소를 설치했는데, 1910년부터는 이의 효율적인 관

17 앞의 책, 『고려대학교70년지』, 119쪽.
18 이재순, 「의암성사의 업적-육영사업을 중심으로」, 『신인간』 통권 320호, 1974년 9·10월 합병호,
   신인간사, 38쪽.
19 동덕70년사편찬위원회, 『동덕 70년사』, 90-91쪽.
20 조기주, 『동학의 원류』, 보성사, 1979, 270쪽. 외에 『천도교회월보』 등 참조.

리운영을 위해 일련번호를 붙여 호칭했고, 또한 동년에 사범강습소를 서울에 설립하는 것 외에 지방 각 시군에까지 확대 실시했다.[21] 이처럼 천도교에서 키운 각급학교의 졸업생들이 전국적인 3·1혁명의 중심적 역할을 했음은 당년지사였다. 박인호가 주도한 천도교의 민족문화운동이 이후 전개된 수많은 민족운동으로 이어진 것이라고 할 수 있다.

3. 교단의 분화와 6.10만세운동

박인호는 천도교단 전체의 총력을 기울였던 3·1혁명에서 의암의 지시에 의해 운동의 지원과 교단을 담당하는 등 2선의 책임을 맡았었다. 그는 3·1혁명 민족대표 48인 중 1인으로 체포되어 옥고를 치렀다. 박인호는 1920년 10월 출옥한 이후 3·1혁명의 자금마련을 위한 빌미로 추진하였던 대교당 건립에 박차를 가해 이듬해 2월 준공을 마쳤다. 그리고 1922년 1월에는 교주 취임식을 거행하여 실질적인 교단의 최고 지도자에 올랐다.

그러나 박인호의 교주 활동은 순탄치 못했다. 3·1혁명 이후 천도교에 대한 일제의 탄압과 감시는 가장 극렬했다. 일부 지방교구라든가 전교실이 폐쇄되는 데도 있는 등 천도교의 3·1혁명으로 인한 후유증이 심대하였다. 특히 의암 손병희의 사망 이후 교단의 분화는 가장 심각한 문제였다. 이미 1922년 천도교의 급진파인 천도교연합회[22]측이 분열해 나갔을 때 연

---

21 『천도교회월보』 통권 10호, 1911년 5월호 이후 『중앙총부휘보』란에 계속 일련번호로 된 강습소가 소개되고 있다.

22 천도교연합회측은 동학사상의 이념적 지향을 급진 사회주의사상으로 해석해 직접적인 행동으로의 표출을 주장한 집단이다. 이들은 1922년 의암 사후 교단의 급진적 개혁을 주장하다 실패한 후 그해 12월 마침내 '주의가 다른 이상 같이 할 수 없다'며 교단을 이탈했다. 이후 연합회는 1926년 이동휘 등과 함께 고려혁명당을 결성하는 등 한국공산주의 운동에 한 획을 긋는 역할을 하기도 했다. 이들에 대한 연구서로는 최정간, 『해월 최시형가의 사람들』(웅진출판사, 1994)과 조규태, 「1920년대 천도교연합회의 변혁운동」(『한국근현대사연구』, 제4집, 한울,

합회파측에서는 청년조직인 청년당에 대항하는 천도교유신청년회를 결성해 지방을 순회 강연토록 하기도 했었다.[23] 그러나 천도교의 본격적인 위기는 1925년의 제4대교주인 춘암 박인호의 교주직 인정여부를 놓고 벌인 신구파의 분열이었다.

천도교는 1922년 종헌과 교헌 개정 등을 통하여 이미 전통적인 교주제를 없애고 민주적인 종리원 합의제로 교단을 이끌어 가고 있었다. 그러나 교단을 장악한 최린계열이 1925년 천도교의 기념일[24]을 정비하면서 박인호의 승통기념일을 제외해 버리자 오영창 등이 강력 반발하면서 교주제 부활을 주장하는 등 최린계열과 대립했다.[25] 이 일을 계기로 천도교는 1925년 두 개의 신구파 종리원이 생기는 등 심각한 분열을 맞았다.[26] 천도교의 전위정당인 청년당도 지지입장에 따라 분열의 뒤를 따를 수뿐이 없었다.

당시 천도교청년당의 주류는 신파인 최린계열이 다수였고 또한 중앙교단의 간부직을 가지고 있었다. 따라서 이들은 '복구운동방지단'을 만들어 기존의 개정제도를 옹호하는 입장을 밝히고 '천도교청년에게 격하노라'라는 유

1996) 등이 있다.

23 천도교유신청년회는 지방강연 등을 통해 천도교연합회의 교리와 주의를 선전해 연합회측의 활동을 지원했다. 1922년 12월 12일 황해도 서흥에서 김봉국이 '세계적 요구와 종교의 장래', 강인택은 '생존상 2대 욕구'라는 제목의 강연을 한 기록이 있다.(『동아일보』, 1922년 12월 13일자) 그러나 천도교유신청년회는 본 연구의 주제가 아니므로 생략한다.

24 천도교의 기념일은 먼저 天日−4월 5일로 수운 최제우가 동학을 일으킨 날을 말하며, 地日−8월 14일로 해월 최시형이 수운으로부터 도통을 승계 받은 날이며, 人日−12월 24일로 의암 손병희가 해월로부터 도통을 전수 받은 날이고, 道日−1월 18일로 춘암 박인호가 의암으로부터 대도주의 종통을 전해 받은 날이다. 매 기념일에는 수천명의 지방교인들이 서울로 올라와 성대한 기념식을 치렀다. 천도교 세력의 대 사회운동들은 이 행사들을 전후해 주로 일어났음이 의미 있다.

25 이후 천도교인에서 교주제 부활을 인정하는 측을 구파로 그것을 거부하는 측을 신파로 부르기 시작됐다.

26 천도교의 신구파 분열은 이후 분열과 통합을 거듭해 오다 현재의 천도교중앙총부로 통합되어 오늘에 이르고 있다. 구파측의 교주제 부활은 수용되지 않았지만 4대 교주인 춘암의 위상은 교단내에서 의암의 뒤를 이은 대도주로 확고히 자리 잡았다고 할 수 있다.

인물을 배포하기도 했다.[27] 그러자 구파 계열의 청년당간부인 박래홍, 손재기, 조정호 등과 일부 지회에서는 구파 종리원을 지지하며 천도교청년당을 탈퇴 1926년 4월 5일 천도교청년동맹을 만들었다. 청년 조직의 양분과 활동의 이원화가 발생한 것이다.

이후 이들은 구파가 비타협적 민족노선을 중심으로 민족운동을 전개하고 신파는 타협적 민족노선에 따른 자치론적 민족운동으로 전개되었다. 따라서 구파측의 운동이 소수의 운동가 위주의 적극적인 항일활동으로 탄압과 그에 따른 희생으로 나중에는 활동자체가 미진해 지는데 비해 신파측의 운동은 대중지향적 민중계몽의 문화운동에 치중함으로써 질긴 생명력을 유지할 수 있었다.[28]

교단의 분열 이후 구파의 민족운동은 6·10만세사건에서의 활동에서 두드러졌다. 당시 국내에서는 제 2차 조선공산당결성을 이룬 책임비서 강달영이 사회주의 계열과 민족주의 계열간의 제휴를 주장하며 민족주의 계열의 대표랄 수 있는 천도교 측과의 연대를 희망했었다.[29] 따라서 조선공산당의 투쟁지도부는 6·10만세운동의 거사를 위해 천도교 세력과 연대를 모색해 갔다. 이무렵 조선공산당과 천도교 구파와의 연결은 고려공산청년회의 책임비서인 권오설과 박래원을 통해 이루어지고 있었다. 박래원은 권오설로

27 『조선일보』 1925년 8월 29일자; 『동아일보』 1925년 8월 29일자.
28 천도교 신구파의 활동을 놓고 어느 쪽.의 활동이 최선이었는지의 판단은 유보되어야 한다. 고 함석헌선생의 '민족이 바루처럼 쓰러지는데 누굴 탓하랴'말처럼 그 시절 민족의 좌절은 우리의 상상을 초월한다고 보야 한다. 바로 그 시절 마치 불꽃처럼 열정을 불사르다 산화하는 모습과 들풀처럼 끈질기게 살아남아 의지를 속으로 승화하는 모습이 양 파의 비유적 모습이라 생각된다. 그러나 분명한 사실은 이들이 이념적, 사상적 갈등으로 분열된 점이 아니라는 사실이다. 그랬기에 양 진영의 통합은 훨씬 수월했다.
29 강달영의 정치목표는 민족-사회 양 운동가들을 통합하여 (중국의-필자)국민당을 조직하려 했다. 김준엽, 김창순 공저, 1986, 『한국공산주의운동사』 2, 청계연구소, 455쪽; 6·10만세운동의 계획을 구체화시켰던 조선공산당 임시상해부 역시 계획 초기부터 천도교를 가장 유력한 제휴세력으로 간주하고 있었다. 장석흥, 「조선공산당 임시상해부의 통일전선과 6·10만세운동」, 『한국민족운동사연구』 于松조동걸선생정년기념논총 2, 나남출판, 1997, 770-771쪽.

부터 6·10만세운동에 대한 임무부여와 함께 가장 먼저 권동진에게 이 사실을 알렸으며,[30] 교주 박인호와 이종린·박래홍 등에게도 알렸다. 그리고 이들로부터 6·10만세운동에 대한 적극적 승낙을 받아낼 수 있었다.[31] 드디어 1926년 3월 10일 구파측 지도자 권동진의 집에서 양측이 회동함으로써 실현되었다.[32] 이들의 공통점은 비타협적 민족운동노선의 견지에 있었다. 이 자리에서 6.10만세운동이 공동결행의 신뢰가 이루어져 이후 양측은 거사를 계획하고 천도교 측의 청년동맹이 적극 참여해 특히 독립선언서의 인쇄를 맡기로 했다.

공산당원인 권오설로부터 선언서 인쇄를 제의받은 조공당원이자 청년동맹원인 박래원[33]은 천년동맹의 대표위원인 박래홍과 집행위원 손재기 등을 만나 거사 내용을 토의하고 각도의 천도교인들이 봉기하기로 약속 받았다.[34] 구파의 원로이자 33인대표중의 일인이었던 권동진은 자금지원을 약속했다. 박래원은 인쇄기술자로 5종의 인쇄물 10만장을 인쇄키로 했다.

박래원과 관계자들은 인쇄된 선언서의 지방배포와 지방조직과의 연락을 위해 두 가지 방법을 세워놓고 있었다. 우선 선언서는 지방의 조선일보 지사, 개벽지사, 소비자조합, 천도교 교구, 기타 청년단체 등에 보내기로 하고 발송 지역을 다음과 같이 정하였다.[35]

---

30 「햇불은 흐른다 반세기의 증언」(박래원 회고담), 『조선일보』 1964년 4월 26일.

31 표영삼, 「6.10만세와 천도교」(상), 『신인간』 1992. 11, 22~23쪽.

32 참석자는 천도교 측의 이종린, 오상준, 권동진이, 조공 측은 강달영이, 일반인은 박동완(33인 대표중 일인), 유억겸(유길준 아들, 연희전문 학감), 조선일보 주필 안재홍, 전무 신석우 등이 었다. 김준엽, 김창순 공저, 앞의 책, 455쪽.

33 박래원은 청년동맹 창립총회의 13명의 집행위원을 선출할 때 5명의 전형위원 중 한 명이었고 규약기초위원회 3명 중의 한 사람이었다. 『천도교월보』, 1926년 4월호.

34 박래원, 「六. 十만세운동의 회상」『신인간』, 1976년 6월, 제337호.

35 장석흥, "천도교구파의 6.10만세운동", 국민대 문과대학, 『북악사론』, 제4집, 1997. 8. 301-303쪽. 참조.

전라남도(광주·목포·순천·광양), 전라북도(전주·군산·정읍·남원), 충청남도(공주·대전·예산·홍성·천안), 충청북도(청주·충주·음성), 경상남도(진주·마산·부산·하동·고성), 경상북도(대구·안동·상주·영천·포항), 경기도(인천·개성·강화·의정부·수원), 황해도(황주·해주·사리원·재령·신천), 평안남도(평양·진남포·안주), 평안북도(신의주·선천·철산·정주), 함경남도(함흥·정평·흥원·영흥·원산·북청), 함경북도(청진·나남·온성·웅기)[36]

선언서의 송달방법은 『개벽』, 『신민』, 『신여성』 등의 잡지에 약간 매를 넣어 보낼 계획이었다. 또한 이들 지역에서의 만세운동을 추동하기 위해 책임자를 선정하여 파견하기로 하였다. 그리하여 전국을 철도선에 의해, 호남선·경부선·경원선·경의선 방면 등 4개 지역으로 나누고, 박래원은 호남선 방면과 경부선 방면의 중심지인 대전, 민창식은 경의선 방면의 중심지인 사리원이나 경의선 방면의 중심지인 원산을 근거로 활동할 계획을 세워놓고 있었다.[37] 그리고 서울 시가지에는 6월 8일 밤을 기해 배포할 계획을 가지고 있었다.[38]

또한 천도교는 천도교청년동맹원을 통한 지방 확산 계획도 세워놓고 있었다. 이에 천도교청년동맹의 중심인사인 박래홍이나 손재기 등이 교인 동원에 약속하였으며, 집행위원인 최병현과 김덕연 등이 6·10만세운동 직전에 자신의 고향에 내려가 있다가 일경에 가택 수색을 당하기도 했다.[39]

이러한 계획 하에 박래원은 인쇄를 위해 위장 하숙집을 얻는 등 악전고투 속에서 예정대로 인쇄를 무사히 마쳤다. 그는 인쇄물을 보관할 곳을 물색하다 『개벽』사에 숨겼으나 당시 수시로 수색 당하는 『개벽』사의 현실로 인해

36 「박래원신문조서(1회)」, 1926.10.14(문서번호 100), 340-343쪽. ; 박래원, 「6·10만세운동 회상」『신인간』 통권 337호, 1976, 15쪽. 참조. 이들 두 기록은 조금 차이를 보이고 있는데, 양쪽에서 지명되고 있는 지역은 모두 표시했다. 「박래원신문조서(1회)」, 1926.10.14(문서번호 100), pp. 347-348에 기록된 지역은 박래원과 권오설이 함께 지정한 것이다. 위의 글 재인용.
37 「박래원신문조서(1회)」, 1926.10.14(문서번호 100), 338-340쪽.
38 「박래원신문조서(1회)」, 1926.10.14(문서번호 100), 344-345쪽.
39 『동아일보』1926.6.10. 5,6,12. 면 2면.

인쇄물도 함께 발각되고 말아 대거 검거되는 비극을 맞이해야만 했다.[40] 이를 계기로 천도교 구파의 지도자 뿐 아니라 청년동맹의 박래홍 대표위원 등 다수가 연행되고 많은 수의 요인들이 일제에 의해 처벌 받아야 했다.[41]

즉, 일제는 6월 6일 천도교와 조선공산당의 계획이 탄로되는 것과 함께 동시에 전국에서 천도교 인사들에 대한 검색·체포를 실시하고 나섰다. 그리고 6월 7일과 8일 이틀동안에 집중적으로 전국의 천도교 기관 및 관계 인사들을 대상으로 대대적인 검색에 나서는 것을 볼 수 있다. 이때 일경은 심지어 교인 명부와 청년회원 명부 등을 압수하면서 천도교인의 가택까지 수색하는 등 동태 파악에 집중적인 관심을 쏟고 있었다.

물론 일제의 탄압과 수색은 천도교 조직에만 국한된 것은 아니었다. 전국 전지역을 대상으로 사회단체를 대상으로 철저하게 검색·체포가 이루어지고 있었다. 그리고 시기적으로 볼때 일제는 천도교와 조선공산당의 계획이 발각된 이틀 후인 6월 8일부터 전국의 거의 전지역에서 철야 경계에 돌입하였으며, 순조의 인산 봉도를 위해 상경하는 사람들을 저지함으로써 만세운동의 조짐이 지방으로 파급될 여지들을 철저하게 차단하고자 하였다. 그리고 시내의 여관이나 음식점 등을 수색하면서, 조금이라도 수상한 기미를 보이면 검속하는 한편 사람의 왕래가 잦은 정거장 등에 일경을 배치하여 왕래객에 대한 철저한 검문검색을 단행하였다. 이와 같이 철통같은 경계를 펼치던 일제는 인산 당일인 6월 10일 새벽에 일제히 행동을 개시하여 요주의 인사들을 강제 구금하였다. 이는 혹시나 인산 당일에 만세시위가 일어날 것에

---

40 완성된 인쇄물은 살포만을 기다리고 있었다. 그러나 지방 등에의 전달에는 적어도 1천원의 자금이 필요했고 박래원은 이를 공산당과 권동진, 박래홍 등에 부탁해 자금을 어렵게 모으는 중에 발각되고 만 것이다. 겨우 1천원의 돈이 없어 모든 노력은 물거품이 되었다.

41 천도교의 6·10만세운동에서의 활동은 성봉덕, 「六·十만세운동과 천도교」, 『한국사상』 제23호, 한국사상연구회, 1996. 표영삼; 앞의 글, 「6·10만세와 천도교」, 『신인간』 1992년 11월호, 12월호 참조바람.

대비한 사전 방지책이었다. 일제의 경계는 인산이 끝난 뒤에도 늦추지 않았다. 오히려 주요도시에서는 인산 이후에 경계를 더욱 강화시켜가면서 만세운동을 원천적으로 봉쇄하였던 것이다.[42]

6.10만세운동에서 박인호의 역할은 그의 아들인 박래홍의 활동으로 미루어 그가 깊숙이 개입하고 또 총괄 지시했음을 알 수 있다. 박래홍은 보성중학교를 졸업하고 보성전문학교에 다니던 중, 중국 북경의 북경대학을 1년여 다니다가 귀국하였다.[43] 그와 같은 다양한 학력으로 인해 천도교 내에서 국제공산주의자로 지목되기도 했던[44] 그는 천도교청년동맹의 대표로서 천도교 구파 청년조직의 중심적 역할을 담당하고 있었다. 박래홍은 6·10만세운동 과정에서는 크게 들어난 행동을 한 것은 발견되지 않지만 사촌간인 박래원의 배후에서 지원하였던 것으로 파악된다.[45] 그리고 박래홍의 배후 지원은 박래홍과 박인호와의 관계와 더불어 박래홍의 천도교 구파내 위치로 볼 때, 곧 천도교 교주 박인호의 승낙과도 같은 의미로 보아야 할 것이다. 격문에 사용한 인장을 박인호 교주의 집에 묻을 수 있었던 것 역시 그 같은 배경에서 이해되어질 수 있다고 하겠다.[46]

또한 거사일이 임박해 오는데 자금이 없어 격문을 배포하지 못할 때 박래원이 권동진에게 1만원의 자금을 요청하니 쾌락했다는 사실과 천도교당내에 격문을 감춰 둘 수 있었던 것 그리고 만세시위에 천도교의 지방조직을 적극 활용하려 했던 사실 등은 곧 천도교 구파의 지도자들이 배후에서 적극 지원하였음을 보여주는 것이라 하겠다. 이는 연원(淵源)에 기반한 천도교 조직

42 장석흥, 앞의 글, 306-307쪽.
43 「현파군의 약력」, 『천도교회월보』 214, 1928.10, 23쪽.
44 조규태, 앞의 논문, 42쪽.
45 박의섭, 「나의아버지 현파 박래홍」, 『신인간』 1995년 12월호(통권 제545호), 72-73쪽.
46 장석흥, 앞의 글, 296쪽.

의 속성을 통해서 충분히 짐작될 수 있는 것으로, 박래원은 거사에 따른 모든 일을 절대 비밀리에 진행토록 지시를 받고 있었다.[47]

이처럼 6.10만세운동에서 천도교 구파는 특히 청년동맹을 중심으로 적극적으로 참여했다. 다만 구파 지도층의 참여는 상대적으로 적은데 그 이유는 당시 신파에 비해 열악한 교세와 지도력 등이 자칫 3·1혁명의 경우처럼 지도부의 공백으로 이어질 수 있어 적극참여를 지양한 것으로 보인다. 이와 같은 결정 역시 구파의 최고 지도자인 박인호의 결정에 의했을 것이 틀림없다.

4. 신간회 참여와 민족연합전선에의 꿈[48]

6.10만세운동의 실패 이후 국내에서는 민족유일당 운동과 함께 독립운동 세력들의 통일전선과 민족연합전선 형성이 주요한 의제가 되었다. 그에 따라 1926년 12월 들어 천도교 구파의 권동진과 박래홍, 조선일보계의 박동완과 신석우, 불교계의 한용운, 사회주의계열의 홍명희와 최익환 등은 신간회 창립을 위한 협의를 가졌다. 이러한 움직임은 1927년 들어 한층 활기를 띠었다. 이해 1월 초순 권동진, 홍명희, 이갑성, 박동완, 한기악 등은 조선일보사에 모여 신간회를 발의할 것을 합의하고 즉시 발기인들과 접촉하는 한편 가입 승낙을 받는 동시에 강령을 초안하는 등 창립준비를 서둘렀다.[49] 그 결과 강령을 다음과 같이 초안하였다.

(1) 朝鮮民族으로서 政治, 經濟의 究竟的 解決을 圖謀함.

---

47 「햇불은 흐린다 반세기의 증언」(박래원 회고담), 『조선일보』 1964년 4월 26일.
48 성주현, "신간회운동과 민족주의 좌파세력", 신간회 창립 80주년 기념학술대회 발표논문, 2007. 2. 15 발표논문 주로 참조.
49 이병헌, 「신간회운동」, 『신동아』 60, 1969, 194쪽.

(2) 民族的 團結을 圖謀함.

(3) 妥協主義를 否認함. [50]

　그러나 이 강령은 허가를 받을 수 없음으로 당국과 절충하여 다음과 같이 수정하였다.

一, 우리는 政治的, 經濟的 覺醒을 促進함

二, 우리는 團結을 鞏固히 함

三, 우리는 機會主義를 一切否認함[51]

　또한 신간회선언을 다음과 같이 초안하였다.

　조선의 문제는 아직 그 해결방법을 찾지 못하고 있다. 그 문제는 제 문제 가운데 근본적인 문제이기 때문에 우리들 조선인은 마음을 다하고 힘을 다하여 그 해결방법을 강구하고 또 실행하지 않으면 안된다. 그런데 외래사상의 복사적 변론과 정치간상의 농단적 행동이 문제의 핵심을 애매하게 하기 쉽다. 우리는 언제나 진지한 가슴과 냉정한 머리로써 핵심을 직시하고 정당한 방법을 파악하지 않으면 안된다. (중략) 우리는 계급보다 민족을 취하고 목전보다 장래를 생각한다. 정당한 방법은 오로지 우리들의 견지에 섰을 때 파악한다. 고식적 계획이나 공소한 이론으로는 문제의 해결을 기대할 수 없다. 무릇 우리의 이해는 개인적에 있지 않고 민족적에 있고, 우리의 이상은 고전적에 있지 않고 현대적 이해를 같이 하고 분자가 같은 이상 아래 단결하여 민족적 요구를 대표하고자 한다. 이제 우리의 행동문제에 대해서는 점점 우리의 이상에 벗어나지 않은 범위 내에서 문제를 문제로서 쌓아두지 않음은 간단히 두 세 개의 예를 든다면 때로는 이민문제를 문제로 하고, 때로는 해외동포의 산접적 발전적 문제도 문제로 하고, 때로는 문맹퇴치운동도 주창하고, 또 때로는 현하 교육제도의 결함을 지적하는 大槪를 총괄하는 것은 우리의 이해와 현재 정치와의 사이에 근본적 모순인 이것을 민중에게 인식시킬 것을 노력하고자 한다.

一. 한글을 보급하여 문맹퇴치를 기한다.

50 「獨立運動終熄後ニ於ケル民族運動ノ槪要」, 『제등실문서』10, 高麗書林, 1990, 243쪽.

51 『新幹會綱領及規約』

一. 일본화본위의 교육을 배척한다.
一. 조선생산품 사용의 장려를 선전한다.
一. 일본 이민을 반대한다.
一. 농촌에 가내공업을 장려하여 농촌진흥을 기한다.
一. 조선역사의 교재가 되는 서적을 간행한다.
一. 경제적 실제 통계를 조사 연구하여 구체적 대책을 강구한다.
一. 만주이주동포의 산업적 실황을 조사하여 그의 원조책을 강구한다.
一. 남부 및 중부 농민의 북부 이주를 장려하여 가급적 국내인구밀도의 조사를 기한다.
一. 학생에 교육을 장려하여 사상적 혼돈을 둔화치 않게 한다.[52]

신간회는 2월 15일 오후 7시 종로 기독교청년회관에서 창립총회를 개최하고 회장에 이상재, 부회장에 홍명희와 간사 35명을 선출하였다.[53] 그러나 홍명희의 사퇴로 17일 간사회에서 권동진을 선임하고 권태석, 이승복, 박동완, 신석우, 안재홍, 최익선, 홍명희 등 7명을 총무간사로 호선하였다.[54] 그리고 2월 21일 총무간사회를 열고 서무부 등 7개부서와 간사를 결정하였다.

신간회에서는 합법적이고 타협적인 테두리 속에서나마 활동이 허용되었음을 감안하여, 민족자주독립의식을 고취하기 위하여 먼저 국내외에 지회를 설치하기로 하고, 7월 10일에는 서울지회를 설치하였으며, 지회장은 만해 한용운이 선출되었다. 서울지회 설립 후 신간회는 활발한 지회활동을 통하여 1928년 말에는 국내외에 143개의 지회와 3만명의 회원을 확보하였다. 이렇게 기하급수적으로 팽창하자 일제는 신간회를 탄압하기 시작해 단한번도 대규모의 전체대회를 개최하지 못하게 압력을 행사하였다. 그러한 일제의 압력과 좌우익의 대립과 갈등 속에서도 신간회의 투쟁목표는 뚜렷하였는데, 이는 구호와 실천강령 등에서 엿볼 수 있다.

52 조선총독부경무국, 『조선의 치안상황』, 不二出版, 1927, 86-88쪽.
53 『조선일보』, 1927년 2월 16일자.
54 『조선일보』, 1927년 2월 19일자.

즉, 신간회는 민족적·정치적·경제적 예속의 굴레를 과감히 벗어나며 타협주의를 배격한다는 점을 먼저 천명한 뒤, 언론·집회·결사·출판 등의 자유를 쟁취할 것과 청소년·부인 형평운동을 지원할 것도 아울러 투쟁의 방향으로 삼았다. 뿐만 아니라 파벌·족벌주의의 배격과 동양척식주식회사, 기타 이민을 강력히 반대하면서 재만·재일 동포의 문제와 국제주의도 포함시켰다. 근검절약과 민족혼을 되찾아 우리 얼의 건재성을 국내외에 과시하여야만 우리 민족은 살아남을 수 있을 것이라는 점을 분명히 밝혔다.

또한, 광주학생 항일운동의 진상을 규명하기 위하여 조사단을 파견함과 동시에 학생운동의 탄압을 엄중항의 하였으나 일제는 냉담하였다. 이에 이 운동을 전국적인 항쟁으로 확대, 파급시키기 위하여, 광주에 조병옥과 한용운은 비밀리에 찾아가 조사를 마친 후 서울에서 광주실정보고 민중대회를 열고 그 부당성을 규탄하기로 하였다. 1929년 12월 13일을 개최일로 잡고, 권동진·한용운·조병옥·송진우·홍명희·이관용·김항규·주요한·이원혁 등 관계자가 민중선언서를 발표하고 대회를 개최하기로 합의하였다. 일본경찰이 민중대회를 중지해줄 것을 요청하였으나 이를 묵살하고 강행하려 하자 일본 경찰은 한용운·조병옥·권동진 등 44명과 근우회 간부 등 40명을 연행, 구속하였다. 그 가운데 한용운과 조병옥 등 6명은 실형선고를 받고 1930년 2월 석방되었다. 이 일은 신간회 해소의 계기가 되었다.

즉, 최초의 좌우연합전선으로 결성된 신간회는 좌파 세력이 코민테른 제6차 대회에서 민족주의자들과 단절하고 적색노동조합운동 노선으로 전환을 결의하는 이른바 '12월 테제'를 발표하면서 결정적으로 분열과 해소의 길로 접어들었다.[55] 한용운을 비롯한 많은 민족주의 진영의 노력에도 불구하고 1931

---

55 김삼웅, 『만해 한용운 평전』, 시대의 창, 2006, 320쪽.

년 5월 16일 조선중앙기독교청년회에서 대의원 77명이 참석한 가운데 해소
대회를 열고 해산을 결의함으로써 창립된지 만 4년 만에 막을 내렸다.

신간회에서 천도교 구파는 다른 어떤 단체보다도 적극적인 참여와 활동을
이어갔다. 이는 전적으로 당시 교단을 대표하고 있던 박인호와 밀접한 관계
속에서 이루어 진 것이었다. 물론 신간회에 대한 박인호의 견해나 행동이
분명하게 드러난 것은 없지만 중앙집권적 조직의 특성상 당시 구파를 대표
하고 있던 박인호의 적극적인 의지가 없었다면 불가능하였기 때문이다. 이
에 따라 장로 권동진, 천도교회월보 발행인 이종린, 청년동맹 대표 박래홍,
청년동맹 집행위원 박완, 그리고 청년동맹 지육부장 이병헌 등 5명이 참가
하였다. 특히 이병헌이 참가한 것은 신간회 창립자금을 관리하기 위해서였
는데, 이는 창립자금을 천도교 구파에서 지원하였기 때문이다.[56] 그리고 이
들 중 권동진, 이종린, 박래홍이 발기인으로 참여하였다.[57] 또한 권동진은
2월 11일 신간회와 조선민흥회(朝鮮民興會, 사회주의 계열)와의 합동과정에서
홍명희, 신석우와 함께 신간회측의 대표로 활약하였다.[58]

1927년 2월 15일 신간회 창립대회에서 권동진과 박래홍은 최익환, 송내
호, 이동욱 등과 규칙심사위원으로 활동하였고,[59] 창립대회에서 선정한 간
부진에는 권동진이 부회장[60], 이종린과 박래홍이 중앙위원으로 각각 선정되
었다.[61] 이어 박래홍은 총무부 간사, 이병헌은 조직부 간사, 박완은 청년부

56 이병헌, 앞의 책, 194쪽.
57 『동아일보』 1927년 1월 20일자.
58 『동아일보』 1927년 2월 14일자 및 박명환, 「新幹會回顧記」, 『신동아』 54호, 1936, 152-168쪽.
59 『동아일보』 1927년 2월 17일자.
60 원래 부회장에는 사회주의계열인 洪命熹가 당선되었으나 개인사정과 會勢의 미묘한 사정으로
   사임하였다.(이병헌, 앞의 책, 195면) 이는 아마도 신간회 창립과정에서 자금을 지원하는 등
   적지 않은 역할을 하였던 천도교 구파에 대한 배려가 아닌가 한다.
61 이병헌, 앞의 책, 195쪽.

간사에 각각 선임되었다.[62] 그리고 권동진은 창립대회에서 선출된 회장 이
상재가 3월 29일 사망하자 부회장으로 있던 권동진이 그 역할을 맡았다.[63]
이후 본부에서 활동한 구파 인물로는 1929년 2월 정기대회 준비위원회가
구성될 때 이종린이 규약부장을,[64] 박양신이 서무부 부원을,[65] 6월 복대표대
회에서 구성된 중앙집행위원으로 선천 출신의 이용길과 중앙검사위원장으
로 권동진이 각각 선임되었다.[66]

이처럼 천도교 구파세력이 참여한 가운데 창립된 신간회에 구파의 전위
단체인 천도교청년동맹은 동맹 차원에서 조직적으로 참여하고 있다. 신간
회보다 약 1년 전 1926년 4월 3일 조직되었던 청년동맹은 이미 6.10만세
운동에 주도적으로 참여 했으며[67] 신간회 창립에도 청년동맹은 1927년 12
월 25일 동맹대회를 개최하고 '민족적 단일당'즉 신간회를 적극 지지할 것
을 결의하였다.[68] 이에 따라 천도교 구파는 청년동맹을 통해 신간회 본부뿐
만 아니라 청년동맹 지부가 있는 지역에서는 신간회 지회 조직에 적극 참여
하게 되었다.

천도교 구파 세력이 신간회 지회조직에 참여한 곳은 경성지회를 비롯하여
경서지회, 양구지회, 강화지회, 광주지회, 수원지회, 통영지회, 영천지회,
강진지회, 병영지회, 광양지회, 영암지회, 완도지회, 장흥지회, 정읍지회,
남원지회, 당진지회, 서산지회, 예산지회, 홍성지회, 음성지회, 구성지회,
선천지회, 용천지회, 철산지회 등 26개 지회에 이르고 있다. 이를 지역별

62 위의 책, 196쪽.
63 『동아일보』1927년 4월 28일자.
64 『동아일보』1929년 2월 9일자.
65 『조선일보』1929년 2월 4일자.
66 『동아일보』1929년 7월 1일자.
67 「天道敎靑年同盟創立總匯會錄」, 『천도교회월보』184호, 1926. 4. 39쪽.
68 「天道敎靑年同盟大會의 件」, 『사상문제에 관한 조사서류(3)』, 종로경찰서, 1927. 12. 27(문서
번호 鐘路警高秘 제14900호).

로 보면 경기지역이 5개 지회, 호남지역이 8개 지회, 충청지역이 5개 지회, 관서지역이 4개 지회, 경북과 강원지역이 4개 지회로 분류할 수 있다. 천도교 구파세력은 신간회 지회에 참여하고 있는 세력 중 단일조직으로는 가장 폭넓게 한 것으로 보인다.

5. 민족운동과 박인호

19세기 국가의 누란지위 상태에서 등장한 동학은 당시의 시대상황을 누구보다도 예리하고 정확하게 분석하여 민족의 나아갈 바를 제시해 주었다. 동학은 민족전통사상을 계승하고 우리의 고유의 사유체계 속에서 창도된 종교로서 출발했지만 지극히 정치적이었다. 즉, 동학은 보국안민의 대내적 민족주의에 입각한 반봉건 반외세의 정치운동을 실천하여 후천개벽의 이상적 공동체를 실현하고자 했고, 대외적 민족주의로 포덕천하를 통해 도성덕립의 신인간 세상을 이루고자 했다. 그로 인해 동학은 창도 이래로 구한말과 일제시대를 거쳐 해방 후에 전개되었던 자주적 통일 민족국가 수립을 위해 많은 희생을 치른 이른바 한국 근대민족운동사와 일치되는 역사를 가지고 있다.[69]

일제 강점기에서도 동학은 천도교로 대고천하 한 뒤 여전히 강력한 항일 정신에 입각해 갑진개화혁신운동, 민족문화운동, 3·1운동, 6-10만세운동, 신간회 운동 그리고 멸왜기도운동까지 국내 민족운동에서 주도적인 역할을 해 나갔다. 이 역시 시대상황에 대한 정확한 판단과 분명한 노선정립

---

69 1860년 창도된 이래로 동학의 이름으로 이 땅에서 순도한 사람들을 아무리 적게 잡아도 40만 명이 넘는다. 순교의 대명사 천주교의 순교자가 1만 명에 이른다고 하니 천도교의 희생규모를 짐작할 수 있다. 내용적으로도 천주교의 순교자가 거의 종교자유만을 주장했다면 천도교의 순교자는 종교자유를 넘어서는 사회변혁을 외치다 희생당한 순교의 질적 차이를 보이고 있다.

에 입각한 운동이었다. 동학 천도교가 한국 민족주의 정치노선을 대표할 수 있는 것은 이러한 실천성이 있었기 때문이다. 민족주의를 마루야마 마사오 (丸山眞男)의 "민족의 독립과 발전 및 통일을 지향하는 이데올로기와 운동"[70] 이라고 정의했을 때 모든 민족주의는 당사 민족[71]의 민족운동으로 구체화 된 다고 할 수 있다. 민족운동의 담당자는 항상 억압과 수탈의 대상에서 벗어 나고자 몸부림치는 민중들일 수밖에 없다. 그래서 그들의 요구는 언제나 전 체 민족의 자주자립과 해방이라는 요청과 합치된다. 따라서 민족운동의 담 당자로서의 민중의 민족주의가 그 나라의 민족주의로 실체화될 때만이 민족 의 자주자립, 통일된 민족국가의 수립과 발전이라는 민족주의적 요구의 실 현이 가능해진다. 그러므로 진정한 민족주의는 민중중심의 그들의 요구가 절박하게 제시되고 있는 민족운동에서 가장 극렬하게 표출된다.

또한 진정한 민족운동에는 그 민족의 양심과 역량과 지혜가 총동원되지 않으면 안되기 때문에 민족주의는 종교 또는 종교적인 것을 바탕으로 하는 경향이 있다. 종교 또는 종교적인 것을 바탕으로 삼지 않으면 생명을 걸고 싸울 수 없기 때문이다. 일제 강점기 천도교의 민족운동은 이러한 측면이 강했다고 할 수 있다. 그리고 그 정점에는 천도교의 4대 교조인 춘암 박인 호가 있었다.

1908년 제 4대 대도주가 된 박인호는 교단의 중앙조직을 개편하였다. 박인호가 시행한 교단 개편은 크게 교당의 이전과 개편, 인사변동과 관련한 조직개편과 교단의 주문, 각종 규칙과 제도, 교단의 체제 등과 관련된 규칙 개편으로 진행되었다. 조직개편은 1908년부터 1918년까지 10년이라는

---

70 丸山眞男, 『現代政治の思想と行動』(增補版, 未來社, 1973), p274.
71 민족과 민족주의의 발생과 관련한 서구학계의 영속주의자들(perenialists)과 근대주의자들 (modernists) 사이의 논쟁에 대해서는 A. D. Smith, "The Problem of National Identity : Ancient, Medieval and Modern?", *Ethnic and Racial Studies*, vol.17, no.3(1994) 참조.

기간동안 이루어지는데 이를 통해 천도교는 비로소 근대적인 종교조직으로 탈바꿈하게 되는 것이다.

이를 바탕으로 박인호는 교육문화운동을 진행하는데 그것이 1910년대 이래의 천도교 출판문화운동과 교육운동이었다고 할 수 있다. 이렇게 배출된 인재들은 향후 천도교 발전의 근간이 되었으며 나아가 3·1혁명과 이후에 전개된 민족운동에서 주도적인 역할을 하게 되는 것이다.

박인호의 민족운동은 1922년 천도교가 신·구파로 분열되어 교주직을 사임한 후에도 계속되어 그의 조카인 박래원이 주도적으로 참여한 6·10만세운동에 필요한 선언서의 인쇄와 지금 지원 그리고 지방의 조직동원과 운동 참여까지 제반 지원을 적극적으로 보조하였으며, 1927년에는 아들인 박래홍을 비롯한 많은 교인들을 신간회에 참여시켜 활동하게 하였다. 신간회의 지방조직이 대부분 천도교 지방교구와 중복되고 있음을 보아 당시 천도교의 신간회 참여 정도를 알 수 있게 한다. 그는 지병이 악화되어 활동이 자유롭지 않음에도 불구하고 1938년에는 자신의 마지막 민족운동인 멸왜기도운동으로 최후의 순간까지 조국독립에 모든 것을 바치었다.

1920년대 박인호의 민족운동에서 주목되는 것은 박인호가 3·1혁명의 실패에서 얻은 교훈이었던 민족운동진영의 대동단결이었다. 즉, 3·1혁명 당시 주로 종교인을 중심으로 한 운동본부를 구상했었지만 추진과정에서 종교 지도자들이 보여준 무력함과 나약함 등은 향후 독립운동의 힘이 될 수 없음을 확인한 것이다. 이에 보다 강력한 실천력과 추진력을 가지기 위해서는 철저한 이념을 기반으로 한 독립운동 세력과의 연합은 필수적이었을 것이다. 이런 의식 하에서 박인호는 민족주의 세력과의 제휴 및 연합의 대상을 국내 사회주의 단체를 지목한 것이다. 그리고 그것은 독립운동을 위한 새로운 통일전선단체의 결성을 목표로 했다고 볼 수 있다.

실제로 6·10만세운동의 추진체로 탄생한 것이 '대한독립당'이었다. 격고문의 명의 주체인 대한독립당은 물론 정식으로 결성된 조직은 아니었지만, 6·10만세운동의 추진 주체들이 '사회주의·민족주의·종교계·청년계의 혁명세력을 총결집하기 위한'[72] 통일전선의 상징적 조직이었다. 이에 따라 6·10만세운동의 주체들은 혁명세력의 결집에 힘을 기울여 나갔고, 그 가운데 천도교 구파는 가장 유력한 세력이었다.

천도교와 조선공산당 등이 추진한 6·10만세운동의 계획은 결행 직전에 비록 불발로 그치고 말았지만, 이 과정에서 보여준 통일전선의 정신과 기운은 국외의 민족유일당운동과 국내의 신간회로 계승 발전되어 갔다는 점에서 중요한 의의를 지니는 것이었다. 민족의 자주독립이라는 공동의 목표를 가지고 있는 이상 이념과 노선의 차이는 얼마든지 극복될 수 있는 문제라는 것을 박인호의 민족운동에서 확인할 수 있다. 전민족의 민족대연합전선의 완성을 향한 노력은 동학 시대 이래로 민족주의 운동세력의 오랜 지향점이었기 때문이다.

6. 맺는 글

춘암 박인호는 평생을 동학과 천도교의 역사와 함께한 인물이었다. 그는 새로운 세상이 온다는 동학의 이념에 끌려 동학에 입도하고 반봉건과 반외세를 위해 투쟁하였다. 박인호는 동학혁명 이후 붕괴된 동학교단을 다시 일으켜 세워 300만 교도를 만들고 나아가 천도교가 민족운동의 구심점이 될 수 있게 한 결정적 공헌자라고 할 수 있다. 특히 그는 교단이 분열되는 위기

72 강덕상 편, 『현대사자료』29, 425쪽., 장석흥, 앞의 글(1997), 재인용, 298-299쪽.

에 교조로서의 기득권을 고집해 교단이 황폐화되는 것을 막았으며 민족운동에 있어서도 천도교라는 특정 종교에 매몰되어 유아독전적 운동노선을 고집하지도 않았으며 오히려 대의를 위해서는 자신을 한없이 낮출 줄 아는 진정한 민족 지도자의 면모를 보여 주었다.

3·1혁명 이후 박인호는 분열되는 교단에서 일부 지도층의 일제 타협노선인 민족개조론, 실력양성론 그리고 자치론 등을 단호히 거부하였다. 그랬기에 그는 교조이면서도 다수파인 신파에 동조하지 않고 소수파이지만 올바른 선택을 한 구파측의 좌장으로서의 역할에 충실했던 것이다. 그리고 그들과 함께 항일민족운동의 전위에서 묵묵하게 민족과 교단을 끝까지 수호한 것이라고 할 수 있다. 결국 박인호의 선택과 노선은 동학의 민족주의 이념이 우리 근대사에 있어서 진정한 민족주의로서의 역할을 이을 수 있게 해준 것이었다. 그리고 오늘의 천도교가 민족종교로서의 이름에 부끄럽지 않을 수 있도록 해준 것으로 평가되어야 한다.

나아가 박인호에 대한 부실한 연구 역시 하루빨리 개선되어야 할 과제이다. 천도교단에서 그가 한 역할이 어디까지인지가 체계적으로 규명되어야 함은 물론 1920년대 민족연합전선체 결성을 위한 그의 노력과 그가 이념이 다른 사회주의자들과의 공동전선결성에 쉽게 합의한 요인들은 무엇인가가 연구되어야 한다. 우리의 근현대사가 오랜 기간에 걸쳐 이념대립과 갈등을 지속해 왔기에 그리고 그 결과가 민족 전체에 매우 부정적 모습을 보여주고 있는 이상 우리는 100여 년 전 이미 같은 고민을 극복한 박인호의 사례에서 그 해결책을 습득할 필요가 있기 때문이다. 또한 박인호에 대한 재평가는 천도교 대화합의 상징과도 같은 과제이기에 교단 전체가 그 어느 것보다도 시급한 과제임을 인식하고 보다 적극적인 노력과 자세가 요구된다고 할 것이다.

내포동학혁명에서
전해지는 이야기

박성묵(예산동학농민혁명기념사업회 회장)

내포동학혁명에서 전해지는 이야기

1. 1894년 내포동학 민중의 몸짓

　일본군의 조선침략에 맞서 보국안민의 기치를 들고 일어난 동학농민혁명이 올해로 120주년을 맞았다. 안동 김씨 같은 특정 가문이 정치를 주무르던 세도정치의 폐습이 나라꼴이 결국 어디로 가는지 분명하게 역사는 가르쳐 준다. '나라가 망할 때는 당쟁이 아니라 세도정치'에 있다는 말처럼 외척 가문이 허수아비 왕권을 쥐락펴락하고 독단과 부정으로 나라기강은 무너졌다. 지방관료는 백성을 돌보지 않고 수탈과 탐학을 저질러 자기 뱃속 챙기기에 바빴다. 오히려 굶주린 백성에게 고통을 가중시키니 결국 나라는 망국으로 치닫게 됐다.

　여기에 자본주의 체제를 받아들여 아시아 맹주로 부상한 일본은 임진왜란 망령이 되살아나듯 조선을 넘보기 시작했다. 불안과 위기감은 날로 높아갔다. 쓰러져가는 세상에는 새 세상을 열망하는 민중의 희망의 몸짓이 있게 마련이다.

至氣今至 願爲大降 侍天主 造化定 永世不忘 萬事知
지기금지 원위대강 시천주 조화정 영세불망 만사지

(지극한 기운 지금 여기 크게 내리소서
한울님 모시니 마음이 정해지고 영원토록 잊지않으니 만사가 깨쳐지네)

　세도정치의 비정치 형태가 민중을 압사시킬 때인 1860년 동학東學이 수운 최제우에 의해 창도 되었다. 세상을 구할 도를 찾고자 천성산 적멸굴에 들어가 한 해에 가까운 기간 동안 고된 수련과 수도의 과정을 거치게 된다. 1861년 6월, 최제우는 비로소 세상 사람들에게 동학포교를 시작했다. 무너지고 있던 조선조의 전통 질서와 동양을 침범하던 서양의 근대적 질서를 동시에 비판하며, 이에 대응할 수 있는 새로운 신념체계로서의 동학을 창도했던 것이다.

　양반도 천민도 없이 모두 한울님을 모시고 있으므로, 세상의 모든 사람은 근원적으로 모두 평등하다는 시천주侍天主의 새로운 가르침은 당시 새로운 삶의 질서를 꿈꾸는 세상의 많은 사람들로부터 적극적인 호응을 받게 된다.

　그러나 동학은 창도와 아울러 안으로는 조선조의 봉건적인 질서와 충돌하게 되고, 밖으로는 서구의 침략과도 충돌하는 매우 지난한 고통의 길을 걷게 되었다.

　수운 최제우는 지속되는 관의 탄압과 함께 1863년 12월 10일 마침내 조선조 조정에서 파견한 선전관 정운구 일행에 체포되어 대구감영에 수감되었다가, 이듬해 3월 10일 대구 장대將臺에서 좌도난정左道亂正의 죄명을 쓰고 참형을 당하였다. 천명을 지키기 위하여 참형의 형장으로 스스로 올라가 41세의 나이로 순도하였던 것이다.

서계양리에 있는 접주 최국현의 묘 입구석.
최국현은 본이 경주이며 무봉리에서 서당을 개설해 학동을 가르쳤으며 동학사상을 받아들여 접주로
활동했다. 홍주성 실패 후 집에서 유회군에 체포되어 대흥관아로 끌려가 매를 맞아 사망했다.

예산지역에 동학이 전래된 때는 수운 최제우의 관향인 경주에 시향제 참석차 동학을 접하게 된 최씨문중에 의해서다. 신양 서계양리 경주최씨 문중 대표적인 곳이다.

내포지역에서 소문을 듣고 동학의 개벽실천운동에 제일 먼저 뛰어든 사람은 1871년 경상도 영해혁명을 지휘했던 이필제(이제발)이다. 영해동학혁명의 지도부는 해월 최시형과 동학교도인 이필제李弼濟, 김진균金震均, 강사원姜士元, 박사헌朴士憲, 전영규全永奎, 남두병南斗柄 등이었다. 3월 10일 최제우 순도일과 역시 동학 탄압으로 죽은 영해 접주의 상제 박씨 집(교남공적 서군직의 진술)에 유건과 청의를 입은 500여명이 모여들어 형제봉에서 소를 잡아 하늘에 제사를 지낸 다음에 일으킨 혁명이었다. 혁명군은 우정동 병풍바위 아래에 집결 영해부성을 습격으로 시작되었다. 성을 장악한 이필

제는 동헌마루에서 백성을 학대하고 재물을 탐하기로 원성이 높던 부사 이
정의 목을 쳤다. 이후 안동 부사 박제관이 영해부안핵사로 임명되자 대대적
인 토벌이 진행되자 혁명대열에 참여했던 농민군은 체포 처형되었다. 이필
제는 12월 23일 지금의 서울시청 뒤 무교터에서 능지처사를 당했고, 친구
정기현은 서대문 밖에서 효수되었다. 영해의 박씨 가문 중에서는 효수 또는
물고로 7명(박영관, 박영각, 박영수 3형제, 박한용, 박한태 형제, 박종대, 박기준)이 죽
고, 영해의 권씨 가문 4명(권두석, 권석중, 권영화, 권재일)이 효수 또는 물고로
순교하였고, 안동의 장성진, 장선이 형제, 김천석이 효수 또는 물고로 순교
했다. 충남 노성에서 참가한 박춘집도 효수되었다. 동학 제2세교주 해월 최
시형은 스승 최제우 참형 후 수제자로 지목돼 그를 잡으려는 관의 추적이 강
화되자 이를 피하여 강원도, 충청도, 경상도 깊은 곳에서 숨어 살았다. 영
해혁명으로 해월은 또다시 토벌군의 포위망을 벗어나 깊은 태백산맥과 소
백산맥 등에서 36년간을 숨어 지내며 관의 추적을 피해 50여곳을 전전하며
살아가게 된다.

 해월은 그 고난 속에서 흩어진 동학교도들을 다시 모아들이고, 또 교세를
넓혀갔다. 이 과정 속에서 의암손병희와 함께 동학에 입도한 삽교 하포리
출생, 춘암 박인호 대접주, 예산지역 동학조직의 두령 박덕칠 대접주 등이
해월 최시형의 제자가 되었다. 이들은 예산에 도소를 설치해 서산, 당진,
태안 등 비밀리 내포지역 동학 포덕에 힘썼으며 조직을 활발히 이끌어 내포
동학의 명실상부한 지도자로 부상하게 된다.

 특히 해월신사의 지도를 받아 공주 가섭사에 들어가 49일의 수련을 하는
등 장차 지도자로서의 소양을 쌓은 박인호 대접주는 공주취회, 광화문복합
상소, 보은취회 등지에서 수운 최제우의 억울한 죽음을 신원伸寃하고, 동학
을 정부에서 공식적으로 인정하도록 촉구하는 대집회를 여는데 중심역할을

했다. 이 집회는 매우 평화적이고 또 합리적인 것으로써, 우리나라 역사상
최초로 민의民意를 집결시킨 집회로 평가되고 있다. 다시 말해 팽배된 민의
를 결집시켜 부패한 당시 중앙정부에 건의하였던 최초의 민주적인 집회이며
시위였던 것이다. 나아가 열강의 침략 속에서 위기를 겪고 있던 우리나라와
민족을 위해 반외세의 기치를 높이 세웠던 매우 의미있는 민족운동이었다고
하겠다.

　그러나 동학교도들의 신원운동의 요구를 부패정부는 묵살하고 오히려 지
도자들을 체포 탄압했다. 1894년, 마침내 반봉건 반침략주의의 기치 아래
에 일어난 갑오동학농민혁명이 일어났다. 동시에 새로운 차원의 후천개벽
세상을 열어가려는 동학농민군의 열망이기도 했다.

관작리 전적지.
1894년 10월 27일(음) 내포지역 3만여 동학농민군이 한양진격을 위해 이곳에 집결하자 관군과 전투를 벌여 농민군이 대승한 역사 깊은 유적지이다. 2009년부터 동학기념공원 조성사업을 추진하고 있다.

우리가 의를 들어 이에 이름은
그 본의가 다른 데 있지 아니하고
창생을 도탄 속에서 건지고
국가를 반석 위에다 두고자 함이며,
안으로는 탐학한 관리의 머리를 베고
밖으로는 횡포한 강적의 무리를 구축하고자 함이다.
양반과 부호 앞에서 고통받는 민중들과
방백과 수령 밑에서 굴욕을 받는 소리小吏들은
우리와 같이 원한이 깊은 자라
조금도 주저하지 말고 이 시각으로 일어서라.
만일 기회를 잃으면
후회하여도 돌이키지 못하리라!

가보세 가보세 을미적 병신되면 못가리
가보세 가보세 을미적 을미적

가보세 가보세 가보세 가보세 가보세

사람을 함부로 죽이지 말고 가축을 잡아 먹지 말라!
충효를 다하여 세상을 구하고 백성을 평안케 하라!
왜놈을 몰아내고 나라의 정치를 바로잡자!
군사를 몰아 한양으로 쳐들어가 권귀들을 없애자!

오 무서운 힘이여! 신이나는 모임이여!
내일은 천안, 모레는 수원, 글피는 한양성!
이 땅은 우리의 뿌리
땅을 품은 우리의 두 팔 뿌리되어
놓지 않으리 빼앗기지 않으리
굶주림에 눈물 짓던 아픔까지도
불타오르는 들풀의 함성
살얼음 거친 들판 울리며
북을 치고 깃발 흔들며
함성으로 달려가는 사람들
죽음으로 달려가는 사람들
가자 관작리로!
가자 관작리로!

한양진격이란 강렬한 의지와 열정을 갖고 3만여 내포동학농민군이 관작리에 갑오년 10월 26일 총집결했다.
살길이 죽는 길이고 죽는 길이 살 길이라
식은 주먹밥을 먹어도 왜놈들을 몰아내어 새 세상의 열망은 들불처럼 타올랐다. 면천 승전곡에서 왜병을 패퇴시키고 면천성을 무혈입성하고 오가역탑리로 주둔하고 관작리로 집결했다. 내포들판을 달려온 내포동학농민군의 무서운 힘이요, 푸른 죽 창 끝에 〈천불변도역불변〉이란 대장기를 펄럭이며 날렸다. 동학농민혁명에서 잊지 말아야 할 것은 어지러운 정치를 바로 세우고 도탄에 빠진 백성을 구하고 만대를 살 아온 우리의 땅 지키고자 민중의 힘으로 진정한 자주 평등 주권을 확립하고자 했던 점이다.

측은지심이 사라지고 사람을 존중하지 않고 사람이 살 수 없는 사회로 점차 곤두박질 치는 모습이다. 났네 났네 난리가 났어 하늘이 어찌 무심하랴! 망할 것은 망하고 새 세상이 와야 한다! 120년 전 동학농민군의 염원이 이 시대 우리에게 던지는 것은 무엇인가.

시호시호 부재래지 시호로다 시호시호 오만년지 시호로다.

2. 홍주성 패퇴 후 마을을 떠난 대술 고동 경주최씨

고동마을 전경

사람이 하늘이다
나라 바로세우고 참된 세상
차별없는 세상
사람이 사람답게 사는 세상을 위해
보국안민 농민군들아!
죽창 끝 높이 들고
떨쳐 일어나세

반만년 민중의 한을 풀어 주리라
우리가 살 길이 죽는 길이고
죽는 길이 살 길이라
하늘을 이불 삼고 땅을 자리 삼아
말뚝잠을 잤어도 천지신명이 굽어 살피시니
가보세 가보세 여럿이 가보세
개벽천지 새 세상 만드세 지키세

봉수산, 천방산의 차령준봉 아래 자리한 고동마을 전경

청정한 하늘 아래 아늑한 동네였다. 120년 전만 해도 그랬다. 대술 방산리 고동古洞 마을도 봉건왕조의 끝자락에서 정의가 무너진 폭정의 세월을 제거하고자 떨쳐 일어섰던 동학농민혁명의 한복판에 있었다.

당시, 안타까운 역사의 한 토막에 처절하게 살다간 핏발어린 경주최씨 문중 고난의 역사가 스며있다. 마을 경주최씨 상계를 살펴보면, 신라 말 대학자 해동공자 고운 최치원을 시조로 16세손 충재(盅齋) 최숙생(崔淑生,

1463~1520)을 파조로 모시는 경주최씨 충재공파(盅齋公派)에 속한다. 대술 고동에 처음 연고는 충재공의 6세손 극순克詢, 극설克說1584~1664 형제가 살던 시기로 고동향장 때문인 것으로 보인다. 400여 년의 세월이다. 파조 최숙생은 성균진사로 약관에 글을 잘 지었다. 충청도관찰사를 역임하고 유배와 삭탈관직 되었으나 그의 공정한 소임을 추앙해 영조 기사년에 의정부 영의정에 추봉되었고 청백리로 이름 높은 재상이다. 그의 후손은 대대로 문무를 겸비한 인물이 나와 명실상부한 삼한갑족이다. 조선시대 문과 급제자만도 42명을 배출하였다.

조선 청백리 충재 최숙생 존영
중국 길림성 영길현 승낙가에서 누대 봉안해오다 1990년 국내로 돌아왔다.

낙향조 최세근이 고동에 정착한 배경은 가문에 출중한 학식과 문벌기반을 토대로 선조들의 공훈으로 얻어진 땅이 곳곳에 있어서다. 후대에 와서 별업분산이 시작되면서 최세근은 수십만평의 수려한 산세를 지닌 고동 땅에서 몸소 농사지으며 세업을 잇기 위해서다. 그는 지세와 경치를 사랑하여 유족한 삶을 누리다 사후에는 여기에 묻히게 된다. 별장여가문화의 상징인 조선시대 고동이 정착마을로 시작되었다고 볼 수 있다. 이에 따라 전통의 문중규범이 바르게 서게 되고 덕성을 갖춘 품위 있는 위계질서를 토대로 향약실천도 본받을 만한 조화로운 공동체 마을로 형성되기에 충분했다. 그

러나 마을의 평화는 그리 오래가지 않았다. 낙향조 세근 말년 쯤, 정조대왕
이 승하하자 추진되던 여러 개혁 정책은 후퇴되고 수렴청정하던 정순왕후는
스스로를 여주女主를 칭하고, 막강한 세도를 휘둘렀다. 특정 가문에 의한 정
권이 독점되면서 나라는 부패하기 시작했다. 백성의 고통도 쌓여만 갔다.

곳곳에서 민란이 일어나도 조선왕조는 백성의 요구를 들어주지 않았다.
추위와 굶주림으로 죽어가는 백성들, 수령과 향리의 고혈을 빨아먹는 가렴
주구들은 높은 골짜기 고동 경주최씨 집성촌 마저 가혹하게 만들었다.

경주최씨 수운 최제우는 사람이 살수 없는 세상, 위기를 극복하는 계책으
로 동학을 창도했다. 고동 경주최씨는 시향제를 왕래하면서 '사람이 곧 하늘
人乃天' 이라는 동학가르침을 받았다. 고동에 새로운 희망을 찾는 농민들이
모여들었다. 누구나 입도하여 하늘을 모신 시천주侍天主 기운이 가득한 분
위기였다. 마침내 갑오동학농민혁명의 횃불이 타올랐다. 외세 일본군 몰아
내자 척왜양 함성도 울렸다.

고동 경주최씨문중도 보국안민 깃발 아래 일어섰다.

당시 동학지도자로 활약한 인물은 세근의 5세손 최선휴崔善休 선생이다.
기골이 장대한 그의 출생은 공교롭게도 경신년 동학창도 해와 같다. 동학을
품부 받아 어지러운 세상을 구하라는 메시지는 아닐까.

1894년 10월 초 고동 경주최씨 문중은 내포 동학농민군 대오와 합류했
다. 사기충천으로 여러 곳에서 승전했지만 갑오년 10월 28일 양일간 홍주
성을 공격한 농민군은 우세한 일본군 신식화력 앞에 패퇴하고 후일을 기약
할 수 밖에 없었다. 관군, 일본군, 유회군으로 편성된 진압군은 동학농민군
에 대한 대대적인 색출과 살육으로 이어졌다. 고동 경주최씨 주요 동학농민
군은 추격을 피해 고향집으로 돌아왔지만 안전할 수 없었다. 체포되면 집성
촌에 산 사람보다 저승으로 간 사람이 만을 게다. 살 곳 찾아 남부여대 차림

으로 집을 떠났다. 도고 느랭이 쪽으로 가면 살까. 봉수산 넘어 흰 눈 자락
헤치며 차령 깊은 산속으로 가는 동학일가들의 행렬, 고동마을 내려보이는
정상 마루에 서서 이 난리 끝나면 돌아오리라. 그들이 흰 눈 덮인 고향마을
보며 했던 약속은 마지막 이별로 끝났다. 서성거리며 회안의 발길을 돌렸던
푸른 솔가지 빼곡한 송림 마저, 조상님의 유골이 묻혀있어도 기다려주지 않
았다. '가보세 가보세 갑오년 못가면 병신되리'. 갑오, 을미, 경신년에 이어
을사늑약, 한일강제병합, 난리는 계속됐다. 총독부는 식민지통치에 적합한
행정구역 강제통폐합 시킨 후 전국토를 토지 조사측량 했다. 문중 전언에
따르면 '동학 때 똑똑한 사람은 마을 떠나 재산이고 뭐고 할 정신이 없었다'
고 한다. 측량깃발이 잘못 꽂혀서 일까. 빼곡한 송림은 새 주인을 맞았다.

새 세상을 열망하며 당당하게 역사의 주체로 나선 경주최씨 문중이다. 생
명조차 보존키 어려웠던 그야말로 잃어버린 문중역사는 무엇으로 극복될 수
있을까. 세상은 무상하다. 모든 것은 변한다.

'굴절된 역사는 사랑의 힘으로 극복될 수 있다'는 말처럼 감싸줄 역사공감
이 필요하다.

3. 내포동학농민혁명 지휘자 박인호(朴寅浩)

내포동학농민혁명을 지휘하고 천도교 제4세 교주로 일제강점기
민족독립운동에 일신을 바친 춘암 박인호 선생

  박인호는 충천도 덕산 막동(지금의 예산군 삽교읍 하포리)에서 1855년 2월 1
일 밀양인 朴明九와 온양방씨 사이에 큰 아들로 태어났다. 아명은 龍浩라
하였고 자는 道一이고 나중의 도호는 春菴이다.

  그의 아버지 명구는 찢어지게 가난한 살림을 꾸리는 전형적인 평민이며 소작농이었다. 동리에서 근엄과 행동거지가 분명하여 인망을 얻었고 자식 교육에도 소홀하지 않았다. 박인호는 어릴적 동네 글방에 다니며 농사일을 거들어야 했다. 박인호의 성격은 온순했으나 기골이 장대하여 힘이 장사여 서 덕산읍내장에서 씨름판에서 이겨 송아지를 어깨 밑에 안고 왔다고 한다

그는 씨름뿐 아니라 술도 말로 마셨고 걸음도 빨라 "용호도사"라는 별명 을 얻기도 했다. 빈농인 처지라 그는 蒙學을 마치고 경서를 읽으며 醫書를 읽고 方文을 익히고 풍수지리에도 취미를 가졌다. 이상재의 구술에 의하면 『춘암은 정의감도 대단하여 동네 사람들이 일을 당하면 이를 도맡아 처리하 는 시체말로 해결사 노릇을 했지.』라고 전한다.

그는 예산읍 오리정 주막집 주인 박첨지와 주모 월화에게서 하나님을 믿 는 동학이라는 것이 영남에서 생겼는데 기름에 불을 붙인 것 같아 영남, 호 남에 크게 번지는데 그들의 주장은 사람을 하늘 같이 섬기고 바른 마음으로 하나님을 믿어 이 세상은 평화로운 세상이 된다는동학 이야기를 듣고 이때 부터 그의 삶이 전혀 다른 길을 걷게 된다.

1883년 3월 18일 29살의 나이로 孫秉熙와 함께 동학에 입도하였다 해 월 최시형이 무척 기뻐 "吾道에 새 運이 트는구나"라 외쳤다고 한다

입교 후 10년 동안 六任制의 접 조직 방식으로 내포지방의 여러 고을을 돌아 다니며 동학 포덕에 많은 노력을 기울였다. 그의 노력으로 德包는 전 국에서 가장 큰 교단이 되었으며 내포는 물론 진위, 죽산, 연천,까지 이어 졌다.

출생지이며 동학포교의 거점지로 유명한 하포리 막골에 건립한 춘암 박인호 유허비

 춘암이 동학교단의 지도자로 부상한 것은 1892년 광화문 복합상소 때 부터
이다. 그도 교조신원을 요구하는 상소에 奉疏을 올렸지만 무엇보다 그의 사촌
동생 光浩를 疏首로 내세운 것이다. 교단의 최고 지도자들이 疏首를 하지 않
고 光浩를 내세운 것은 이로 인한 정부의 탄압을 고려한 것으로 여겨진다.

 1893년 3월 11일 보은집회 때 그 동안의 接조직에서 包로 개칭하고 이
때 德義大接主로 임명되어 덕산포를 중심으로 한 충청도 내포지역의 책임자
가 되었고 1894년 9월 이후의 내포동학농민혁명 당시 농민군을 이끌고 홍
주성 전투까지 지휘 주도했다. 홍주성 전투에서 대패 후 오리정 월화의 도
움으로 금오산 덤불 속에 움을 파고 삼동을 지냈다. 그후 定山 칠갑산으로
옮겨 짚신 삼는 일을 하였다. 이곳에서 어물장사로 구명도생하던 도인 서산
인 홍종식을 만나 다시 포덕의 길에 나섰다. 1898년 1월에 박인호는 해월

에게 의암과 같이 신년무후를 가서 백치일치겸상에서 6살 연하인 의암한테 큰절을 하고 필생 스승으로 모시겠다고 선서했다.

1898년 4월 5일 해월이 宋敬仁에게 체포되어 경성감옥으로 압송되었을

때 박인호는 김명배로 하여금 내포 접중에 가서 비용을 마련하게 하니 홍주군 홍주면에 사는 김주열이 모심은 논 열마지기를 팔아 구명비용에 썼으나 해월은 5월 그믐날 左道亂正律로 교수형에 처해졌다. 동학지도자들이 대거 체포되어 안전한 곳을 찾던 박인호는 그해 8월 의암을 당진 저동으로 옮겨 모시고 여기서 의암은 사돈까지 맺는 경사를 가졌다. 이때 의암은 박인호에게 春菴이라는 법호를 내렸다. 그러나 의암은 이곳의 기밀 누설이 염려되어 춘암이 있는 정산 斗峙로 옮겼다.

聖果雙懸大葉春 과일(子孫)이 주렁주렁 달린 아름다운 봄철에
菁菁寶采一般新 신선하고 푸른 차림새가 모두 새롭도다
壽甲非徒今日壽 회갑을 축하하기 위해 신도들이 오늘을 경축하는데
威儀差覩上清人 어른의 그 위엄스러운 모습 앞에 예를 올리누나

春菴 朴寅浩 爲
金大人 壽朝

1898년 의암 손병희를 당진 저동에 은신시켜준 동학접주 출신 김대인이 회갑을 맞이하자 춘암 박인호가 써준 글

의암의 妹氏인 해월의 부인 손씨가 이곳에서 환원하였고 1900년 5월 1일 춘암이 주관하여 해월의 묘소을 송파에서 광주 원적산으로 이장하였다.

두티에서 1년이 채못되어 경상도 풍기로 옮겨서 설법식을 갖고 의암은 大宗主에 취임하고 信道主에 김연국, 誠道主에 손천민, 敬道主에 박인호를 임명하여 조직체계를 갖춰 동학의 복원 틀을 마련하였다.

2009년 독립기념관에 건립된 춘암 박인호 어록비

4. 가족이 함께 활동한 방치덕 선생과 아들 방학삼

방치덕(方致德)은 내포지역에서 중요한 인물임에도 그간 조명받지 못한 인물이다. 그의 부친은 재학(在學)이고 모친 해주오씨 사이에서 4남 중 장남으로 태어났다(致德,一鉉,致完,有實). 출생년도는 미상이며 그의 조부 출생년도를 환산하면 1855년경에 출생한 것으로 보인다. 그는 온양방씨 시조로부터 33세손이며 조선 전기 예산호장을 지낸 집안으로 효자로 이름난 장사랑공파 방맹

동학활동 이야기를 하는 방치덕의 증손 방기호(70)

(方萌)의 후손이다. 조선 후기까지 예산치소(예산리, 향천리) 중심의 핵심 명문 토호문벌집안으로 내려왔다. 치덕의 부친 재학은 1870년 이미 동학을 신봉하고 있던 예산지역 경주최씨 문중과 온양 안교선으로부터 동학을 접하게 되었다. 전통적인 유학을 배웠으나 서세동점하는 시대위기를 인식하고 이를 모색하고자 고민을 했던 진보적인 입장을 가진 유림이었다. 때 마침 동학사상을 수용하여 사회개혁에 남다른 참여의식을 가졌다. 전언에 따르면 치덕의 부친 재학은 동학농민혁명 대접주로 활동하고 천도교 제4세교주 춘암 박인호의 외숙으로 추측된다고 한다. 온양방씨 족보에 따르면 외아들, 재학 때부터 아들 4형제 모두가 제삿 날짜만 기록되어 있어 동학농민혁명 당시 일가족이 겪었던 고난한 도피생활을 엿볼수 있다.

치덕은 동학을 하면서 예산읍내 포덕에 힘썼다. 그결과 1906년 천도교 예산교구가 설립되면서 교회를 읍내 중심에 건립했다. 홍주성 패퇴 이후 차령산맥 깊은 광덕산, 유구 금계산 자락에 은신하다가 1900년 초 신암면 탄중리 천변 땅(현재 탄중리 98번지)에 최초로 정착하여 개간에 힘을 쏟았다. 이후 고향에 돌아가지 못하는 동학농민군에게 탄중리 땅을 주어 정착하는데 토대를 마련해주는데 큰 역할을 했다.

치덕의 아들 방학삼(方學三)은 18세 때 부친을 따라 내포지역 동학농민혁명 전투에 참여했으며 특히 1894년 10월 27일(음) 한양진군을 위해 집결했던 관작리에서 유회관군과 전투에서 대승을 거두고 예산관아를 접령하는데 주도역할을 했다. 홍주성 패퇴 후엔 도피생활에 가장역할을 하였다. 방학삼은 후일 기미년 독립만세시위 때 동학농민군 집성촌인 탄중리에서 만세운동을 주도하였다. 방학삼은 아들 방윤권의 나이 4살 때 환원했다. 방윤권은 성장하여 천도교예산교구에서 교무, 회계 등을 보며 중역활동을 한 독실한 교인이었다.

방학삼이 죽자 역적집안으로 문중에서 이미 둘림을 받았기 때문에 방씨 선산에 묘를 안장할 수 없어 동학농민군과 연고가 있는 신창에 안장했으나 애석하게도 실전했다. 그의 아들 윤권이 예산읍 향천리에 부인 전주이씨와 위패로 합펌해 안장했다.

5. 아침밥 제공받고 싸운 신례원 관작리 전투

면천 승전목 전투를 승리로 이끈 내포동학농민군은 곧바로 면천성을 점령하고 유숙했다. 일본군은 속히 고덕을 거쳐 홍주성으로 달아났다. 농민군은 다음날인 25일 남산 문봉리를 지나자 여러명의 농민군이 합세했다. 장천리(고덕 상장리 일명 장사래)에서 군량미을 확보하고 동학의 최대 거점마을 고덕 구만포(아래 뜸)로 이동하여 유진했다가 대오를 갖춰 오가 역탑리 일대에서 유숙했다. 이 지역 농민군 지도자 원천리 김명배(金明培1861~1933), 신원리 최한수(崔漢水1869~1946), 내량리 김성배(金性培1875~1934), 손지리 장승한(張承漢), 윤선영(尹善榮) 등은 마을은 물론 주변 신암면 종경리까지 농민군들에게 밥을 제공받는데 크게 활약했다. 밥 공급은 주로 바지게로 지고 날랐다. 26일 예산군 금평면(今坪面) 신례원 (新禮院) 후평, 관작리에 주둔하고 유숙했다.

당시 관작리 동학지도자 신태무와 그의 아들 신학균도 밥제공은 물론주둔에 필요한 물품을 제공했다. 특히 동학사상을 일찍 받아들였던 간양리 밀양 박씨 초암공파 집성촌도 밥제공하는데 앞장섰다. 대표적인 인물은 박응하

선생이다. 그는 27일 아침밥을 제공하다가 관군의 포사격으로 큰 부상을 입고 사망했다. 한 달 후 그의 부친도 아들을 잃은 슬픔을 이기지 못하고 사망했다.

밥제공하다 사망한 간양리 출신 동학농민군 박응하 선생의 증손 박영수

아침밥을 먹을 때 홍주초토사가 보낸 관군, 유회군과 치열한전투를 벌인 관작리 전적지 전경

조석헌은 관작리에 유진한 동학농민군 규모를 "충남동도는 전부 다 와서 모였으니 총수가 백여만 명 가량이나 되는 거대한 대중이 되었다"고 그의 일기에 기록했다.

또 "충남의 모든 접과 포중이 모두 모인 대진이라 군율이 없고 법령을 준수하지 않는 오합지중으로는 성공할 수 없다"고 여긴 지도부는 이탈을 막고 규율을 세우는 군령을 내렸지만 관군의 지휘명령처럼 따라가진 못했다고 기록했다. 이는 지도부의 지난 예포대도소의 참패를 뒤풀이 하지 않기 위한 조처라고 할 수 있다.

3만여 농민군이 관작리에 주둔한 이유에 대하여는 확실한 내용이 없지만 일본군을 몰아내고 한양으로 올라가려는 북상계획도 배제 할 수 없다. 또 납접 전봉준이 북상하려고 경천에 주둔하고 이미 접전 중이었다. 관작리는 한양을 올라가고 납접에 호응하기 좋은 지리적 위치였다. 이에 홍주목사 이승우는 농민군의 상경을 막아내기 위해 급히 중군 김덕경을 출진시켰다. 농민군과 직접 대적할 수 없어 위협을 느끼고 있던 예산 유회군은 대흥. 덕산과 홍주로 구원병을 요청했다. 중군 김덕경은 관군과 유회군, 민보군을 합한 4~5천여 명의 토벌군을 이끌고 27일 새벽 관작리 빙현에 포를 설치하고 아침 해가 밝기 직전 농민군을 향해 포를 쏘며 치열한 전투를 개시했다. 농민군은 흩어졌다 다시 모여 관군 진영의 야산을 포위하고 접전하며 산을 정복하여 토벌군을 격퇴시켰다. 이 전투는 내포농민군의 최대승전으로 평가 되며 이 전투에서 관군의 기록은 사망자 중군 대장 김병돈, 영관 이창욱(李昌旭), 주홍섭. 창섭 형제, 한량 한기경(韓基慶), 예산유생 홍경후(洪敬厚), 예산유생 김명황(金命瑝)과 그의 아들 김한규(金漢珪), 덕산(義童) 신태봉(申泰鳳)을 비롯하여 30여명이 목숨을 잃었다.

동학2대 교주 해월 최시형이 써준 <천불변도역불변>대장기를 세우고 관작리전적지 위령제를 올리는 장면

농민군은 곧바로 예산관아를 점령하고 오가 원천리 야산에 머물렀다. 이 때 동학농민군 지도부는 〈天不變道亦不變〉이란 대장기를 원천리 성황당(지

금의 당집 방앗간)이 있던 당나무 옆에 세웠다고 한다.

이 대장기는 보은취휘 때 해월 최시형이 춘암 박인호에게 '덕의대접주'를 내려주고 '천불변도역불변'이란글씨를 써 대장기로 준 깃발이다.

농민군은 분천리를 지나 목시를 거쳐 덕산 역촌(삽교 역리)으로 행진하여 이곳에서 유숙했다.

관작리 전투에 일본군은 뒤늦게 출동하여 관군이 패퇴하다 오가에서 만났지만 일본군은 관군과 함께 홍주성으로 뒤돌아갔다. 당시 赤松國封 소위가 지휘했던 일본군 서로(西路) 제 2중대의 병력은 1개 소대와 2개 분대 약 70여명이었다. 이들은 음력10월 17일 진위에서 출발하여 10월 19일 아산에 도달하여 22일 예산에 주둔했다. 23일 신례원을 지나 합덕을 거쳐 면천에 주둔하여 다음날 승전곡 전투를 펼치다 패퇴 후 홍주성으로 들어왔다. 일본군이 관작리 전투에 늦장 출동한 이유는 소수의 정예부대라도 은폐시설이 취약한 노지전투에서 수만의 농민군을 감당하기 어렵다는 판단이 작용한 듯 보인다. 이것은 3일전 면천 승전곡전투에서 경험한 사실이었다.

조석헌선생이 쓴 북접일기『昌山后人 曺錫憲 歷史』의 기록을 보면

> 그러다가 새벽녘에 홍주군수 이승우가 유회 장두(長頭)김덕경 등 10여인으로 하여금 군토병(郡土兵) 수십 인과 유회군 4~5천명을 나누어 보내 예산군 신례원 앞 빙현(氷峴) 상봉에다 대진을 설치하고, 교진(敎陣)을 향하여 사격할 때 대포 수십문으로 일시에 쏘아서 몰살하고자 하였다. 그러나 아무리 군율이 없는 교진이라도 10여 군(郡)에서 군기를 모았으니 어찌 소수로써 큰 교진을 이기겠는가? 양진(兩陣)이 반나절 동안 큰 전투를 하여 적군의 일등(一等) 장두(長頭)6~7인과 적군 7~8백 명을 모두 몰살 소멸하니 기타 뒤따르던 적군 5~6천명은 공격하지 못하고 스스로 무너져서 사방으로 흩어져 도주하였다.

위 기록에서 관군의 사망자 수가 상당히 많은 것을 알 수 있지만 농민군

피해상황에 대한 기록이 〈문장준 역사〉에도 나타나 있지 않다. 그러나 최근 유족회의 활동으로 4명의 농민군 사망자를 찾아냈다. 하지만 전투개시 시점이 아침식사 시간 때 이므로 관군의 초기포탄에 의한 사망자가 생겼을 가능성이 많다. 관작전투에서 홍주목사 이승우는 가장 믿었던 중군대장 김병돈의 죽음으로 사기 저하는 물론 공포분위기에 휩싸였고 농민군에겐 지금까지 전투 중 최대 성과를 얻은 전투였다.

6. 난공불락에 욕설을 퍼부은 홍주성 전투

신례원 관작리 전투를 승리로 이끈 3만여 내포동학농민군은 10월 27일 삽교 역리 주변(송산리 포함)에서 유숙을 하였다. 28일에는 수운 대신사 탄신기도일이라 역촌 뒷고개에서 기도를 올린 다음 , 홍주성을 치기 위해 홍주로 진군했다. 신리 목리를 지나 지금의 내포신도시 도청지역을 지나 빙고치 쪽으로 향했다. 홍주성 문밖 향교촌 뒤편에 진을 치고 공격준비를 하던 중 홍주 향교에 있던 유생 서재생, 오경근, 최민지, 방세웅, 방석규, 이준복, 서종득, 최학신 등의 항의에 이들7명을 처단하였다. 동학지도부는 향교에서 작전회의를 할 때 즉각적인 공격을 감행하는 쪽을 택하였다. 이 작전회의에 고북출신 화암 최준모(崔俊模1875~1953)는 홍주성의 특성을 간파하고 "일주일만 포위하면 성안에서 식량이 떨어져 저희들 끼리 내분이 일어나 자진 항복한다"고 포위안을 주장했다고 한다

관작리 대승을 거둬 토벌군 잔류가 홍주성으로 쫓겨 들어간 형국을 볼 때 동학농민군의 즉각적인 공격감행은 어쩌면 당연했는지도 모른다.

홍주성 전투의 최초접전은 성 밖에서 시작되었다. 일본군은 분대병력을 빙고치 언덕에 배치하고 농민군의 한 부대가 서북문 방향 쪽의 유리 한 위치

를 확보하기 위해 빙고치를 향해 진격해 오는 농민군을 일차 사격했다. 농민군 수명이 쓰러졌지만 농민군은 멍석말이 떼처럼 계속 진격했다. 이에 놀란 일본군은 황급히 서문으로 퇴각하였다. 농민군은 서문방향을 공격하려고 진격했지만 일본군의 기관총 응사에 사상자를 내고 진격을 못했으며, 북문 앞 덕산 방향 800미터 지점 고지에 진을 치고 있던 농민군을 공격하니 농민군은 두 대열로 갈라졌다 합하여 간동 방향으로 이동하여 민가에 불을 질러 연기로 조준을 어렵게 하며 동문공격을 시도했다. 일본군의 일제사격을 감당할 수 없었다. 예포대접주 박덕칠은 밤에 민첩하고 건장한 농민군 200여명을 뽑아 결사대를 조직했다. 농민군은 후방에서 대포로 엄포하며 동문(조양문) 폭파작전을 감행했지만 일본군의 우세한 화력을 감당하지 못해 실패했다. 성 밑에 짚단을 쌓아 성을 넘으려고 짚단을 가지고 돌격하다 죽고 쌓은 짚단이 불붙어 타 죽는 사람 등 죽는 자가 속출했다.

매천 황현은 농민군의 피해규모를 적고 있는데 이는 이승우가 "포탄도 동학군한테 피해간다"는 등의 종교적 심리를 이용하고자 사정권내에 들어오기까지 헛 대포를 쏘았다.

사정권에 농민군이 들어오자 비로소 탄환을 넣고 일제히 쏘니, 적은 이미 뒤가 막혀서 한 발자국도 물러서지 못하고, 탄환에 맞은 자가 서서 죽는다 다시 돌이킬 수 없으므로 계속해서 그 자리에 쌓여서 시체가 城 보다 높아 마치 긴 둑과 같은 것이 셋이 되었다.
 - 황현 〈매천야록〉-

홍주성 패퇴 후 체포된 동학농민군을 처형시킨 홍주성 북문 아래 천변

『昌山后人 曺錫憲 歷史』의 기록을 살펴보면,

홍주성 성문을 부수려고 요지처에다 대포 수천개와 단철(端鐵)수 만개를 일시에 발사하여 공격하였으나 요지부동이었다. 이 성은 만개의 대포로도 뺏지 못할 곳이었다. 성내에는 토병(土兵)과 유회군이 응성대전(應聲大戰)하고, 교진은 성 밖에서 서로 교전할 때 양진에서 큰 소리로, "너희 두목 괴수를 줄줄이 참수하여 본진에 바치면 너희 무리에게 크게 상을 주고, 일반 창생(蒼生)은 무죄로 방면하여 모두 살아서 집으로 돌아가게 해 주겠다" 하며 양진이 서로의 진영에서 큰 소리로 외치며 싸우는 소리가 천지에 요동하고, 해도 빛을 잃었다.

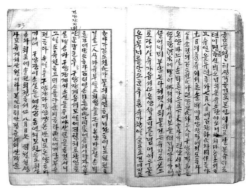

조석헌 역사 북접일지 1호

1908년 11월에 정리한 <초고본> 과 이를 1931년에 정리한 <개정본>이 있다. 조석헌 역사는 1894년부터 1918년까지 필자가 경험한 사실을 정리한 것으로 주로 서산, 태안 10월기포와 관작전투 및 여러 전투내용과 1895년 이후 동학2세 교주 해월 최시형 선생의 도피과정, 동학지도부의 동학재건 활동, 1906년 이후 내포지역의 천도교 활동을 기록했다. 특히, 1895년 이후 해월 최시형의 도피과정은 어느 기록보다도 자세하게 기록돼 있으며 굳건한 연원계통을 통한 북접농민군의 핵심활동지역 이었음을 알수 있다. 1973년 손자 조병철이 효가리에 거주하면서 초가집 지붕 개량할 때 용구새 사이에서 발견되었다.

위 기록에서 "큰 소리로 싸웠다"는 내용은 안희중의 〈임성경란기〉에도 기록되어있다.

> 日兵九十餘人幷力死守賊不入城只於城外放砲縱其百般詬辱官軍則伏於城內現火連砲賊徒死者數千餘人然猶圍住不退
>
> 일병 90여인이 협력하여 사수하니 적들이 성에는 들어오지 못하고 다만 성 밖에서 포를 쏘아가며 관군에게 온갖 욕설을 퍼부었으나 관군은 성안에 엎드려 불을 부쳐 연달아 포를 쏘아대니 적도들의 사상자가 수천 명 이었다. 그러나 오히려 포위하고 주둔하며 퇴각하지 않았다.

일본 측 기록에 의하면 밤7시 30분경 총성이 멈췄다고 한다.

안희중을 비롯한 대흥유회군 지도부는 홍주성 동남향에 있는 산위에서 전투상황을 일일이 보고 있었다. 성 안에 대흥군수 이창세가 있어 위급함을 알고 구원하고자 왔지만 수적 열세인지라 이날 밤에 유회군 지도부는 참여하지 않은 대흥유회군 각 면정(面正)에게 급히 전통을 보내 참여를 독촉하니 토중군 장세환을 비롯한 유회군 5~6천명이 집결하여 다음날 홍주성으로 향했다. 이들은 초저녁에 남문 밖 본부에 주둔시키고 전투태세를 갖추니 이를 본 빙고치 농민군 주력부대가 해미 쪽으로 후퇴하였고 나머지 농민군은 덕산 방향으로 해산하였다. 내포동학농민군은 열악한 무기로 양 이틀간 홍주성 공격을 감행했지만 실패하자 욕설이라도 퍼부어 심근을 달랬다. 공격 다음날 일부 농민군은 이탈하기 시작했다. 결국 홍주석성을 넘지 못하고 통한의 한을 품은 채 일본군의 신식무기에 수많은 사상자를 내고 패퇴하였다.

7. 유해 못 찾아 청수그릇 매장한 농민군 정인교 선생

2011년 3월 26일 오후 1시 경 농민군지도자 정인교 선생과 부인 나주김씨 합장 묘지이장작업이 있었다.

나주김씨 유골은 정상적으로 수습되었고 시신없이 매장된 남편 정인교 선생은 밥그릇과 덮개그릇 각 1점씩 발굴되었다.

이 묘지는 옛날 군량미를 쌓아두었다는 설이 있는 일명 '군량이'라 부르는 야산에 있는데 현재 예산일반산업단지 조성지역에 편입되어 불가피하게 이장하게 되었다.

정인교(?~1894)는 본관이 나주이고 예산군 응봉면 바깥주령리에서 출생하셨다. 응봉지역에서 동학활동한 인물이다. 언제부터 동학에 입도하여 활동하였는지는 알수 없으나 예산지역 농민들이 대거 입도한 1892년경으로 보인다. 중농 이상의 향반 출신으로 한학에 열중하고 동학사상을 받아들여 만연된 부패한 사회구조를 개혁하고자 동학운동에 가담하셨다. 아직 선생에 대한 추가자료가 없어 구체적인 활동기록이 나타나지 않지만 당시 예산지역 동학전체 활동과 주령리 집성촌으로 형성된 나주정씨 문중에서의 위치 그리고 선생의 사상과 곧은 성품을 연계해 보면 활동양상을 가늠해 볼 수 있다.

문중 촌로의 구술에 따르면 정인교 선생은

음력 10월 1일 내포지역 동학혁명이 발발하자 응봉지역 농민군 조직을 끌고 관작리 전투와 홍주성 전투에 참여했던 것으로 보인다. 1894년 10월 28일부터 홍주성 전투가 치열한 공방이 계속되었지만 전투물자의 빈약함과 석성인 홍주성의 난공불락으로 인해 다음날 농민군은 패퇴하지 않을 수 없었다. 전세가 역전되자 진압군으로 편성된 일본군과 유회군이 곧바로 추격전이 시작되자 정인교 선생은 고향집으로 돌아와 야산 토굴에 은신했다. 유회군이 들이 닥쳐 부인 김씨에게 '지금 집에 와도 괜찮다'며 회유하기 시작했다. 속임수임을 모르고 부인은 이 말을 믿고 토굴로 가서 남편에게 전해주었다. 체포에 혈안이 된 유회군 첩자는 뒤를 미행했다. 회유작전에 걸려 집에 도착한 정인교 선생은 즉각 체포되어 홍주성으로 압송 당했다.

이날은 덕산, 해미 갈산 등 사방에서 추격당해 체포된 수백의 농민군이 홍주성으로 압송되던 때다. 절차없이 성난 유회관군은 체포된 농민군을 북문교 아래로 끌고가 밧줄에 상투를 묶어 놓고 처형시켰다. 정인교 선생도 이때 처형된 것으로 보인다. 이들의 시신은 방치되었다가 천변에 매장하기도 하고 동문공격시 많은 희생자를 낸 간동지역 합류되는 천변에 성둑처럼 쌓였던 농민군 시체덤이와 함께 주변 풍수림 야산에 매장되었다. 마침 1949년 4월 5일 식목일에 홍성국교 4.5.6년 학생들이 나무를 심다가 유골과 상투,못곳 등이 발견되었다. 유해는 세 개의 나무상자에 담아 6.25 직후까지 홍성교육청 창고에 보관해오다가 지역사람들이 다섯바지개 가량을 더 수습하여 지금의 지금의 홍주의사총 자리에 모셨다.

시신없는 정인교 선생의 넋을 기리기 위해 매장한 청수그릇

당시 홍성국교 교장은 장창섭이며 학생인솔은 권중록 선생이다. 발굴당시 '1894년 동학농민군 유골과 12년 후 일어난 병오년 의병유골이다' 라는 논쟁이 있었지만 권중록 선생은 "잘은 모르지만 나라를 위해 희생된 우리 조상이다, 잘 모셔야 한다"고 주장했다고 한다. 그러나 결국 시신 다 찾아간 의병무덤으로 둔갑되어 지금에 이르고 있다. 당시 이후 가족들은 시신을 찾고자 하였으나 역적으로 몰린 가족들이 시신을 마음대로 찾아가지 못하는 상황이었다. 대부분 동학유족들은 아직도 동학농민군의 시신을 찾지도 못한 유족의 수가 얼마며 역적집안으로 숨죽여 살아와 어디에다 호소한번 할 수 없었던 통한의 세월을 감내하며 살아왔다. 가장을 잃은 부인 나주 김씨 또한 역적의 굴레를 벗어날 수 없었고 모진 고통을 겪으며 살았다. 냉대와 차별 둘림을 받으며 한 많은 생을 살다 1924년 10월 20일 부인김씨가 세상을 뜨자 유족은 동학농민군 정인교가 살아생전 사용했던 밥그릇에 청수를 담아 김씨부인 머리 곁에 묻었다.

동학농민군으로 참여했다가 유해를 찾지 못해 구천을 떠도는 부친의 넋이라도 거두고 이승에서 못다한 사랑 저승에서나마 함께 편히 영생하시길 간

절히 바라는 뜻이었다. 그릇을 묻었다는 이야기가 문중과 증손자 까지 잊혀지지 않고 전해왔다. 묘이장하는 산소역 사람에게 전달되어 조심긴장하며 발굴되었다.

말로만 들었던 내포지역 동학농민혁명의 역사가 이 그릇에 올곧이 담겨져 있다. 동학농민혁명은 전라도에 국한되지 않고 이 땅의 민중이 떨쳐 일어나 민족과 역사의 주인됨을 전 세계에 선포한 한민족 근현대사의 가장 자랑스러운 역사적 사건이었다.

120년전 부정부패를 없애고 외세를 막아내고자 이슬처럼 산화한 농민군 정인교 선생의 숭고한 뜻을 내포지역 동학농민혁명의 소중한 정신문화로 가꾸어 나가야 한다.

발굴된 정인교의 부인 김씨유해

8. 내포동학전투지를 누빈 비밀 연락꾼 함한석

전투상황이나 비밀첩지, 각포의 소식통을 전달할 연락책이 필요하다. 내포동학농민군 출신 중에 장대한 기골에다 신출귀몰할 정도로 빠른 발걸음의 지낸 동학농민군 함한석(咸漢錫1870~1938)의 활동이 특출하다. 그는 태안군 소원면 송현리에서 1870년 10월 26일 출생하여 동학혁명 발발 바로 직전인 1893년 24세 때 동학에 입도하였다. 박인호선생의 10월 1일 기포명령이 전해지자 송현리에 동학농민군을 결집시켜 태안관아 점령봉기에 적극 참여하였다. 관군의 예포대도소 습격 이후 관군의 계속되는 탄압과 체포 학살을 일삼아 급기야 서산 태안지역의 농민군이 혁명전쟁의 본격화를 위해 해미군 여미벌에 총집결하였다. 이때 열열한 기상과 패기가 충천했던 함한석은 무장을 갖춰 농민군을 이끌고 여미벌에 집결하고 이후 벌어지는 24일 승전곡전투, 27일 신례원관작리 전투, 28일 홍주성전투 까지 대오에서 이탈 없이 항상 맹열히 공격하며 선봉에 섰다.

　홍주성 전투에서 함한석은 예포대접주 박덕칠의 홍주성 동문폭파공격을 위해 결사대200여명을 구성하는데 참여하여 일본군의 기관총을 난사를 뚫고 성문 공격을 감행하다 좌측팔에 총상을 입고 패퇴할 때도 마지막까지 남

았던 부대였으며 갈산방향으로 후퇴하다가 총상이 심해 어떤 농가집 할머니의 도움으로 응급조치를 받고 해미성에 잠시 주둔했다가 심한 부상으로 인해 고향 집으로 돌아와 치료했다. 소원면 일대에 관군이 유회군을 앞세워 농민군을 색출하여 참살하니 함한석은 원북면 방갈리로 피신해 조석헌, 문장준과 함께 목선을 타고 안면도 앞바다를 지나 보령지역에 상륙하였다. 천안

동학농민군 비밀연락책 함한석

광덕산 만복골에 정착 움막을 짖고 생활하였다.

함한석의 손자 선길의 증언에 따르면 "조부께서 경상북도 고성산 밑 소야마을에서 농민군 지도자 최맹순,장복극 어른을 만나 장군 휘하에서 전투를 벌였다"는 내용을 선길씨 25세때 조모로부터 이야기를 들어 지금까지 생생하게 기억하고 있었다.

최맹순(崔孟淳1853~1894)은 강원도 춘천 출생이고 동학의 관동대접주로 경북 예천군 동로면 소야리에 대도소(大都所)를 두고 1894년 6월에는 교도가 수만명에 이르고, 그 세력은 충청북부와 강원도 일부에 까지 미칠 정도였다. 이 해 가을에 일본군의 출동으로 세력이 크게 무너져 강원도 평창까지 밀려가 11월 민보군의 싸움에서 패하여 체포되어 아들과 함께 처형되었다

장복극(張卜極1840~1894)은 대도소가 설치되었던 소야리에서 출생, 동학에 입교하여 접사가 되어 최맹순과 함께 농민군을 이끌다 체포되어 함께 처형된 인물이다.

11월 4일 평창전투에서 패퇴한 농민군은 사실상 와해된 점으로 보아 함한석은 홍주성 패퇴 이후평창전투일과의 사이인 5일은 긴박한 상황 속에서 생사가 걸린 도피과정 중인 점으로 보아 이때 최맹순 휘하에서 전투에 참여하기란 시기적으로 너무 촉박하므로 이 때 참여한 것이 아니고 내포동학혁명이 전면전으로 치닫기 전인 8월 28일 예천지역 향리로 구성된 민보군의 기습 공격으로 벌어진 예천전투에 참여한 것으로 보여지며 예천전투에서 농민군은 크게 패해 최맹순, 장복극 강원도 남부 평창쪽으로 이동 주둔하였다. 함한석은 9월 18일 해월의 기포명령에 따라 서산.태안지역에서 기포명령이 내리자 고향 송현리로 돌아와 농민군을 이끌고 내포동학농민혁명 전쟁에 참여한 것으로 보여진다.

을사늑약과 의병전쟁으로 동학농민군 수색과 지목이 줄어들자 1910년

함한석의 손자 함선길(예산읍 간양리 거주)

경 조석헌, 문장준 등과 함께 간양리로 정착하여 천도교 예산교구에서 활동하다 1911년 시천교로 분리되어 초창기 예산 시천교에서 활동하다 구암 김연국의 상제교에서 활동하였다. 상제교 교당은 예산 산성리 무한산성이 있는 산성산 중턱에 있었다. 한때 동학농민군 김지태의 동생 김인태가 운영했던 산성리 강습소 옆에 8.15해방 전후시기까지 있었다.

그의 동학활동이야기는 손자 함선길로 이어져 2004년 동학농민혁명참여자 명예회복을 받아 동학선양사업에 앞장서고 있다.

9. 태안 근흥 토성산성에서 목 잘린 동학농민군

홍주성 전투에서 쓰라린 패퇴를 하자 해미읍성에 주둔하고 새로운 계획을 논의하고 있었다. 이미 날씨는 어느덧 눈발 날리는 겨울이 성큼 다가오고 있었다. 11월 7일, 집요하고 잔악한 토벌군 이두황 부대는 지친 농민군을 일망타진하고자 민보군을 앞세워 덕산을 지나 가야산 석문봉을 넘어 해미읍성 경계가 없는 북쪽을 내리 기습했다. 또다시 많은 사상자를 내고 농민군은 혼비백산으로 달아났다. 매현전투 마저 기습당해 일부는 해안가 근흥면 수룡리 토성산성에 진을 쳤다. 이미 전세는 살아나기 어려웠다. 진압군은 역적동비를 아에 뿌리뽑기 위해 벼랑에 몰린 이곳토성산성을 들이 닥쳤다. 전투력을 상실해 기진맥진한 동학농민군을 색출해 총 개머리로 머리를 내리쳐 잔인하게 죽이고 머리를 잘라서 산 아래로 내던져 밑에서 머리를 주워다가 창에 꿰어 들어 진압의 희열을 과시했다. 어떤 자는 농민군 집 추녀에 매달아 놓았다. 또는 산 사람을 집에 가두고 불을 지르는 만행을 저질렀다. 이 토성산성은 아비규환이 따로 없었다. '사람살려 달라'고 붙잡고 애원하는 소리, 발길로 걷어차 '아이고' '그래 이놈들아 죽여라'며 실성한 듯 대드는 아녀자들의 절규소리, 아이들의 울부짖는 소리가 집집마다 통곡으로 가득찼다. 몽둥이로 개패듯 때려죽이는 소리와 총소리가 요란하게 진동하고 화약냄새와 죽은 시체에서 흐르는 피는 마을 도랑물을 흥건히 적셨다. 이 참상은 인간으로서는 도저히 눈을 뜨고 차마 볼 수 없었다고 전한다.

1976년, 토성산성에서 농민군의 목을 잘랐던 당시의 작두를 발견한 유족 문원덕

이 토성산성에서 유회군과 관군의 첩자가 된 자의 밀고에 의해 동학농민군들이 거의 체포되어 11월 16일 혹한 속에 근흥면 화순리 김철제. 김환제를 비롯하여 김용근. 김용정 형제와 마금동(馬金洞) 박성천. 박성묵 형제 등이 형장으로 끌려가 작두로 목이 잘려 처형당했다고 한다. 이렇게 여섯 사람 모두 '동짓달 보름날'에 생을 마쳤고, 김양권은 구사일생으로 가의도(賈

誼島)로 피신하여 화를 면했다고 한다. 일본군과 관군은 이것도 모자라 김환제. 김용근. 박성천. 신석제 등의 집을 불태워 버리고 양곡과 가축을 잡아갔다. 같은 날 아침에 일본군은 토성산성에서 근흥면 안기리 박봉래(朴奉來)5형제를 함께 묶어 산채로 이엉으로 둘러 싸매고 부태워 화형에 처하고 한구덩이에 매장하는 참극을 저질렀다. 오후에는 같은 마을 김한길(金漢吉)3형제를 한데 묶어 산채로 생매장했다.

이 토성산성에서 동학농민군이 얼마나 처형을 당하였는지 정확한 기록이 없는데, 그 당시 동학농민혁명에 참여했던 분들의 증언에 의하면 적어도 상당수의 농민군이 처형당했을 것이라고 한다. 백화산에서 숨어서 끝까지 항전하다가 이곳으로 피신한 동학농민군 중에는 이 지역사람이 주로 많겠지만 당진, 예산, 홍성, 서산 지역 농민군이 많았다고 한다.

그 해 동짓달 중순경 김기훈(金基訓 중석의 부)댁 사랑방에 관군과 일본군 10여 명이 주둔하여 그 집 창고에 동학농민군을 구금하고 형의 경중에 따라 토성산성에서 모두 잔악하게 처형시켰다. 접장 백장호(白長好)는 화로 불에 달군 인두로 이마에 대고 낙인을 찍는 형벌을 받았다. 북부대장 이치봉(李致奉)은 토성산성에서 작두로 참수되어 효수경중(梟首警衆)이라는 형벌로 머리를 장대 끝에 매달고 이곳에서 50여리나 되는 원북면 방갈리 까지 행진했다고 한다.

이 토성산성에서 죽은 수많은 농민군 시체는 머리와 몸이 각각 분리되어 누구의 시체인지 구분할 수 없었다. 시체가 썩어 악취가 나서 이 산 부근을 지나지 못했다. 하며 해마다 봄이 되면 이 시체더미 사이에서 나오는 풀이 무성하게 자랐다고 전한다. 관군과 일본군이 동학농민혁명에 가담했던 농민군의 토지와 재산을 몰수하여 추위와 기아에 아사자가 속출하였다. 유회군과 양반의 행패가 너무 심하여 겨우 살아남은 유족들은 남부여대하고 정

든 고향을 떠났고, 일부 남아 있는 유족들은 둘림을 받으며 교육받을 기회
마저 박탈당했다. 내포동학역사의 최대잔혹한 학살이 일어난 곳이다.

10. 시신없는 가묘를 지극정성으로 모시는 손자며느리

　동학농민군 정세영(鄭世永1862~1894)은 평산신씨(平山申氏) 세거지 마을인 용
곡리(현 예산읍 신례원2리 116번지)에서 부친 정기호(鄭基好)의 외아들로 1862년
5월 8일 태어났다. 어려서 품행이 바르고 유학기풍이 높던 마을 글방에 다
니면서 면학에 힘썼다. 나이 23세에 연안김씨와 혼례를 올렸다. 마침 마을
에 동학이 들어와 시대의 병폐를 바로잡아 새로운 세상을 열고자 사람들이
동학을 가르치는 예포도소에 모여들었다. 당시 예포도소는 대접주로 활약
하는 인근지역 박덕칠 선생이었다. 외아들 정세영은 동학사상이 도탄에 빠
진 민중을 구제하는 유일한 사상이자 정도의 길이라 생각하고 동학에 입도
하여 주문과 수련을 빠지지 않았다. 마을에서 제일 먼저 동학에 입도해 포
덕활동을 구준히 펼쳤다. 마침 1894년 9월 그믐 내포 전지역에 기포령이
하달되자 마을에서 농민군을 규합해 기포했다. 이웃지역 신창농민군과 연
대하면서 한양진격의 길목인 관작리 일명 '득직이'에 3만여 농민군이 집결
하자 정세영은 군량미 조달에 힘썼다. 관작리에 집결주둔하게 된 배경에는
정세영, 박응하 등 평산신씨 밀양박씨 동학세거지 촌의 후력이 있었기 때
문이었다. 다음날 10월 27일 오전에 농민군 주둔지 관작리에서 큰 접전이
일어났다. 홍주에서 온 유회관군이 한양진격을 저지하고자 포 공격을 감행
했다. 정세영은 이날 아침 일찍 군량미를 조달해주고 곡괭이를 들고 전투
에 참여했다. 자라난 고향이라 지형지리에 밝아 농민군 지도부가 공격전략
을 세우는데 참여해 일조했다. 그의 3로 포위공격 지략에 관군의 보루를 쉽

게 탈환하였고 관군은 총 지휘관 김덕경이 죽고 많은 사상자를 내면서 포위
망을 뚫고 달아났다. 한나절 전투이지만 농민군이 관군을 패퇴시키는 전과
를 올려 농민군의 사기충천에 이바지 한 공로가 컸다. 이튿날 홍주성 동문
공격에 참여했지만 애석하게도 일본군의 우세한 신무기 화력 앞에 쓰러졌
다. 패퇴과정이 너무나 긴박하고 일본군과 관군의 집요한 추격전이 계속되
자 당시 사망한 시신을 거둘 여유가 없이 살아남은 농민군은 후퇴를 거듭했
다. 각 포접 별로 주둔지에서 대책을 논의했지만 막강한 진압군의 위력앞에
속수무책이었다. 대부분 재기할 겨를이 없이 고향산천 버리고 산속으로 도
피했다.

예산읍 신례원2리 온양정씨 선산에 있는 농민군 정세영의 묘. 시신없어 위패를 만들어 부인
연안김씨와 합폄하였다. 지극정성으로 제사를 모시는 손자며느리 박연순 할머니(85).

정세영의 부인은 남편이 전투에서 사망하고 농민군에 대한 대대적인 색출

이 심해지자 이미 동학집안으로 둘림 받아 당진 시곡리 친정집으로 가서 몇 해 지냈다. 슬하에 외동딸이 있었다. 부인김씨는 당질(鄭代象)를 양자 삼아 가계를 잇고 남편 몫까지 감내하면서 어려운 집안을 일으켜 세운 열녀(烈女)이다. 부인은 1922년 4월 18일 돌아가시자 시신없는 남편 정세영의 위패를 봉안하여 합폄(合窆)하였다. 당시 정세영이 살았던 집이 현재까지 보존되고 있으며 손자며느리(朴連順)가 살고 있다.

보국안민, 구국항쟁에 투신해 싸우다 사망한 동학농민군 정세영 선생과 어려운 환경을 극복하느라 일심을 다하신 부인 연안김씨의 헌신적인 삶을 기억하는 것이 이승에 사는 사람들의 도리이자 역사공감이다.

예산지역 동학혁명 유적지

박성묵(예산동학농민혁명기념사업회 회장)

예산지역 동학혁명 유적지

1. 내포동학혁명을 지휘하신 민족의 큰 스승 춘암 박인호

1) 동학입도하기까지

춘암상사는 포덕 전 5년(1855, 철종6년) 2월 1일 충청남도 덕산군 장촌면 막동(현 예산군 삽교읍 하포리 114번지)에서 탄생하였다. 이름은 박인호(朴寅浩)로, 본관은 밀양(密陽)이며, 초명은 용호(龍浩)라 하였고, 자는 '도일(道一)'이다. '춘암(春菴)'은 동학에 입도한 후 포덕 40년(1899) 3월 10일 의암성사로부터 받은 도호이며, '상사(上師)'는 포덕 73년(1932) 8월 14일의 천도교 임시대회에서부터 받들게 된 존호다.

포덕 24년(1883) 3월 18일 동학에 입도하여 의암성사와 손천민 등 11인과 함께 해월신사를 배알하였다. 의암성사는 상사보다 6살이나 연하로 23년에 입도하여 심신을 수련한 후 같은 시기에 해월신사의 장석에 나간 셈이다. 이때 해월신사부터 "제군들이 이렇게 입도를 하니 우리 도가 장차 크게 흥융하리니 지극히 수련하여 도의 근본을 깨달으라."라는 법설을 들었다.

상사는 이듬해 10월 해월신사의 명으로 의암성사와 함께 공주 가섭사에서 49일기도를 행하였다. 귀가해서는 의관을 정제하고 어육주초를 금하면서 10년을 정하고 독공과 연성을 행하였는데 잠을 잘 때는 잠이 깊이 들까 염려하여 낫자루를 베고 잠을 잤다. 그러면서도 한 달에 한 번씩은 반드시 해월신사 장석을 찾아 신사의 가르침을 받았다.

출생지 하포리에 세운 선생의 유허비
왼쪽부터 김학광(천도교 '신인간사' 편집위원) 한광석(동학학회후원회장) 서정국(유허비건립추진공훈자 하포1리) 이용우(전 천도교예산교구장) 촬영일: 2008.1.9

2) 대신사 신원운동과 동학혁명

포덕 34년(1893)에 수운대신사의 신원운동인 복합상소에 의암성사를 비롯한 강시원 손천민 김연국 등과 함께 수만의 교도를 거느리고 참가하였으며, 보은장내의 취회에도 덕의대접주로서 많은 교도를 거느리고 참가하였다.

포덕 35년(1894, 甲午) 11월 해월신사의 명에 따라 호서지방에서 기포한 5만의 동학군을 지휘하여 면천(沔川) 승전곡에서 일본군과 싸워 대승을 거두었다. 승전곡에서의 전승은 동학혁명에서 유일하게 일본군을 격파한 전투이었다. 또 덕산 구만포와 신례원 전투에서도 승리를 이끌었다. 그러나 25일 동학군은 홍주성을 포위하였으나 함락시키지 못하고 패전하여 동학군의 전사자가 3만을 헤아리게 되었다. 춘암상사는 동학군을 해산하도록 하고 금오산에 토굴을 파고 삼동(三冬)을 지낸 뒤 김명배 김의형 엄주동 등과 같이 해월신사를 찾아 갔다. 그 뒤 충청일대의 접주들은 거의 관군에 사로 잡혀 총살되었거나 산속으로 숨어들었다.

3) 해월신사 유해를 등에 지고

포덕 39년(1898) 1월 3일 의암성사와 함께 해월신사에게 신년 문후를 하였다. 이때 해월신사가 동자를 시켜 흰 꿩 한 마리로 식찬을 만들어 성사와 겸상을 주었다. 상사는 두 사람이 일치하라는 묵교(默敎)임을 깨닫고 식후에 의암성사에게 예를 갖추어 이후로는 스승으로 모시겠다고 하였다. 의암성사는 상사의 뜻을 알았지만 6년이나 연상자인 상사의 절을 받고 당황하지 않을 수 없었다. 그러나 이때부터 두 사람은 스승과 제자 사이가 되었고 상사는 성사 앞에서는 절대로 담배를 피우지 아니하였다. 이때 해월신사가 "앞으로 덕산의 박인호는 네 사람이 될 것이다"라고 성사에게 말하였다. 이해 4월 6일 해월신사가 관군에 피체되자 상사는 김명배로 하여금 비용을 마련토록 하였는데 그는 홍주군 김주열의 논 10두락을 팔아다가 신사의 옥중 비용으로 사용하였다.

포덕 39년(1898) 6월 2일 해월신사가 교형(絞刑)으로 순도하자 이종훈과 김준식이 그 유해를 광희문 밖 공동묘지에서 거두어 송파 이상하(李相夏)의 산에 성분(成墳)을 한 바 있다. 그런데 이상하가 관의 지목으로 묘소를 다른 곳으로 이장하기를 요구하자, 41년 5월 1일 의암성사는 춘암상사로 하여 금 해월신사 유골을 운구하여 광주 원적산(圓積山) 천덕봉으로 이장토록 하 였다. 이때 춘암상사는 아침 일찍 상제차림을 하고 혼자서 송파로 향하였 다. 해월신사 묘소에서 유해를 다시 칠성판에 모시고 칠포로 칭칭 감은 후 유지(油脂)로 싸서 등에 지고 석양이 되어 원적산으로 출발하였다. 상사는 빠른 걸음을 재촉하여 그날 밤으로 원적산에 당도할 예정이었다. 그러나 저 녁때가 되자 비가 쏟아지기 시작하더니 밤이 깊어갈수록 더욱 세차게 쏟아 져 도저히 옮길 수가 없게 되었다. 마침 음고개 마루턱에 있는 외딴 주막집 을 발견하고 처마 끝에 신사의 성골(聖骨)을 모셔놓고 죽장을 집고 시립해서 비가 멎기를 기다리면서 주문을 외우고 있었다. 주막집 주인이 상사의 거동 을 내다보면서 '아무리 효자라도 저럴 수가 있느냐'면서 따뜻한 국으로 야참 을 해주었다. 새벽이 되자 상사는 다시 유해를 지고 걸음을 재촉하여 원적 산에 당도하자 상사를 기다리고 있던 의암성사를 비롯한 근처에서 모인 동 학도들이 울분과 비통을 삼키면서 유해를 안장하였다.

7월에는 의암성사를 모시고 풍기로 이주하였는데 20일 이곳에서 의암성사 는 설법식을 행하였는데 식이 끝나자 의암성사는 스스로 북접 법도주가 되고 김연국을 신도사, 손천민을 성도사, 그리고 박인호를 경도사로 정하였다.

1904년 갑진개회운동을 추진하여 동학재건에 중추적 역할을 했으며 1908년 의암 손병희로부터 승통을 이어받아 대도주가 되었다. 이후 천도교 교단을 이끌며 교세확장, 교육운동, 3·1혁명, 신간회운동, 무인멸왜운동을 주도하는 등 민족운동의 대로를 걸었다.

2. 동학혁명군 최화삼(崔化三 1875.8.6.~1895.4.19.)

대흥 교촌에서 바라본 중봉(학봉). 산 능선 넘어가 금마 인산리 마을이다.

최화삼의 아들 용국(用國1895. 6.2~1951.3.25)

인산리는 1914년 일제의 지방행정구역폐합조치 때 인흥리(仁興里), 석산리(石山里), 양지리(陽地里), 강월리(江月里) 및 용당리(龍堂里) 각 일부를 병합하여 인흥과 석산의 이름을 따서, 인산리라 했다.

최화삼이 살았던 '인흥(仁興)' 마을에는 재미있는 이야기가 전해온다.

> '옛날에 때묻은 양반들의 생리가 구역질이 나서 벼슬길에 나섰다가, 벼슬을 버리고선 이 곳에 낙향해서 우선 인자는 몸도 깨끗하고 마음도 깨끗하여야 한다 하여 이웃 마을에 있는 산수말에 가서 물을 마시며 인산지수(仁山地水)를 찬하였고, 집에 돌아와서 마음의 정성을 오직 도에 정진했으니, 비록 인자(仁者)는 못되었어도 인자가 될 사람이 살았던 마을이라 해서 인흥(仁興)이라 불렀다'

이 이야기를 잘 들어보면 누구인지는 모르나 동학공부하는 교도를 암시하는 내용임을 추측할 수 있다. 동경대전 「수덕문」에 나오는 '인의예지는 옛 성인의 가르친 바요, 수심정기는 내가 다시 정한 것이니라, 한번 입도식을 지내는 것은 한울님을 길이 모시겠다는 중한 맹세요, 모든 의심을 깨쳐버리는 것은 정성을 지키는 까닭이니라...'를 교훈삼아 수심정기하는 동학교도의 모습이 연상된다. 혹시 그 인물이 동학교도 최화삼을 두고 전래된 것은 아닌지?.

최화삼의 본은 해주(海州) (호적에는 경주로 잘못기재됨)이다. 태묘참봉(太廟參奉)으로 이름난 기문(基文1858~1889)의 외아들로 홍성군 금마면 인산리 72번지에서 태어났다. 족보명은 종석(鍾錫)이며 조부는 중추원의관을 지낸 최성환(崔成煥)이다. 1888년경 동학에 입도하여 동학농민혁명에 가담했다.

그의 조부는 금마 봉수산록에 은거하며 학문에 열중하면서, 향약을 실시하는 등 향촌 교화에도 힘을 쏟았던 인물이다.

대흥에서 홍주로 가는 옛 봉수산 비티(飛峙)고개길 정상.
동학혁명 당시 동학농민군의 진격로이고 홍주 초토영의 진압군의 발자취가 서려있는 고개길 이기도 하다.
왼쪽으로 내려가면 최화삼이 살았던 인산리 마을이다.

최화삼의 집은 대흥에서 홍주로 넘어가는 대흥 봉수산 '비티고개' 너머에 있어 사람들이 많이 다니는 큰길가 옆에 있어 다양한 정보를 입수하기에 용이한 곳이다.

1888년경 동학에 입도하여 동학농민혁명에 가담했다.

1894년 10월 28일 홍주성 전투에서 패퇴 후 도피생활을 하며 위기를 넘겼다. 그러나 봉수산 바위굴에서 은신하다 홍주관아 관군과 지역 유림들의 잔여세력 마저 색출하니 이듬해 봄에 체포돼 21살 나이로 처형되었다. 홍성지역이 유독 탄압과 색출이 심했던 이유는 동학농민군 진압하다 죽은 관군대장 김덕경이 최화삼이 살던 금마와 같은 고향이었기 때문이다. 김덕경의 동생은 형의 죽음으로 인해 동학농민군을 무참하게 보복학살을 자행했다. 최화삼의 부인 박씨는 만삭의 몸으로 남편시신을 찾아 장례를 치렀다.

최화삼이 사망 후 두 달도 않돼 둘째 아들 '용국(用國1895. 6.2~1951.3.25)이 유복자로 태어났다. 부인박씨는 동학을 멸시하는 주위유생들의 둘림이 갈수록 심해 가솔들을 이끌고 홍북면 신경리로 이사했다.

남편이 동학으로 갑작스럽게 사망하자 혼자 몸으로 어린자식들을 키워야 하는 어려움은 이루 말할 수 없는 고난이었다. 생활고도 문제지만 이를 해결하기 위해 거친 노동도 마다 않고 일했다. 두명의 자식들은 열대여섯살 때부터 전답을 빼앗겨 먹고사는 문제가 가장 시급해 천역(머슴살이)에 종사할 수 밖에 없었다. 당시, 동학혁명에 나선 탓에 양반가문을 먹칠했다는 집안 내부의 비난 뿐만아니라, 집안이 풍지박산되고 유가족이 화전민, 유랑민 등 극빈층으로 전락한 후손들이 많이 있었다. 더 나아가서는 후손들까지 역적의 피붙이로서 치명적인 피해를 입기도 했다. 최화삼의 부인은 굶주린 시어머니와 어린자식을 위해 남편이 애지중지 보관했던 〈해주최씨족보〉를 팔아 양식을 구하고 살림에 보탰다. 족보까지 팔은 이야기는 며느리 임씨가 아들 최성춘으로 전해졌다.

손자 최성춘은 조부의 동학활동에 대하여 "할머니가 하두 어려워 족보를 팔았다"는 이야기를 어머니로부터 전해 들었고 조부의 동학가담 내용은 잘 모르고 있는 실정이다.

손자가 조부의 신분 및 계급에 대해 잘모르거나 부정확하게 알고 있는 것은 조부가 독자이며 21살 나이로 처형되었고 부친은 한국전쟁 때 장질부사로 사망했으니 조부의 동학참여활동이 제대로 후손에게 전해지지 못했기 때문이다.

손자 최성춘 부부. 삽교읍 월산리 거주

　최화삼은 수운 최제우 선생이 창도한 동학을 남다른 관심을 가졌다. 나라에서 동학을 금하고 있지만 나라 안팎으로는 부정부패가 심하고 서양세력의 침략이 노골화하는 위기의 시대를 맞던 때다. 백성들은 도탄에 빠져 실의가 점점 깊어만 갔다. 새로운 사회질서를 지향하는 동학에 입도하여 후천오만 년 참세상을 만드는데 비록 몰락한 양반이지만 지역사회의 지도층 인사로서 실천하는 것이 양반과 기득권자들이 해야할 책무라고 생각하고 동학활동을 적극적으로 펼쳤다.

　인산리와 인접한 동학세력과 관계를 유지해 왔다. 특히 대흥접주 유치교, 그리고 노동리 광산김씨, 상갈신 조선경(趙善京), 금곡리 차경천 등은 기포 후 혁명에 가담해 주도해 나갔다.

　무엇보다 최화삼은 기득권자 임에도 불구하고 온갖 불이익과 위험을 무릅쓰고 사회개혁 및 외세 척결에 앞장섰다는 점이 중요하다.

동학혁명군 최화삼 흉상(위치: 예산관작리 동학공원. 건립일:2023. 11.11.)

3. 예산지역 동학혁명 유적지 안내

덕의대접주 박인호 장군탄생지

◀》 **소유자:** 이원수

✖ **주 소:** 충남 예산군 삽교읍 하포리 88번지

✖ **개 요**

내포동학농민혁명을 지휘한 춘암 박인호(朴寅浩1855~1940) 장군이 태어난 곳이다. 덕산군 장촌면 막동리(현, 삽교읍 하포1리)에 태어나 해월신신사(최시형)의 지도를 받아 공주 가섭사에 들어가 49일 수련하며 동학지도자로서의 소양을 쌓았다. 동학농민혁명 당시에는 덕의대접주로 충청도 일대의 동학군을 통솔하여 참가하였다. 3·1독립운동 당시 48인의 한 사람으로 일경에 체포되어 옥고를 치르기도 한다. 천도교제4세교주로 천도교가 교육문화운동을 주도해 갈수 있는 바탕을 마련하고 민족운동에 헌신했다.

춘암상사 박인호 유허비(春菴上師 朴寅浩 遺墟碑)

·∭· **소유자:** 천도교중앙총부/천도교유지재단(토지)

❄️ **주 소:** 충남 예산군 오가면 양막리 51-1번지

❄️ **개 요**

덕산 막동(지금의 예산군 삽교읍 하포리)에서 1855년 2월 1일 밀양인 朴明九와 온 양방씨 사이에 큰 아들로 태어나 내포동학을 이끌고 동학재건 및 민족운동의 큰 지 도자 박인호(朴寅浩1855-1940) 선생의 생애와 업적을 기리기 위해 건립

❄️ **현재상태**

마을교통의 주입처에 서향으로 설치되어 비좁은 공간느낌이다. 관리소홀하다.

접주 최국현 선생 묘

•⑩▶ **소유자:** 경주최씨 문중

❀ **주 소:** 충남 예산군 신양면 서계양리784-4

❀ **개 요**

무봉리에서 서당을 개설하여 학동을 가르쳤으며 동학사상을 받아들여 활동했다. 본은 경주이다. 집안동생 되는 사람과 함께 대흥지역에서 동학활동을 펼쳤다. 동생은 후일 스님이 되셨고 보령 어느 암자에 계셨다. 한번은 고향에 와서 후손들에게 최국현씨의 활동이야기를 전해주었다. 홍주성 실패 후 최국현은 집에서 유회군에 체포되어 어디로 끌려가 매를 맞아 사망했다. 집안에서 머슴을 시켜 유해를 가져와 종산에 모시지 못하고 마을 입구 건너산에 매장했다. 집안에 또다른 후환이 두려워 장남 최규동을 일가에 양자로 보냈다. 최국진 선생이 끌려갔던 곳은 대흥유회소로 전한다.

❀ **현재상태**

대전당진간 고속도로와 인접. 문중 전언으로 선생의 업적을 기리기 위해 입구석 건립. 유해는 납골묘

대흥관아 터

⫸ **소유자:** 예산군

✿ **주 소:** 대흥면 의좋은형제길 33

✿ **개 요**

　대흥지역은 구한말 향촌유림사상이 매우 강한곳이다. 새로운 세상을 갈망한 동학과 갈등이 심할 수밖에 없었다. 마침내 내포기포령에 따라 예산지역 상암 박덕칠이 이끄는 '예포농민군'이 1894년 10월 7일(음) 밤 대흥관아를 점령하였다. 이로써 홍주목을 제외한 내포지역 관아가 대부분 농민군 수중에 들어갔다. 관아 옆, 고부군수 조병갑의 고향집도 농민군이 장악하고 불을 질렀다. 당시 대흥군수는 이창세였다. 대흥관아습격사건으로 내포지역 동학기세는 들불처럼 퍼져나갔으며 조직적이며 진압군과의 본격적인 전면전이 시작되었다고 볼수 있다. 이 사건으로 후일 진주강씨 농민군6명을 비롯 많은 동학농민군이 생포되어 이곳에서 처형되었다.

✿ **현재상태**

　대흥동헌 및 아문은 충청남도 유형문화재 제174호로 지정되어 관리되고 있음

예산동학농민혁명기념공원(관작리 전적지)

소유자: 예산군청

주 소: 예산읍 관작리 288-9번지

개 요

내포 동학군을 이끌었던 춘암 박인호 장군은 1894년 9월 그믐 밤 자시에 삽교읍 하포리에서 철성을 울려 덕의포 총기포령을 내렸다. 이로써 삽교읍 성리에 예포대도소를 설치하고 본격적인 동학군의 무장투쟁을 대비하기 위해 덕산, 해미, 온양 관아 무기고를 습격하였다.

동학군은 10월 11일 관군의 예포대도소 기습공격을 받아 전력상 큰 피해를 입고 서산, 태안지역으로 패주하였다. 관군과 지역유림들의 탄압과 색출 처형이 계속되자 10월 20일경부터 태안, 서산지역에 머물고 있던 동학지도부는 2만여 동학농민군을 재집결시켜 면천 승전곡에서 일본군을 무찌르고 면천, 고덕 상장리·구만리를 거치며 세력을 더욱 키웠다. 이들은 10월 25일 오가 역탑리로 이동하여 주둔하고 다음날 한양공격이란 북진을 시도하기 위해 신례원 후평인 관작리로 이동했다. 합덕, 신창, 도고, 진천지역의 농민군이 합세하여 그 수가 천도교 측 기록에 의하면 6만, 작게는 3만여명이 집결했다고 한다. 다급해진 호연초토사 홍주목사 이승우는 북상을 저지시키기 위해 관군 중군 김덕경을 대장으로 한 4~5천여 명의 진압군을 급히 관작리에 투입시켰다.

27일 새벽 날이 밝아 올때 농민군이 아침준비 시각 관작리 야산에 주둔한 진압군은 3~400m 떨어진 농민군을 향해 일제히 포를 쏘며 전투가 벌어졌다. 농민군은 진압군의 기습에 놀라 흩어졌다가 3개 방향으로 진격하며 관군 주둔지 야산을 포위 공격하였다. 수적인 열세에 놓인 관군은 후퇴하기 시작하였지만 이미 농민군이 득재기 퇴로를 차단하고 있었다. 관군 및 유회군은 한나절 동안 치열한 전투를 벌이다 정면에서 올라오는 농민군과 퇴로를 지키고 있던 농민군에 의해 많은 희생자를 내고 오가방향으로 패주하였다. 이 싸움에서 관군대장 김덕경이 사망하고 그의 수하 장수 7~8인과 많은 유회군이 사망하여 동학농민군의 대승전지로 평가 되고 있다.

1924년 4월1일자 『개벽』지에 실린내용을 보면 "이 新禮院戰은 충남에서 동학란이 起한 후 관군과 최초 대격전이오 최대 승리다. 관군의 수가 수천에 至한다."라 적고 있다.

동학농민군은 관군의 초기 포공격으로 사망자가 다수 발생하였지만 당시 전투에 참여하고 전투기록을 남긴 동학지도자 조석헌, 문장준의 북접일기를 보면 유회관군의 피해자 수가 7백여명으로 기록했다.

✿ 현재상태

공원으로 조성하여 예산동학농민혁명기념사업회에서 위탁관리되고 있음

파주접주 조석헌 묘

➠ **소유자:** 조연환, 조선환

❀ **주 소:** 충남 예산군 예산읍 신례원리 산5-3

❀ **개 요**

태안군 원북면 신두리에서 1862년 11월 14일 응진(應振)의 4남으로 출생. 본은 창녕 계은(繼殷)의 10세손

1893년 계사년에 예포 대접주 상암 박희인으로부터 동학에 입교하여 파도접주로 활약했다.

방갈리 기포에 참여했으며 여미벌재 기포 부터 면천 승전곡 전투 관작리 전투. 홍주성전투 까지 참여했으나 패퇴 후 상암 박희인과 함께 풍찬노숙하며 도피생활을 했다.

동학혁명 참여와 활동및 도피등에 대한 기록을 생생하게 회고체 일지로 남겼다.

조석헌 북접일지는 내포동학농민혁명의 전개과정과 참여인물의 동향등을 파악하는데 매우 중요한 자료로 평가된다.

1915년 간양리, 효자천변에 정착하여 천변땅을 일궈 생활하다가 홍수로 수해를 당해 집이 무너지는 등 많은 어려움을 겪었다. 천도교 예산교구 경리원(經理員)에 임명되어 활동하다 1931년 향년 70세로 환원했다.

1931. 5. 15 천도교 도사(道師)로 선정되었다.

❀ **현재상태**

문중에서 토지를 구입해 집단 묘역을 조성. 선생의 업적을 기리기 위해 간단한 묘비를 설치

동학농민군 정세영 선생 생가지

◈ 소유자: 박연순(손자며느리)

❀ 주 소: 충남 예산군 예산읍 신례원리 번지(예산읍 수철길 90-3번지)

❀ 개 요

정세영은 평산신씨(平山申氏) 세거지 마을인 용곡리(현 예산읍 신례원2리 116번지)에서 부친 정기호(鄭基好)의 외아들로 1862년 5월 8일 태어났다. 어려서 품행이 바르고 유학기풍이 높던 마을 글방에 다니면서 면학에 힘썼다. 나이 23세에 연안김씨와 혼례를 올렸다. 마침 마을에 동학이 들어와 시대의 병폐를 바로잡아 새로운 세상을 열고자 사람들이 동학을 가르치는 예포도소에 모여들었다. 당시 예포도소는 대접주로 활약하는 인근지역 박덕칠 선생이었다. 외아들 정세영은 동학사상이 도탄에 빠진 민중을 구제하는 유일한 사상이자 정도의 길이라 생각하고 동학에 입도하여 주문과 수련을 빠지지 않았다. 평산신씨 집성촌에서 제일 먼저 동학에 입도해 포덕활동을 구준히 펼쳤다. 마침 1894년 9월 그믐 내포 전지역에 기포령이 하달되자 마을에서 농민군을 규합해 기포했다. 이웃지역 신창농민군과 연대하면서 한양진격의 길목인 관작리 일명 '득직이'에 3만여 농민군이 집결하자 정세영은 군량미 조달에 힘썼다. 관작리에 집결주둔하게 된 배경에는 정세영, 박응하 등 평산신씨 밀양박씨 동학세거지 촌의 후력이 있었기 때문이었다. 다음날 10월 27일 오전에 농민군 주둔지 관작리에서 큰 접전이 일어났다. 홍주에서 온 유회관군이 한양진격을 저지하고자 포 공격을 감행했다. 정세영은 이날 아침 일찍 군량미를 조달해주고 곡괭이를 들고 전투에 참여했다. 자라난 고향이라 지형지리에 밝아 농민군 지도부가 공격 전략을 세우는데 참여해 일조했다. 그의 3로 포위공격 지략에 관군의 보루를 쉽게 탈환하였고 관군은 총 지휘관 김덕경이 죽고 많은 사상자를 내면서 포위망을 뚫고 달아났다. 한나절 전투이지만 농민군이 관군을 패퇴시키는 전과를 올려 농민군의 사기충천에 이바지 한 공로가 컸다. 이튿날 홍주성 동문 공격에 참여했지만 애석하게도 일본군의 우세한 신무기 화력앞에 쓰러졌다. 패퇴과정이 너무나 긴박하고 일본군과 관군의 집요한 추격전이 계속되자 당시 사망한 시신을 거둘 여유가 없이 살아남은 농민군은 후퇴를 거듭했다. 각 포접 별로 주둔지에서 대책을 논의했지만 막강한 진압군의 위력앞에 속수무책이었다. 대부분 재기할 겨를이 없이 고향산천 버리고 산속으로 도피했다.

정세영의 부인은 남편이 전투에서 사망하고 농민군에 대한 대대적인 색출이 심하자 이미 동학집안으로 둘림 받아 당진 시곡리 친정집으로 가서 몇 해 지냈다. 슬하에 외동딸이 있었다. 부인김씨는 당질(鄭代象)를 양자 삼아 가계를 이었으며 남편 몫까지 감내하면서 어려운 집안을 일으켜 세운 열녀(烈女)이다. 부인은 1922년 4월 18일 돌아가시자 시신없는 남편 정세영의 위패를 봉안하여 합폄(合窆)했다. 당시 정세영이 살았던 집이 현재까지 보존되고 있으며 손자며느리(朴連順)가 살고 있다.

✿ 현재상태

윗채는 당시 선생이 살았던 초가집이 있었으나 훼손되어 터만 남아있고 아래채는 개량화된 농가주택이 보존되고 있다.

함한석 선생 생가지

➡ **소유자:** 함선길(손자)

❀ **주 소:** 충남 예산군 예산읍 간양리233번지(예산읍 간양길 69-10번지)

❀ **개 요**

함한석(咸漢錫1870~1938)

태안군 소원면 송현리에서 1870년 10월 26일 출생했다. 동학농민혁명 발발 바로 직전인 1893년 24세 때 동학에 입도하였다. 박인호선생의 10월 1일 기포명령이 전해지자 송현리에 동학농민군을 결집시켜 태안관아 점령봉기에 적극 참여하였다. 열열한 기상과 패기가 충천했던 함한석은 무장을 갖춰 농민군을 이끌고 여미벌에 집결하고 이후 벌어지는 24일 승전곡전투, 27일 신례원관작리 전투, 28일 홍주성 전투 까지 항상 맹열히 선봉에 섰다.

홍주성 동문폭파공격을 위해 결사대200여명을 구성하는데 참여하여 일본군의 기관총을 난사를 뚫고 성문 공격을 감행하다 좌측팔에 총상을 입고 패퇴할 때 어떤 농가집 할머니의 도움으로 구명되었다.

소원면 일대에 농민군 색출하여 참살하니 원북면 방갈리로 피신했다. 이곳에서 조석헌,문장준과 함께 목선을 타고 안면도 앞바다를 지나 보령지역에 상륙하였다. 천안 광덕산 만복골에 정착 움막 생활하였다.

함한석의 손자 선길의 증언에 따르면 "조부께서 경상북도 고성산 밑 소야마을에서 농민군 지도자 최맹순,장복극 어른을 만나 장군 휘하에서 전투를 벌였다"는 내용을 선길씨 25세때 조모로부터 이야기를 들어 지금까지 생생하게 기억하고 있었다.

1910년경 조석헌, 문장준 등과 함께 간양리로 정착하여 천도교 예산교구에서 활동하다 1911년 시천교로 분리되어 초창기 예산 시천교에서 활동하다 구암 김연국의 상제교에서 활동하였다.

현재상태

윗채는 개량화된 콘크리트 슬라브에 함석지붕을 입혔으며 아래채는 1970년대 건립한 농가주택이 보존되고 있다.

동학혁명군 한응고 선생 생가지

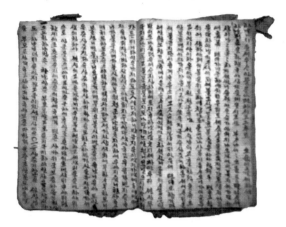

한응고 선생이 쓴 동학 관련 유품집

소유자: 증손 한민택

주 소: 충남 예산군 봉산면 금치리 탄방

개 요

청주한씨 명문 양반가문에서 성장하며 학문을 닦고 동학에 입도. 관의 효유를 거부하고 보국안민, 척왜양 창의 깃발을 높이 들고 동학혁명을 전개한 인물로 덕산, 운산 지역에서 활동한 대표적인 동학혁명 지도자.

현재상태

보존계획 수립 중

송산리 우물

•))) **소유자:** 마을

✖ **주 소:** 충남 예산군 삽교읍 송산리91

✖ **개 요**

내포 3만여 동학농민군이 관작전투 후 1894년 10월 27일 이곳 송산리 역리 일대에
주둔했다. 이때 마을에서 사용한 우물이 2곳인데 현재는 1곳만 전한다.
농민군은 동학창도자 수운 최제우 탄신일인 28일 이곳에서 기도제를 지내고 다음
날 홍주성으로 진격했으나 일본군의 우세한 화력에 무수한 희생자를 남기고 불행
하게도 좌절되고 말았다. 동학농민군의 역사가 서려 있는 곳이다

✖ **현재상태**

우물보존 및 동학농민군이 사용한 유래 설명판 설치

예포대도소 터

·▶ 소유자: –

✿ 주 소: 충남 예산군 삽교읍 성리 410-10

✿ 개 요

　1894년 9월 그믐 내포지역 동학기포한 후 동학지휘본부로 사용
　옛 덕산군 장촌면소 자리였다. 이곳에서 10월 11일 홍주관군의 기습으로 농민군이
　패퇴하고 관군은 장악 후 불태워버렸다.

✿ 현재상태

　인접한 마을회관 광장에 예포대도소에 관한 설명판 설치

호연초토사 이승우영세불망비. 대흥군수이창세 영세불망비

⫸ **소유자:** 예산군/ 예산동학농민혁명기념사업회

❈ **주 소:** 충남 예산군 대흥면 동서리 의좋은 형제공원 내

❈ **개 요**

- 湖沿招討使李公勝宇永世不忘碑
- ◇건립년도:1895년(을미) 10월
- ◇홍주목사 겸 호연초토사 이승우(李勝宇)가 1894년 동학농민군 진압을 기념하기 위해 건립
- 郡守李侯昌世愛民淸德碑
- ◇건립년도: 1895년 7월
- ◇동학농민혁명이 발발하던 직전해에 대흥군수로 부임하여 동학농민군 토벌에 앞장서 진압에 성공하자 이를 기념하기 위해 건립

❈ **현재상태**

비석 앞에 간단한 설명판 설치

동학농민군 역리주둔지

◦➤ **소유자:** 국토부

✿ **주 소:** 충남 예산군 삽교읍 역리 충의로 변

✿ **개 요**

일본군과 항쟁을 결심한 내포지역 3만여 농민군은 1894년 10월 26일 '관작리 전투'를 승리하고 한양진격을 바꿔 곧바로 예산관아를 점령했다. 사기충천한 농민군은 '天不變道易不變'이란 대장기를 앞세워 오가를 거쳐 홍주성 점령을 하기 위해 이곳 역리 (옛 덕산군 대조지면 역촌리) 雁峙 송산리 일대에 주둔했다. 당시 농민군이 사용했던 마을 대동샘이 있다

✿ **현재상태**

동학농민군주둔 유래 설명판 설치 및 소공원 추진중

어린이 그림그리기
대회 사진들

박성묵(예산동학농민혁명기념사업회 회장)

대상-인내천상-금오초-3-4-김지우

최우수상-보국안민상-한울초등학교-1-6-김연우

최우수상-보국안민상-한울초등학교-5-1-김하정

우수상-사인여천상-금오초-2-2-박서진

우수상-사인여천상-내포초-5-4-서민영

우수상-사인여천상-보성초-4-2-강다희